LA VOLUNTAD DE SER

Mujeres en los noventa

María Luisa Tarrés
Compiladora

EL COLEGIO DE MÉXICO

396.0972
T192v

La voluntad de ser : mujeres en los noventa / María Luisa Tarrés, comp.- - México : El Colegio de México, Programa Interdisciplinario de Estudios de la Mujer, 1997.
312 p. ; 21 cm.

ISBN 968-12-0540-5

1. Mujeres en México. I. Tarrés, María Luisa, comp.

Portada de Mónica Diez Martínez
Litografía de Oswaldo Guayasamín

Primera reimpresión, 1997
Primera edición, 1992

ISBN 968-12-0540-5 (versión original)
978-968-120-540-9 (versión facsimilar)

Impreso en México/ *Printed in Mexico*

ÍNDICE

SEGUNDA PARTE

La mujer en el mundo del trabajo

TERCERA PARTE

Protagonismo y discriminación en el ámbito de la política

ADVERTENCIA

Si bien las principales protagonistas de este libro son las mujeres anónimas, como señala su compiladora María Luisa Tarrés, la perspectiva con la que han sido investigadas por las autoras de los artículos que lo integran, les otorga una dimensión de sujetos. Pero sujetos para los cuales no basta ya un acercamiento que revele la subordinación que han padecido, que padecen, sino que requieren de análisis que destaquen la creatividad y los logros que han obtenido en su empeño por hacer desaparecer tal subordinación; que desentrañen esa "voluntad de ser" del título.

Mujeres mexicanas, contemporáneas y anónimas y, sin embargo, integradas en el proceso de modernización del país en campos como el trabajo, la educación, la participación política, las movilizaciones sociales y sindicales. Mujeres presentes en la realidad y ausentes en la teoría. Mujeres que en el caso de las estudiadas por las investigaciones que integran el libro, actúan en la vida pública y, por tanto, ni la pobreza ni la exclusión serán sus signos característicos.

Mujeres enfrentadas a toda suerte de contradicciones y de recomposiciones de su identidad en el camino de su inserción en los procesos de cambio social.

Bajo los grandes rubros de identidad femenina, trabajo, participación política han sido agrupados los trabajos que ahora se publican, y que se desarrollaron en el curso del Seminario Productivo coordinado por la propia Tarrés en el marco del Programa Interdisciplinario de Estudios de la Mujer de El Colegio de México.

ELENA URRUTIA, 1992

AGRADECIMIENTOS

Este libro es resultado del trabajo que desarrolló un grupo de investigadoras en el Seminario Productivo que coordiné en el marco de actividades que lleva a cabo el Programa Interdisciplinario de Estudios de la Mujer de El Colegio de México.

Las principales protagonistas de este libro son las mujeres anónimas sobre las que debatimos durante un año y medio, pero las autoras de los distintos trabajos jugaron un papel central y a ellas quiero agradecer el compromiso y el entusiasmo con que participaron en una discusión que, por su riqueza, rebasó el contenido de este volumen.

En el seminario y en la publicación de este libro contribuyeron numerosas personas. Quisiera agradecer, en primer lugar, los aportes de las participantes que estuvieron presentes enriqueciendo el debate, especialmente a Patricia Bedolla, Gioconda Espina, Blanca Elba García, Guadalupe Hernández, Carmen Marín y Adriana Vila.

También agradezco los comentarios rigurosos de Aralia López, Mercedes Blanco, Teresa Liedo y Vania Salles que ayudaron a mejorar los textos y a estructurar un material que, en sus comienzos, se me figuraba confuso.

Como todos los libros publicados en El Colegio, éste debe mucho al apoyo otorgado por colegas y por el personal de asistencia académica y administrativa. Por ello quisiera reconocer la labor de Elena Urrutia, coordinadora del PIEM, quien con su perseverancia y entusiasmo apoyó el desarrollo y publicación de este trabajo. Mercedes Barquet, investigadora del PIEM tradujo el artículo de Tine Davids, contribuyendo así a esta tarea colectiva. El Centro de Estudios Sociológicos me apoyó a través de Claudia Rojas Mira, ayudante de investigación, quien revisó de cerca el material y de Graciela San Juan, secretaria.

A ellas agradezco la paciencia para organizar las distintas versiones de los artículos.

Finalmente, no hay duda que las miradas de Maga y Clara son un estímulo para mi trabajo. A veces, me devuelven una imagen donde aparezco mejor de lo que soy. A ellas les agradezco su cariño.

María Luisa Tarrés

PRESENTACIÓN

Este libro reúne una serie de artículos sobre la integración de la mujer en la sociedad mexicana y otro conjunto que se pregunta lo que significa ser mujer en el proceso de modernización del país.

Quizás el signo que une a los distintos trabajos es que se ubican en un ángulo donde se pasa de una perspectiva que privilegiaba la subordinación como categoría universal para explicar la condición de la mujer hacia otra, distinta, que se borda alrededor del tema de la identidad de género.

Ello significa reconocer que las experiencias y actividades de las mujeres y los hombres se deben a sus contextos histórico-sociales, por lo que las identidades de los sujetos no son unidades fijas ni únicas sino que, por el contrario, son procesos heterogéneos que se plasman en prácticas, a veces, discontinuas.

Los diversos artículos incluidos son producto de investigaciones realizadas por sus autoras y de reflexiones sobre temas que han surgido de la discusión académica sobre la condición de la mujer.

Cabe señalar que la mayoría de los textos se escribieron al calor del trabajo desarrollado en lo que llamamos el Seminario Productivo. Este espacio se formó con investigadoras, profesoras universitarias y profesionales que trabajan sobre la mujer en distintas instituciones y que encontraron en el seminario un lugar donde debatir sus trabajos. El desafío consistió en transformar la discusión en producción, tarea que la mayoría aceptó con un compromiso y paciencia asombrosos pues los proyectos de artículo se discutieron, en sus distintas versiones, durante un año hasta ser considerados publicables.

Los artículos producidos en el seminario no son todos los que aparecen en el presente libro. Algunos, por ser planteamientos de investigaciones en curso, fueron considerados avances de investigación; otros, se publicaron en las instituciones a las que pertenecen sus autoras.

La diversidad de los trabajos, debida a los temas tratados, a la metodología, a los enfoques y a su grado de elaboración es parte del atractivo de esta publicación pues ofrece una imagen de lo que hoy interesa y se investiga sobre el tema.

El libro recoge la aspiración de las participantes del Seminario Productivo de entregar una visión de la situación de la mujer mexicana contemporánea. Aunque se dejaron fuera aspectos importantes y el volumen omitió a las mujeres del sector popular y campesino, los trabajos que se incluyen permiten percibir la realidad poco explorada de las mujeres integradas al proceso de modernización ya sea a partir del trabajo, la educación o la participación en la esfera política o en movilizaciones que tuvieron trascendencia en la vida nacional de los últimos años.

La ausencia de las mujeres del sector popular no fue voluntaria pues dos participantes del seminario que trabajaron el tema no terminaron su artículo. En todo caso el hecho de que los trabajos se centren en mujeres que actúan en la vida pública tiene una importancia analítica nada despreciable. En efecto, se trata de mujeres que no están totalmente dominadas por la pobreza o la exclusión de manera que su estudio permite percibir, quizás, con mayor claridad el peso que juega la condición genérica en su definición como sujetos. La temática de la construcción del sujeto a nivel individual y colectivo permeó la discusión en el seminario, y orientó a las participantes a trabajar alrededor de la identidad de la mujer. En la búsqueda de la identidad de género, cuya conceptualización, hay que decirlo, es problemática,[1] se opta por aproximaciones que evitan criterios que definan a la mujer en términos esencialistas o particularistas de modo que la perspectiva se organiza alrededor de la noción del "sí mismo" articulada con la vida y la experiencia social y cultural de la mujer.

La ampliación de la actividad de la mujer en la esfera pública, el control de su reproducción, las transformaciones en el interior de la familia, el papel de los medios de comunicación como agencia de socialización y producción de sentido, todo ello, enfrenta a la mujer y a las imágenes colectivas del ser mujer a contradicciones y a recomposiciones de su identidad genérica. Por ello no se habla de una identidad cristalizada sino de procesos que toman la forma de prácticas y acciones heterogéneas.

La perspectiva del libro está orientada, en consecuencia, a pensar la condición de la mujer mexicana contemporánea inmersa en procesos de cambio social. De ahí que los artículos dan cuenta de las formas concretas que asume la participación de la mujer en el trabajo, la educación, la política y en las políticas públicas estatales,

[1] Sobre las dificultades asociadas al concepto de identidades, véase el excelente artículo de François Dubet, "De la sociología de la identidad a la sociología del sujeto", en *Estudios Sociológicos*, El Colegio de México, vol. 7, núm. 21, 1989, pp. 519-545.

con el objeto, por un lado, de identificar los desafíos que enfrenta la superación de las relaciones de género y, por otro, se orienta a la búsqueda de los caminos para lograr una concepción de la mujer como sujeto social.

Aun cuando estas perspectivas no aparecen explícitas ni sistemáticamente en todos los trabajos, ambas preocupaciones se entremezclan en ellos y constituyen los ejes que marcan la orientación de los distintos artículos.

El presente volumen se ha ordenado en una introducción y en tres partes que respetan, en la medida de lo posible, los ejes analíticos y las áreas temáticas en que se ubican los artículos.

El libro se abre con el artículo "La voluntad de ser" que a manera de introducción pretende ofrecer un panorama del proceso de incorporación de las mexicanas a una sociedad que se transforma, a partir de la selección de algunas áreas que se consideró influyen, más directamente que otras, en la biografía de las mujeres. Así, se presentan cuestiones relacionadas con la reproducción biológica, el trabajo y la educación. Es claro, con toda certeza, que estos temas merecerían ser profundizados.

La intención, sin embargo, fue utilizar esa imagen que ofrecen las cifras como pretexto para abrir una perspectiva que, considerando el peso de las estructuras que generan la subordinación de la mujer, diera también lugar para pensar en los mecanismos que se interponen a la inercia reproductiva y permitieran rescatarla como un sujeto en construcción. Ello autoriza a suponer, al menos a nivel analítico, que la situación no fija la identidad de las mujeres concretas que al participar en la modernización de su sociedad tienden a integrar sus beneficios y transformaciones, a romper con una estructura jerárquica de relaciones que las desfavorece y a desarrollar lo que en el texto llamo la voluntad de ser.

La primera parte, "Pensando en la identidad femenina", se organiza justamente alrededor de una reflexión sobre la identidad que se recoge en tres artículos, e incluye además otros dos trabajos dedicados al análisis de la familia y los medios de comunicación en tanto agencias moldeadoras de las imágenes que los sujetos se forman de sí mismos.

Florinda Riquer Fernández, en "La identidad femenina en la frontera entre la conciencia y la interacción social", propone una aproximación a la subjetividad femenina, a su identidad a partir de una perspectiva relacional en la que las experiencias de las mujeres son leídas de acuerdo con las diversas posiciones que ocupan en los contextos de interacción en que participan. Ello le permite ubicar a la mujer en situaciones históricas, concebirla en su heterogeneidad y, al mismo tiempo, considerar los contextos interactivos como lugares donde se construyen los significados de la femineidad.

Esta postura, producto de una discrepancia con la definición de la identidad de la mujer desde la subordinación y de una búsqueda acuciosa y lúcida de una respuesta distinta en autores que han reflexionado sobre el tema, lleva a la autora a formular un modo empírico para analizar la identidad femenina. Esta perspectiva intenta rescatar la diversidad de dimensiones que conforman la identidad, ya que supone que éstas, así como los significados que se le asocian, cambian de acuerdo con las posiciones que la mujer ocupa en su relación con los otros. Las ideas y reflexiones contenidas en este trabajo pueden considerarse como una solución posible en la búsqueda conceptual y metodológica de la identidad de la mujer y con seguridad contribuirán a la apertura del debate que la autora sugiere comenzar.

Alicia Martínez, "La identidad femenina: crisis y construcción", analiza la generación de identidades colectivas en el ámbito de la movilización y de los grupos feministas. Este trabajo se apoya en las conceptualizaciones disponibles en el campo de la sociología que llevan a la autora a proponer una serie de herramientas teórico-metodológicas como la relación individuo/colectivo, los vínculos sociales desarrollados en el interior del movimiento, así como con el mundo externo a él, las concepciones que sobre distintos problemas elaboran y crean las participantes, etc. El abordaje trasciende el objeto del análisis en la medida en que varias nociones y procedimientos podrían ser reelaborados para el estudio de la formación de identidades colectivas en otros sectores de mujeres. Se trata de un trabajo original y creativo que es necesario revisar porque ofrece un enfoque definido para el análisis de pequeños grupos, combinado con el de material hemerográfico y observación de prácticas.

Gabriela Hita, "El modelo mariano de identidad y la vocación religiosa a fines del siglo XX: elementos hacia la construcción de nuevos parámetros de emancipación femenina", piensa la identidad femenina a partir del estudio de un grupo de monjas. En términos teórico-metodológicos las monjas representan el caso extremo para analizar las facetas de la identidad de las mujeres constituidas sobre la concepción cristiana que sobrevalora el papel de la madre y de la virgen. La autora estudia cuestiones relacionadas con la vida de un grupo de monjas que viven en el DF, y explora algunos elementos que podrían dar las bases para la emancipación desde el ámbito religioso.

Dos artículos de gran interés relacionados con la formación de la identidad de género se incluyen también en esta parte. El primero de Olga Bustos, "Visiones y percepciones de mujeres y hombres como receptoras(es) de telenovelas", se orienta a rescatar la percepción de las telenovelas según la condición genérica de los receptores de medios masivos de comunicación. Su óptica tiene interés porque incursiona un campo significativo por su influencia en la reproducción y producción simbólica escasamente explorado por los estudios de la mujer, y porque recoge la idea de que los hombres deben formar parte de los estudios de género, no sólo con fines comparativos sino porque ello remitiría a analizar el género en términos relacionales.

Vania Salles, en "Nuevas miradas sobre la familia", repiensa esta institución productora de prácticas y simbologías básicas relacionadas con la identidad genérica y destaca el aporte realizado por el pensamiento feminista y la experiencia de las mujeres en la redefinición de interpretaciones que aparecían como válidas y, muchas veces, inmutables para las ciencias sociales.

Su trabajo es un recorrido crítico por la producción sociológica y antropológica sobre el tema, y en él va mostrando los lugares y los momentos en que la visión feminista erige una distancia con el conocimiento establecido y propone una nueva mirada. Esas interpretaciones alternativas han sido capaces de generar temas y perspectivas de investigación que redefinen las formas de encarar a la mujer y las relaciones entre géneros y generaciones.

La segunda parte de este volumen, "La mujer en el mundo del trabajo", reúne tres artículos sobre la incorporación de las mexicanas a la esfera laboral. La creciente participación de la mujer en la fuerza de trabajo constituye una de las tendencias que caracteriza la evolución en los últimos años del mercado de trabajo en México. En este proceso el empleo femenino continúa transformándose, entre otros factores, porque las ocupaciones ejercidas por mujeres se incrementan rápidamente en el sector estatal, donde la educación y la salud absorben un gran número de mujeres profesionales.

Con el objeto de presentar un panorama general sobre la actividad económica de las mujeres, Brígida García y Orlandina de Oliveira, en "El nuevo perfil del mercado de trabajo femenino: 1976-1987", analizan sus variaciones en diez años y las confrontan con tendencias encontradas en otras realidades. La riqueza del análisis deriva, por un lado, del provecho que las autoras sacan de fuentes de información concebidas para otros fines y, por otro, de la utilización de una serie de variables relacionadas con la vida reproductiva de las mujeres, como son edad, estado civil, escolaridad y número y edad de los hijos, para explicar las tasas diferenciales de la participación de las mujeres en el periodo analizado. Este enfoque les permite comprobar la influencia de características relacionadas con la vida privada de las mujeres en el mundo del trabajo remunerado y, al mismo tiempo, lograr un diagnóstico sobre la fuerza de trabajo femenina para el periodo.

Dentro del campo de estudios de los mercados de trabajo se ha otorgado poca atención a la creciente incorporación de la mujer en el empleo público. A partir de esta constatación, Mercedes Blanco Sánchez, en el artículo "La mujer en el empleo público en México", tratando de vencer la carencia de fuentes sobre este mercado de trabajo y la escasez de información sobre la presencia de la mujer en él, expone los primeros hallazgos de una investigación más amplia sobre el tema. Así, después de conceptualizar el empleo público y caracterizar su evolución en los últimos años, analiza las tasas de incorporación de la mujer a la administración pública, y describe el fenómeno de la segregación ocupacional por género en este grupo. También explora algunas hipótesis para comprender los factores que estarían influyendo en las mujeres y en los niveles de decisión de la administración para explicar el rápido crecimiento y alta proporción de empleadas estatales.

Finalmente, Norma Blázquez Graf en "Incorporación de la mujer a la ciencia a comienzos de los noventa", incursiona en un terreno poco conocido al examinar la relación de los parámetros con que se evalúa el desarrollo científico y la participación de la mujer en este campo.

Su estudio se circunscribe al periodo 1980-1990 caracterizado por una crisis económica que, aunque afectó sobremanera el ejercicio de la actividad científica en el país, también propició el desarrollo de una serie de medidas orientadas a conjurar las tendencias negativas. Curiosamente, la crisis abre un espacio a los científicos que, para enfrentarla, comienzan a sistematizar información sobre su comunidad. Norma Blázquez saca partido de estas y otras fuentes de información para organizar su razonamiento en forma novedosa y destacar en su análisis la incorporación gradual de las mexicanas a las actividades científico-técnicas.

La sistematización y análisis de la información sobre las mujeres en la ciencia realizada por esta autora será sin duda una consulta necesaria para los interesados en el tema y debería ser un estímulo para idear programas y políticas destinadas a promover la igualdad de la mujer en un área prioritaria para el desarrollo del país.

La tercera parte de este volumen, "Protagonismo y discriminación en el ámbito de la política", se orienta al análisis de la transformación de la mujer en sujeto político. Como bien lo señaló Julieta Kirwood este tema constituye uno de los nudos del pensamiento feminista y de mujeres. Se trata de esos nudos que parecen ciegos por la dificultad para desenredarlos, rescatar los hilos y tejer con ellos perspectivas teóricas de nueva textura. Y es que en la relación de la mujer con la política se juega sin tapujos la cuestión del manejo del poder público que perteneció, hasta hace muy poco y universalmente, a los hombres.

La discusión sobre la participación política de la mujer tiene raíces profundas vinculadas a su exclusión histórica y se relaciona con temas clave de la teoría y del análisis de las ciencias sociales. Así, los conceptos de subordinación, autonomía, esfera pública y privada, estilos de hacer política, autoridad, legitimidad, participación, movimientos sociales, actores y sujetos colectivos han sido minuciosamente discutidos y reelaborados tanto para comprender las dificultades de integración de la mujer a esta esfera que se ocupa de dirigir los asuntos de una sociedad, como para rescatar y valorar la multiplicidad de acciones llevadas a cabo por las mujeres que no son reconocidas como políticas, pero que influyen directamente en el ámbito de las decisiones públicas.

No hay duda de que en el campo de la política, como en otros sectores de la vida pública, la mujer carece de una cultura previa en la cual fincar su acción.

La experiencia muestra que las militantes de partidos políticos, diputadas, gobernadoras o burócratas que ocupan altos cargos de la administración, la mayor parte de las veces se integran a la política borrando su identidad de género.

El problema surge entre aquellas que reivindican su identidad genérica o que, simplemente, se consideran representantes de las mujeres porque sin proponérselo, con su sola presencia, introducen las nociones de diferencia y pluralidad en un ámbito donde ello no es la norma y debido a que sus demandas, relacionadas con transformaciones de la esfera privada y la vida cotidiana, no son prioritarias ni están legitimadas en el mundo de la política.

Existe un problema no resuelto ya que las mujeres que participan tratan de romper un código que obstaculiza su integración a la actividad política, y al mismo tiempo el hecho de no poder reconocerse en el lenguaje político genera en ellas el rechazo de un mundo que no las representa.

Este círculo vicioso difícilmente será superado si no se busca una legitimidad basada en un código donde ellas sean tratadas como iguales. Se trata, finalmente, de un problema vinculado a la democratización de la vida política y social.

En este marco, donde las dificultades son grandes, se inscriben los siguientes artículos. Tine Davids, en "Identidad femenina y representación política: algunas consideraciones teóricas", se pregunta cómo son construidas las mujeres por el discurso político y cómo ellas se construyen a sí mismas en estos campos discursivos cuando se comprometen con la participación política. Para responder a estas preguntas la autora desarrolla una acabada y novedosa revisión de los conceptos de identidad, diferencia y sujeto femenino y asienta su reflexión en una investigación empírica realizada entre mujeres que ocupan cargos políticos en el país.

Este trabajo es un valioso ejercicio de búsqueda y aplicación de perspectivas centradas en la identidad de un grupo de mujeres cuya práctica se desenvuelve en un espacio particularmente masculino, que debería ser revisado por quienes se interesan en la conformación de sujetos femeninos en la vida pública.

La participación de las mujeres en movilizaciones sociales es abordada por dos artículos. Curiosamente ambos analizan las formas de incorporación de maestras y educadoras a la lucha del magisterio. A pesar de poseer un objeto común, cada trabajo tiene un sello particular porque las autoras utilizan perspectivas de análisis diferentes y cada una privilegia espacios y niveles de acción distintos cuando reflexiona sobre el tema.

María Eugenia Valdés Vega, en "Mujeres en movimiento: sección 9 del Sindicato Nacional de Trabajadores de la Educación (SNTE)", se ocupa del papel desempeñado por las maestras en el movimiento que liderearon los maestros en 1989, considerando las fuerzas sociales y políticas que intervienen en su desarrollo, señalando a sus aliados, a sus adversarios y descubriendo sus demandas y formas de lucha. En este contexto la autora rescata y reconstruye la participación masiva de las mujeres en las movilizaciones, pero también detecta la ausencia de demandas de género así como su representación inequitativa en los órganos de dirección del sindicato.

El trabajo observa y sistematiza la participación de las maestras a partir de una reconstrucción global de la lucha magisterial, apoyándose en una detallada cronología de las movilizaciones en ese lapso y en entrevistas a maestras sindicalizadas.

Etelvina Sandoval, en su artículo "Mujer, maestra y sindicalista", ubica el análisis de la participación de las maestras en la escuela primaria, centro de trabajo y de la actividad política cotidiana.

Desde esa trama de relaciones la autora analiza la inserción de las maestras en las movilizaciones sindicales, detecta las formas que asume la participación en un sindicato que, a pesar de ser mayoritariamente femenino, es lidereado por hombres. La autora busca respuestas a esta contradicción entrevistando maestras de base y dirigentes; discute y sopesa el contenido de sus argumentos. En fin, trata de descubrir el significado que tiene para las maestras una participación excluyente asomándose a sus vidas privadas, a sus aspiraciones profesionales y políticas, con el fin de dar sustento a las reflexiones que se orientan a explicar los patrones de incorporación de la mujer a la vida política y pública.

Cerrando la parte dedicada a la cuestión política Alejandra Massolo, en "Políticas urbanas y mujer: una aproximación", se ubica en el ángulo, escasamente explorado, de la relación de las mujeres con el Estado.

El trabajo constituye un rastreo del vínculo entre las mujeres y las políticas públicas que, en principio, la autora limita al área urbana.

El artículo, sin embargo, cubre el análisis del Programa Nacional de Solidaridad (Pronasol), que rebasa lo urbano pues está orientado a toda la población definida como pobre por lo que tiene cobertura nacional. Ello no es casual ya que en la indagación de las distintas políticas urbanas, tales como las de vivienda, asentamientos irregulares, servicio e infraestructura, etc., la autora encuentra que las mujeres están ausentes y cuando hay referencias a ellas, no son consideradas en su condición social y genérica real, es decir, asumiendo un triple rol que involucra largas jornadas de trabajo que se despliegan en condiciones socioeconómicas desfavorables.

A partir de un recorrido por las diversas políticas, planes y programas llevados a cabo desde 1970 por un Estado que, en ese entonces, se definía como benefactor, hasta 1990, fecha en que las funciones estatales se redefinen, la autora señala la omisión de las mujeres de las políticas orientadas hacia los sectores urbanos y, al mismo tiempo, plantea una serie de propuestas destinadas a incorporarlas, no sólo como objeto de programas, sino como sujetos de la formulación y ejecución de los mismos.

Para finalizar, es quizás preciso señalar que si bien los artículos de este volumen muestran que la dominación se expresa en el ámbito público por medio de mecanismos que excluyen a la mujer, también plantean que ésta no es la única dimensión que define su identidad genérica. La identidad de la mujer también se forma alrededor del juego de posibilidades que la sociedad le ofrece para la acción y la producción.

La perspectiva que da la oportunidad de observar a la mujer como sujeto fue una idea que unió a las autoras que participan en este libro. Todas ellas en sus trabajos estimaron el peso de la dominación genérica, de la reproducción, de la rutina en la vida de las mujeres, pero también se propusieron recuperar sus logros y su creatividad.

Se trató de una búsqueda que, al privilegiar la diversidad de experiencias evitando el reduccionismo y la abstracción, se orientó a recobrar la complejidad de las dimensiones que se funden en la imagen de las mexicanas contemporáneas.

MARÍA LUISA TARRÉS
Enero de 1992

INTRODUCCIÓN

LA VOLUNTAD DE SER*

MARÍA LUISA TARRÉS

1. Años atrás, a comienzos de la década de los veinte, Gabriela Mistral, que en ese momento estaba en Zacapoaxtla, Puebla, definió a las mujeres como una voluntad de ser. Su relación con mujeres nahuas, totonacas y ladinas en la región de la sierra, la llevó a afirmar precisamente que "las mujeres en América Latina son una voluntad de ser".[1]

Con esta metáfora la poetisa no sólo logró destacar el valor de la libertad en la definición de la identidad de la mujer sino que, al apuntar hacia una característica única y marcar con ello una hipérbole, señaló también su fragilidad como sujeto.

La representación de las latinoamericanas, originada desde la mujer mexicana en el imaginario de la Mistral, cobra así una doble dimensión, pues al exagerar la libertad como rasgo necesario y suficiente de su identidad, muestra al mismo tiempo la endeble estructura en que se asienta la condición femenina en nuestros países. Esta última característica ha sido la nota constante de las investigaciones sobre la mujer latinoamericana que han destacado la universalidad de su subordinación, de su papel reproductor y la exclusión de que es objeto en un mundo social donde los principios masculinos y femeninos actúan como ordenadores, de modo que el primer término indica superioridad y el segundo inferioridad. La sociedad aparece entonces como un campo que limita los espacios, distribuye a los miembros, los separa o los reúne de

* A la memoria de Sofía Godoy, la nana-madre que durante mis primeros diez años me convenció de que era prima de Lucila. Para hacerlo leyó a Gabriela, conoció e inventó su vida, me enseñó sus poemas y, gracias a este juego, a esta voluntad, trascendió su condición y fue sujeto, al menos para mí.

[1] Carta de Gabriela Mistral a mi abuelo Enrique Oyarzún Mondaca (archivo familiar).

acuerdo con estos criterios de superioridad e inferioridad a partir de complicadas reglas que a nivel simbólico las hacen parecer como naturales. La inferioridad de las mujeres y la superioridad de los hombres se expresan así en las prácticas sociales más disímiles, en las normas, en las instituciones y leyes, en fin, en una serie de programas y medidas que tienden a separarlos o a agruparlos de acuerdo con las necesidades reproductivas.

De ahí que sea difícil construir una postura teórica que defina a la mujer como un sujeto capaz de incidir en la transformación de su subordinación y sea quizás útil y necesario recurrir, como la Mistral, a una imagen literaria para rescatar la cara positiva, la dimensión productora de las mujeres del México contemporáneo.

Este recurso metodológico ofrece la posibilidad de una lectura distinta y más compleja, ya que, por un lado, permite analizar el peso que tienen la pobreza, la dominación y en general, los procesos reproductivos en la identidad negada y, por otro, autoriza a reflexionar, a nivel de hipótesis, sobre los elementos que contribuyen, si no a la formación de una identidad cristalizada o protagónica, al menos a la creación de una voluntad de ser.

Existen dificultades para dar definiciones sociológicas positivas de las mujeres pues aunque están presentes en la realidad están ausentes de la teoría. No hay duda de que la sociología no ha hecho sino sociología de los hombres al confundirlos con lo humano, dejando de lado a las mujeres y tratando las relaciones genéricas como parte del estado natural de las cosas. Estas limitaciones no pueden, sin embargo, impedir rebelarse contra enfoques que privilegian el sojuzgamiento y la sumisión de la mujer a estructuras de relaciones económicas, sociales o culturales donde el género masculino parece siempre tener mayores posibilidades de realización en condiciones similares de existencia.

La idea que quisiéramos desarrollar es que la investigación no puede restringirse a explicar los obstáculos, la pasividad y la discriminación que enfrenta la mujer para su incorporación plena a la sociedad. En primer lugar, porque un trabajo orientado por perspectivas de esta índole se limitaría a medir con más o menos precisión lo que sabemos de antemano, evitando así la construcción teórica y, en segundo lugar, porque ello oculta que, en las últimas décadas, una de las características más destacadas del desarrollo nacional es la integración de la mujer a distintos ámbitos de la sociedad y la cultura y eso, posiblemente, tenga algún significado en sus vidas.

Se puede argumentar que la incorporación masiva de las mujeres al mercado de trabajo, al mundo del conocimiento y de la educación o su acceso al control natal no es sino una incorporación subordinada al poder masculino y al poder estatal en la medida que ha significado una segregación y una discriminación que se mantiene con modalidades en los distintos ámbitos de la vida pública y de la vida privada. Sin embargo, si deseamos hacer un análisis sociológico que vaya más allá de esa constatación es necesario apropiarse de un enfoque para imaginar cómo influyen los procesos de modernización en la redefinición del papel de la mujer y en las posibilidades de recuperarla como un sujeto que, con su acción, influye en procesos que se desarrollan a nivel de la organización social, en la orientación de las decisiones que se generan en el sistema político o en la creación de proyectos que signifiquen cambios en ese orden que las subordina.

Aunque el peso de las sobredeterminaciones hace difícil la tarea, es preciso evitar, como lo hizo Gabriela, una imagen que restringe la identidad femenina y privilegiar la voluntad de ser en la mujer como una virtud previa y necesaria para poder decidir y entrar a la escena social como protagonista.

Una de las tantas puertas de entrada a la construcción de este enfoque podría asentarse en una lectura donde el análisis de los cambios producidos por el proceso de desarrollo y la modernización privilegie la desestructuración de un orden, el quiebre de las redes de parentesco que definen a la mujer como objeto de intercambio, el rompimiento del control social basado en los lazos comunitarios tradicionales, la ruptura del orden simbólico que organiza la relación jerárquica entre los sexos y confina a la mujer a su papel de reproductora.

Esta visión del desarrollo se diferencia de aquella que lo concibe como un proceso de integración y movilidad social constante, donde las mujeres definidas como portadoras de una necesidad, la de obtener su autonomía, deben superar una interminable carrera de obstáculos sociales, económicos, culturales para lograr la igualdad con los hombres.

No se trata de desconocer el peso de las estructuras de dominación o de los procesos reproductivos en la vida de las mujeres. Por el contrario, la idea es que esas estructuras, gracias al proceso de modernización que es heterogéneo, desigual y segregador, se malogran, fallan, creando zonas de exclusión, necesidades y preguntas que, como lo afirma Fraser (1991) ni el orden económico, ni las instituciones públicas o domésticas son capaces de satisfacer o responder. Esta forma de leer el proceso de modernización permite, a nivel hipotético, pensar que es en la ruptura de las prácticas reproductivas donde las mujeres tienen la posibilidad de redefinir su identidad más allá de las determinaciones estructurales, los procesos de socialización o los mecanismos de dominación masculinos.

Estos resquicios que se producen como consecuencia del quiebre de procesos sociales concretos en la biografía de las mujeres pueden dar lugar a comportamientos reflexivos en los que la voluntad, siguiendo a Gabriela, se constituye en un requisito previo y propio de la definición del ser del sujeto.

La identidad femenina en México, en suma, no puede conceptualizarse limitándose a enumerar los obstáculos para su constitución, tales como la pobreza y la marginación estructurales. Tampoco puede limitarse a la constatación de su subordinación, como podría ser la maternidad, el matrimonio o las reglas de parentesco que la transforman en un objeto de intercambio. Aun cuando sepamos que estadísticamente es mayor la probabilidad de abandonarse pasivamente a la situación o aceptar la ley que consagra la desigualdad genérica y la supremacía masculina, es importante rescatar la experiencia de mujeres que han hecho uso de la voluntad para ser, ya sea individual o colectivamente. También se hace necesario comenzar un análisis de las circunstancias en que se desarrolla la vida de las mujeres para detectar cambios, rupturas en los mecanismos de reproducción que si bien implican conflictos, crean la oportunidad de desviarse de su destino.

2. México ha cambiado desde los años en que escribió la Mistral y podemos suponer que ello ha modificado las condiciones en que se desenvuelve la vida de las mujeres. A pesar de que ellas aún viven presas en la imagen que les impone la sociedad masculina, es posible suponer que el crecimiento demográfico, la movilidad social, las migraciones y la urbanización las hayan apartado de las inflexibles ataduras familiares y comunitarias, se hayan producido rupturas, se hayan abierto márgenes de libertad, nuevas formas de integración y de conflicto y como consecuencia prácticas sociales heterogéneas, alejadas del mandato de la tradición.

Y en efecto, las presiones externas cambian el ámbito doméstico y familiar, lugar social y simbólico al que se supone pertenece la mujer. El éxodo de poblaciones, la creación de grandes ciudades y la migración dispersa a los que vivían en un hogar común, donde las funciones y los roles se distribuían bajo la mirada de algún varón. La socialización y la educación de los niños ya no recae en la familia sino en la pareja y hay actividades que comienzan a realizarse fuera de la casa, en instituciones como las guarderías, las escuelas, la oficina, la fábrica, de manera que los miembros de una familia pasan menos tiempo juntos.

Es posible que en el México actual esté sucediendo lo que señalaba Durkheim en el sentido de que la familia moderna se basa en el matrimonio o en la pareja en tanto que en el pasado se apoyaba en la familia.

Ello implicaría que las mujeres y los hombres entran como individuos racionales en igualdad de condiciones al matrimonio, pues su unión se celebra por medio de un contrato. Sin embargo, las investigaciones sobre el tema constatan que esto no es así. En efecto, la entrada de las mujeres al matrimonio no ha significado su reconocimiento como seres iguales a los hombres, desligados del papel reproductor. No obstante, las transformaciones estructurales ligadas a la modernización afectan las condiciones en que se desarrolla la vida de la mujer porque hay recomposiciones donde las formas modernas de relación social que se generan en este proceso, tales como la familia nuclear, la incorporación de la mujer al mercado de trabajo, a la educación, etc., se adaptan a mentalidades y prácticas tradicionales, relacionadas con el mundo doméstico y familiar.

Mientras la sociedad se moderniza pareciera como si la mujer se incorporara al ámbito público sin modernizarse ella misma ya que no asume como parte integral de su comportamiento los criterios de racionalidad, eficiencia o competencia.

Sin embargo, se trata de un proceso de largo alcance y duración, cuyas consecuencias difícilmente se pueden evaluar todavía en la sociedad mexicana contemporánea, debido a que aún no se conocen las modificaciones producidas por el crecimiento poblacional y de las grandes ciudades, en las modalidades que asumen las relaciones familiares, que alejan a la mujer de los lazos de parentesco y le abren otros espacios y posibilidades donde fincar su identidad.

Una puerta de entrada a este tema es la propuesta planteada por Moscovici, quien al tratar de responder a esta pregunta señala que "el crecimiento de las ciudades aparta a los seres de vínculos rígidos creando una situación de promiscuidad en el verdadero sentido, liberando a la sociedad del peligro que significaba la consanguinidad, la monopolización de las mujeres en la célula del parentesco" (Moscovici, 1975: 295).

Con esta proposición el autor está señalando que si fuera válida la afirmación de Lévi-Strauss en el sentido de que la desigualdad genérica se asienta en el principio universal de la prohibición del incesto, en sociedades con el tamaño de las nuestras o no existe la probabilidad de cometerlo o su incidencia es muy baja, si se compara con las sociedades tradicionales y cerradas que le dieran origen. De ahí que los principios simbólicos que aún se mantienen y que instalan a la mujer en la posición subordinada comiencen, según el autor, a perder sentido.[2]

[2] Moscovici compara el incesto con el canibalismo y supone que desde el momento en que éste deja de ser una práctica social no es necesaria la regla.

La subversiva hipótesis de Moscovici merece un examen cuidadoso, porque su idea se sustenta en la interpretación profunda y acuciosa sobre la familia y la mujer desarrollada por Lévi-Strauss.[3] Es evidente que a nivel histórico se hace necesario matizar su propuesta, tanto porque no se conocen experiencias de sociedades donde la diferencia sexual no se transforme en desigualdad, como también porque una transformación en la prohibición del incesto es un fenómeno de larga duración, imbricado en prácticas sociales y económicas, enraizado en la cultura, en la psicología y en el inconsciente de la mujer y del hombre. La puesta en duda de la ley que consagra la desigualdad y la supremacía masculina no sólo significaría transformaciones a nivel normativo sino en los procesos que la median, que se sustentan en la base misma de la organización social y cultural.

En todo caso, la cuestión planteada por Moscovici abre una brecha para reflexionar a partir de una teoría, como la de Lévi-Strauss, pues al poseer un gran poder explicativo basado en la investigación sistemática, permite salir de ese círculo vicioso en el que se han entrampado algunos estudiosos de la condición de la mujer los cuales prueban, con mayor o menor precisión, lo que ya se sabía. De ahí que su propuesta sea útil como una aproximación provisoria, ya que da acceso a una lectura de las condiciones en que se desenvuelven la vida y la identidad de las mexicanas contemporáneas en términos positivos, desde la búsqueda de la diferencia y la heterogeneidad más que desde lo universal, o de conceptos unificadores, aunque ello no quiera decir que no se reconozca la discriminación, la "otredad" o la subordinación como elementos estructurantes de esa identidad.

Esta aproximación provisoria a las mexicanas nos permite suponer que tanto los procesos demográficos como el crecimiento de las ciudades, la migración o la disminución de la fecundidad así como las fases del crecimiento económico, las crisis o el modelo de economía liberal que hoy se instaura, permean y modifican la organización y las relaciones sociales tradicionales de modo que el orden en que se asienta la desigualdad entre hombres y mujeres sufre trastornos que influyen en el ser y quehacer de las mexica-

[3] Para obtener una visión sucinta sobre la perspectiva de Lévi-Strauss se puede consultar su excelente artículo "La familia", 1974. En todo caso, conviene recordar que el descubrimiento de Lévi-Strauss radica en que el significado de la prohibición del incesto no reside en la prohibición de casarse con un progenitor o con una hermana sino en la obligatoriedad de dársela a otro con el fin de asegurar alianzas, evitar conflictos y consolidar el equilibrio social. Las leyes del matrimonio estarían orientadas a asegurar este fin colectivo.

nas. De esta manera se hace necesario dibujar algunos rasgos de la mujer en el México contemporáneo para observar continuidades y cambios en su condición.

No hay duda de que lo que ahora presentamos no es sino un boceto de lo que podría ser un trabajo a largo plazo, pues se limita al análisis de algunas características relacionadas con la demografía, el trabajo y la educación, con el objeto de dar un marco general a los artículos que se presentan a continuación.

3. Las condiciones en que se desarrolla la vida de las mexicanas están marcadas por las modalidades que asumen el crecimiento económico y la modernización social y cultural del país. En México se optó por la vía de transformar a una sociedad agraria en un país industrial y ello significó construir un nuevo tipo de sociedad regida por las relaciones capital-trabajo, por el mercado, los avances tecnológicos y la creación de grandes áreas urbanizadas, entre las que destacan Guadalajara, Monterrey y la ciudad de México como centros de atracción tradicionales,[4] y Puebla, Querétaro, Chihuahua, Tijuana y otras como núcleos de atracción de población y actividades económicas en los últimos años (Conapo, 1991).

Esta transformación, ocurrida en menos de 60 años, significó la entrada de la sociedad al mundo moderno a un gran costo social y humano ya que la acumulación de riqueza no benefició a todos los mexicanos. Por el contrario, la distribución del ingreso es una de las más desiguales del continente en la medida que 17.3 millones de personas viven en condiciones de extrema pobreza y otros 24 millones se encuentran en situación considerada de pobreza (cálculos del Programa Nacional de Solidaridad, Pronasol, citados por Muñoz, 1991). Este dato habla de una extrema disparidad social que marca la vida de millones de mujeres y hombres que han pagado con su miseria, desarraigo y exclusión el precio de la modernización.[5]

[4] El porcentaje de población urbana en México entre 1950 y 1990 ha aumentado notablemente y muestra el paso de una sociedad agraria a una urbana (Fuente: Naciones Unidas, 1985).

Años	*1950*	*1960*	*1970*	*1980*	*1990*
Población urbana (loc. de más de 2 500 habitantes) (%)	42.7	50.8	59.0	66.7	72.8

[5] En 1983, 30% de la población de bajos ingresos recibió 7.84% del ingreso nacional, en tanto 40% de la población de ingresos medios recibió 28.95% y 30% de la población de ingresos altos, 63.21% del ingreso nacional (Fuente: INEGI, *Estadísticas históricas de México*, 1990, t. I, p. 247).

Pero las mediaciones entre crecimiento económico y distribución de los recursos son complejas ya que paralelamente a la desigualdad y la pobreza, ha habido mejoramiento nutricional, aumento de la esperanza de vida al nacer que pasa de 50.8 a 68.4 años entre 1950 y 1990, disminución de la mortalidad infantil que pasa de 113.9 defunciones de menores por cada mil nacidos vivos en 1950, a 41.4 por mil en 1990,[6] disminuciones importantes de la fecundidad, además de un acceso creciente a servicios e infraestructura que ha mejorado las condiciones de vida de mucha gente. Por eso, si bien la desigualdad marca sectores sociales diferenciados por el acceso a los recursos, existe una disminución de la pobreza y de los niveles de pobreza si se compara la situación actual con la de años anteriores. Además, una movilidad hacia los sectores medios de la sociedad muestra cambios importantes en la estructura social del país.[7]

Ello no impide que la mitad de la población forme parte de los estratos pobres de la sociedad. La otra mitad, sin embargo, se ha integrado al proceso de modernización, ha vivido procesos de movilidad social y alcanza niveles de vida y satisfactores decorosos en algunos casos y equivalentes a los de los países industrializados en otros.

La desigualdad que caracteriza la estructura social del país plantea la dificultad de referirse a las mujeres mexicanas en general y en abstracto, pues la realidad señala clases, regiones y etnias que conforman escenarios sociales múltiples y heterogéneos que moldean y ofrecen estructuras de oportunidad diversas a los distintos sectores de mujeres.

Por ello, si bien la información estadística[8] esconde la diversidad en tendencias que subrayan la discriminación hacia la mujer en la actividad económica, en el campo de la educación, en la

[6] SPP *et al.* (s.f.).

[7] Según un estudio elaborado por Banamex, en 1960 los estratos pobres constituían 75% de la población, los medios 11.3% y los altos 13.7%. Esta situación cambia favorablemente en 1987 ya que los estratos pobres disminuyeron a 50.8%, los medios aumentaron a 37.9% y los altos representaron 11.3%. Departamento de Estudios Sociales, Banamex, 1991, citado en *Excelsior*, 10 de enero de 1992 (Sección Ideas). Éste y otros estudios, como el de Enrique Hernández Laos (1991), orientados a evaluar la desigualdad social a largo plazo, concluyen que la pobreza se redujo a la mitad entre los años sesenta y setenta, aun cuando se incrementó a partir de los ochenta con la crisis.

[8] Cabe señalar, y aunque parezca reiterativo, la dificultad de armar un razonamiento consistente sobre la mujer mexicana a partir de información estadística oficial debido a múltiples factores. Es difícil encontrar información que sistemáticamente esté cruzada con la variable sexo; existen dificultades conceptuales debidas a la generalización de la experiencia masculina a la femenina; esto es evidente en el registro de la actividad económica que, en el caso del trabajo doméstico, no se

esfera política o su reducción al rol de reproductora cuando se trata de las políticas demográficas y sanitarias, es importante recalcar que la rapidez y generalización de las transformaciones tienen que haber incidido en la condición de la mujer al generar fallas en los procesos reproductivos, en las estructuras del parentesco, en las relaciones de pareja o en las formas de dominación, que posibilitan el ejercicio de acciones reflexivas, y como consecuencia, facilitan la generación de identidades distintas a las tradicionales.

Es difícil imaginar que una transformación como la que ha tenido lugar en la sociedad mexicana en los últimos 50 o 60 años sólo haya ido en desmedro de la mujer, incrementando su dependencia y su subordinación. Una mirada superficial a algunas estadísticas relativas al crecimiento y modernización de la sociedad mexicana podría servir como base para construir una aproximación al tema, aun cuando sea provisoriamente.

4. México, que en 1950 tenía 27 millones de habitantes, triplicó su población en 1990 al llegar a 86 millones[9] de habitantes, de los cuales 50% son mujeres, mayoritariamente jóvenes.[10]

El crecimiento poblacional se explica por el descenso de la mortalidad, que disminuyó de 16.1 por mil en 1950 a 5.4 por mil en 1990 (Celade, *Boletín* núm. 45, p. 92), por la existencia de muchas mujeres jóvenes en edad fértil[11] y porque la reducción de la fecun-

---

contabiliza y que aparece subregistrada en el caso del trabajo remunerado. El problema se extiende a otras áreas, especialmente a la educación, la salud, la política, etc. En el área de la reproducción biológica y de la fecundidad la información es completa y sistemática, sobre todo desde los años setenta en adelante. Ello habla de la importancia que las políticas demográficas han dado a la mujer como centro de la reproducción. Sin embargo, no existe información equivalente sobre sus maridos o compañeros de modo que es difícil comprender si hay o no cambios en las relaciones genéricas. Finalmente, hay que destacar que se han publicado trabajos muy valiosos donde se sistematiza información básica sobre la mujer a nivel nacional y regional. Sin embargo, los esfuerzos no tienen continuidad, pues al parecer, se realizan al ritmo de los intereses sexenales.

[9] Las tasas de crecimiento de la población son las que siguen (Fuente: SPP *et al.*, pp. 2-3, 92-93):

Años	*1950*	*1960*	*1970*	*1980*	*1990*
Tasa (en miles)	29.1	31.9	32.3	24.7	15.1
Población (millones)	27.376	37.073	51.176	69.393	86.214

[10] A pesar de que la juventud es todavía característica de la pirámide de población ésta ha reducido su base si se la compara con la distribución de edades de los años sesenta.

[11] De acuerdo con los datos del censo, en 1980, 43% de las mujeres estaba en edad fértil, y en 1990, 49%. Martínez, 1991: PM 5.1.

didad sólo se ha producido en los últimos diez años. En efecto, en 1950 una mexicana al final de su vida reproductiva tenía en promedio 6.4 hijos; en 1960, 6.5; en 1970, 6.8; para bajar a 4.4 hijos en 1980 y a 3.2 hijos promedio en 1990 (Conapo, 1991).

Para la vida de las mujeres esto significa un cambio muy grande en pocos años. Aun cuando 3.2 hijos es un promedio alto, es considerablemente menor al de 6.8 hijos que se tenía en los años setenta. Indica, además, un control generalizado de la fecundidad y la posibilidad para las jóvenes de controlar sus cuerpos y sus vidas.

En efecto, hoy día existe un sector importante de mujeres de origen urbano con mayores niveles educativos[12] que logran separar la sexualidad de la reproducción, lo cual adquiere interés si se considera la importancia que tienen en el país la religión y los modelos de socialización tradicionales. Ello significa que las mujeres han debido afrontar conflictos y desarrollar comportamientos reflexivos que implican un rechazo de la maternidad impuesta, de la sobrecarga de hijos y del trabajo doméstico que exige su mantenimiento y cuidado.

La situación ha cambiado sólo en fechas muy recientes porque las mujeres que hoy tienen entre 45 y 50 años estuvieron cuidando a sus siete hijos hasta los 40 años por lo menos. Esto significa que esas mujeres pasaron al menos 20 años de su existencia dedicadas a los hijos, sin posibilidades de realizar otras actividades. La situación no es muy distinta para las siguientes generaciones, pues las nacidas entre 1937-1941, tuvieron 5.5 hijos y las nacidas entre 1942-1946, 4.9 hijos (Conapo, 1991: 16).

Sólo las mujeres nacidas a partir de 1960 han tenido posibilidades masivas de elegir la maternidad y el espaciamiento de sus hijos, de manera que el tiempo dedicado a su crianza disminuye comparado con el utilizado por sus madres en un tercio si tienen tres hijos y a la mitad si tienen dos.[13]

[12] Según la Encuesta Nacional de Fecundidad y Salud existe una alta correlación entre escolaridad y número de hijos. Así, en 1990 una mujer sin escolaridad tiene 6.14 hijos; con primaria incompleta 5.66; con primaria completa 3.66 y con secundaria y más 2.5 hijos. También influye el tamaño de la localidad en la fecundidad de manera que las mujeres que viven en localidades rurales de menos de 2 500 habitantes tienen 5.85 hijos y las que residen en grandes ciudades tienen tres en promedio. Conapo, 1991: 19.

[13] Un ejercicio teórico, que puede ser de interés para calcular y evaluar los años que la mujer dedica a la crianza consistiría en comparar la situación de una mujer con siete hijos que tiene el primero a los 18 años, que se embaraza cada dos años y que los cuida directamente hasta los 10 años, con otra que en las mismas condiciones tiene cuatro, tres o dos hijos.

Este proceso, como lo muestran las innumerables encuestas de fecundidad y los estudios orientados a medir la eficacia de las políticas de control natal, comienza entre las mujeres urbanas de estratos altos y medios, con niveles altos de educación en los años setenta y posteriormente se generaliza entre las mujeres de los sectores populares.[14]

El menor número de hijos implica una disminución del tamaño de los hogares, lo que posiblemente afectará no sólo el rol de las mujeres como mantenedoras del hogar y los hijos, sino los significados asociados a él.

Hijo	*Edad en que la mujer tiene hijos*	*Edad en que deja de cuidarlos directamente*	*Años de crianza*
Caso 1: 7 hijos (Generaciones de mexicanas que hoy tienen entre 45 y 50 años)			
1	18	28	
2	20	30	
3	22	32	
4	24	34	
5	26	36	
6	28	38	
7	30	40	23
Caso 2: 4 hijos (Generación de mexicanas que hoy tienen entre 40-44 años)			
1	18	28	
2	20	30	
3	22	32	
4	24	34	17
Caso 3: 3 hijos (Generación de mexicanas que hoy tienen entre 30 y 40 años)			
1	18	28	
2	20	30	
3	22	32	
Caso 4: 2 hijos			
1	18	28	
2	20	30	13

Es claro que si se disminuye el tiempo de cuidado directo de 10 años a siete que es la edad en que los niños entran a la escuela, el tiempo total disminuye tres años para cada caso. Así la que tiene siete hijos se dedicará a ellos 20 años en lugar de 23 y la que tiene dos hijos, 11 años en vez de 13.

[14] Según las encuestas nacionales de fecundidad, el programa de planificación familiar cubría, en 1976, 30.2% de mujeres en edad fértil, que equivalía a 1.8 millones de parejas de usuarios. En 1990 el número de parejas de usuarios es de 8.4 millones con lo que se está cubriendo 58% de mujeres en edad fértil. Conapo, 1991: 21.

Debido a que la familia pequeña como fenómeno generalizado que cruza la estructura social es algo reciente, el discurso tradicional sobre ella tiende a prevalecer. Sin embargo, es posible suponer que el nivel de la práctica cotidiana no coincida con él.[15]

En efecto, la familia como unidad de producción tiende a desaparecer con la vida urbana y algunas funciones socializadoras se realizan fuera del ámbito de la casa, de modo que los niños y adolescentes así como los adultos que trabajan, pasan mucho tiempo en otros espacios. Estudios de caso y diversas encuestas en la ciudad de México señalan que la familia se abre hacia la sociedad en el sentido anterior, pero la encuesta de ingreso y gasto muestra que 51.4% de las mujeres aún permanecían dentro de los límites del hogar en 1984 ya que dicha encuesta las reporta como dueñas de casa (Martínez, 1991: cuadro TH12).

En todo caso, el porcentaje de mujeres registradas por el censo muestra que la población económicamente dependiente ha disminuido considerablemente, pues en 1950, 88.5% de mujeres fueron consideradas como inactivas, lo que significa que en el largo plazo ellas se han integrado al trabajo remunerado.

El menor número de hijos favorece la integración de la mujer al mundo del trabajo remunerado pero al mismo tiempo, debido a que la organización familiar propende a ser nuclear, los roles de madre-esposa y ama de casa tienden a concentrarse en la mujer, aumentando su carga de trabajo pues en ella se suman además las actividades derivadas del empleo.[16]

La modernización económico-social y el control de la reproducción da mayor libertad de movimiento a las mujeres, pero el proceso no está exento de contradicciones porque al parecer instituciones como la pareja y la familia tienden a sufrir transformaciones y conflictos que, en principio, se resuelven desfavorablemente para la mujer. Además de la violencia como un indicador de estos conflictos, que ha comenzado a ser considerado un hecho público, es importante aquilatar el aumento de mujeres jefas de hogar. Para el año de 1960 había en México 12% de jefas de hogar, el cual sube a 15.3% en 1970 (CEPAL, 1986: 32) y baja a

[15] Sobre este asunto, es interesante revisar Enrique Alducín Abitia, 1986.

[16] Numerosas investigaciones prueban que cuando las mujeres realizan actividades remuneradas y tienen hijos, generalmente hay otra mujer, ya sea pariente o una empleada, que asume el trabajo doméstico. El cónyuge y los hijos hombres participan muy poco en las actividades del hogar. Éste es un patrón generalizado entre las clases medias (Blanco, 1989), en los sectores populares (Sánchez y Martini, 1987) y en el medio campesino (Selva, 1985). Para una visión general de este y otros temas relacionados con el trabajo doméstico, véase De Barbieri, 1984.

13.8% en 1980 (Censo de Población y Vivienda, INEGI, 1980). La disminución que se observa en 1980 podría obedecer a cuestiones relacionadas con la medición censal más que a una baja del porcentaje de las jefas de familia en la medida que estudios realizados por CEPAL para otros países indican un aumento promedio de 2% de jefas de hogar cada 10 años en las zonas urbanas. Cualquiera que sea la causa de esta disminución, el hecho es que la proporción exacta de jefas de hogar puede ser indicadora de las dificultades que encuentra la mujer para establecer relaciones igualitarias con su pareja o su familia, pero también puede ser leída como una forma más de victimización o, simplemente, como la constatación de un hecho que siempre ha existido y no se hacía del dominio público por temor al rechazo social o por las formas que tradicionalmente asumió la familia.

El significado y las consecuencias de la jefatura femenina en la organización de la familia aún no han sido desentrañados pues aunque se trata de un fenómeno generalizado su detección es reciente. Un estudio realizado en siete ciudades latinoamericanas (Bogotá, Buenos Aires, Caracas, Lima, Callao, Panamá y San José) indica que se trata de un fenómeno eminentemente urbano y que se desarrolla en dos sectores muy distintos de mujeres. En efecto, las jefas de familia son más frecuentes entre los sectores más pobres, donde existe un alto desempleo masculino y también entre los estratos medios y altos donde la mujer posee niveles altos de educación y trabaja como profesional o en posiciones directivas (CEPAL, 1986: 28-45).

De ahí que se pueda suponer que en ciertos casos, en el de las mujeres de bajos ingresos, la jefatura del hogar no sea sino una consecuencia de la pobreza y por tanto, expresa una forma más de victimización, pero en los otros casos probablemente indique que las mujeres ya no aguanten ciertas formas de trato cuando, al recibir ingresos suficientes y controlar su reproducción, se encuentran en una relación poco satisfactoria. Hay que considerar, además, que las tendencias de estadísticas provenientes de grandes universos de población esconden fenómenos nuevos que se desarrollan, incluso, en mujeres de los sectores populares. No se puede dejar de mencionar que entrevistas con mujeres con ingresos bajos pero estables expresaron preferir "estar solas que mal acompañadas" (Tarrés y Fortuny, 1989).

Sin embargo, la mayoría de las mujeres se incorporan al mercado de trabajo condicionadas por su situación en el mundo doméstico y de la reproducción. Diversas investigaciones señalan que la edad, el estado civil, el tener o no hijos y el tener hijos de ciertas edades presenta asociaciones significativas con la entrada o el retiro de la mujer al mercado de trabajo.[17]

Esto significa que una integración igualitaria de la mujer al mundo del trabajo remunerado exigiría una redefinición del papel de los hombres, maridos e hijos, al interior de la familia y del hogar, ya que no basta con que la mujer asuma el control de su capacidad reproductiva, que separe la reproducción de la sexualidad y/o que tenga un menor número de hijos para disminuir el peso de las determinaciones domésticas y reproductivas en su vida laboral.

Sin embargo, las consecuencias de la transición demográfica se perciben desde hace pocos años en el país de manera que es difícil aún evaluar cómo los cambios en el tamaño de la familia afectan la organización familiar, el papel de la mujer y las representaciones simbólicas relacionadas con ellos.

Existen indicios de interés cuando el análisis de la información se descompone por niveles regionales o sectoriales, ya que ello influye en que la participación de la mujer adquiera modalidades estables,[18] se incorpore a sectores distintos que el de servicios y configure una "masa crítica" de manera que forme parte de la definición misma del sector y pueda influir en su organización y orientación.

[17] La información censal muestra que la edad influye en la participación de las mujeres en el trabajo asalariado pues se concentra en las edades jóvenes. Así, información sistematizada para distintos años, muestra que en México un porcentaje alto de mujeres trabajan hasta los 24 años, y disminuye a partir de los 25. Este patrón es distinto al de los hombres, pues ellos se incorporan más tarde y aumentan paulatinamente, Martínez, 1991: cuadro TM 61, citado de PREALC-OIT, *Mercado de Trabajo en cifras 1950-1980*, Santiago de Chile, 1982.

Información proporcionada por Conapo para 1970 muestra que la tasa de actividad económica de las mujeres varía según el estado civil y de acuerdo con la presencia de hijos (citado en Barquet, 1991: 9).

Tasa de actividad económica de las mujeres (1970)

Estado civil	*Tasa global*	*Sin hijos*	*Con hijos*
Casadas	8.5	15.9	7.6
Unión libre	12.0	15.7	11.2
Viudas, separadas, divorciadas (jefas de familia)	28.7	23.7	29.4
Solteras (jefas de familia)	24.1	23.4	41.4

[18] Aparte de los trabajos de De Oliveira y García, y de Pedrero, existen muy pocas investigaciones orientadas a sistematizar información censal o de las encuestas nacionales y regionales que consideren el tema de la integración de la mujer al mercado de trabajo.

LA MUJER EN LA FUERZA DE TRABAJO[19]

Si bien las características de la fuerza de trabajo varían de acuerdo con situaciones específicas (región, estrato socio económico, tamaño de la familia, edad, etc.), es claro que ha habido un incremento sistemático de la incorporación de la mujer al mercado de trabajo.

En 1940 las mujeres representaban 7.3% de la PEA del país, alcanzando 27.83% en 1980 y alrededor de 30% en 1990. Esto significa que en 40 años se cuadruplicó el porcentaje de mujeres en la población económicamente activa del país.

Evolución de la PEA por sexo 1940-1980 (en miles)

PEA	*1940*	*1950*	*1960*	*1970*	*1980*	*1990a*
Total	5 858.1	8 272.1	11 253.3	12 955.0	22 066.1	
Hombres	5 425.6	7 144.8	9 235.0	10 488.8	15 924.8	
Mujeres	432.4	1 127.2	2 018.3	2 466.2	6 141.3	
% Mujeres	7.3	13.6	17.9	19.0	27.8	30.0

1990a: aproximación basada en datos preliminares de la Encuesta Nacional de Empleo, INEGI, STPS, 1988.

Fuente: *Estadísticas Históricas de México*, INEGI, t. 1, 1990, citado en Martínez, 1991: cuadro TMA.

El aumento de las tasas de incorporación se relaciona con procesos ligados al desarrollo nacional como la urbanización, el proceso educativo, la modernización y, posiblemente, con los cambios de percepción de la mujer frente al trabajo, ya que no han existido políticas orientadas a estimular su participación económica.

En este sentido, la participación económica de la mujer está modelada y supeditada a las características del crecimiento económico y a la distribución desigual de recursos y del ingreso. Prueba de ello es que en Nuevo León, ya en 1950, las mujeres representaban 13.8% de la PEA mientras que en estados poco desarrollados en ese entonces, como Guerrero o Chiapas, su participación se reducía a 10 y a 9.8% respectivamente (INEGI, 1990: 277-279).

Si bien en 40 años las tasas de participación femenina en la actividad económica se han incrementado notablemente a nivel nacional, se mantienen disparidades profundas entre las zonas rurales y las grandes ciudades, así como de acuerdo con el nivel de

[19] La información debe ser considerada con cautela ya que por un lado existe un subregistro del trabajo remunerado (y doméstico) de la mujer, sobre todo en los sectores rural e informal y por otro, porque en los últimos años se ha tenido mayor cuidado con la variable sexo, de modo que su comparabilidad con años anteriores puede ser engañosa.

desarrollo regional. Cálculos realizados por Celade para México estiman que del total de la PEA femenina en 1990, 81.70% trabajó en zonas urbanas, mientras 18.30% lo hizo en el campo. Aún considerando las dificultades de la medición del trabajo campesino, y en especial de las campesinas, la tendencia es evidente.

Evolución de la PEA por zona

Años	*1970*	*1975*	*1980*	*1985*	*1990*
PEA femenina	2 596 099	3 205 138	3 971 118	4 925 651	6 072 100
Total	100.00	100.00	100.00	100.00	100.00
Urbana %	67.36	71.45	75.27	78.65	81.70
Rural %	32.64	28.55	24.73	21.35	18.30

Fuente: Proyecciones de población económicamente activa. Considera la población de 10 años y más. Celade, *Boletín* núm. 35, citado en Martínez, 1991: cuadro TM2.

Esta tendencia se especifica cuando se estudia la participación de la mujer en el mercado de trabajo de las grandes concentraciones urbanas como las ciudades de México, Guadalajara y Monterrey donde se concentra 40% de la PEA nacional. Pedrero (1990: 35) señala que la participación femenina se incrementó 40% en estas ciudades entre 1978 y 1987, presentando un ritmo de crecimiento mayor que el de la PEA masculina, de manera que en la ciudad de México llegó a ser de 34.40%, en Guadalajara de 32.60% y en Monterrey, 27.50 por ciento.

La influencia de la urbanización y del nivel de desarrollo de las ciudades en el aumento de la participación económica de la mujer también es comprobado en un estudio realizado en 16 ciudades del país (De Oliveira, 1989). La actividad de las mujeres se concentra en el sector terciario de la economía, básicamente en los servicios y en el comercio. La estructura de la PEA femenina según el sector económico es la que sigue:

PEA por sector económico

Sector	*1960(a)*	*1970(a)*	*1979(a)*	*1988(b)*
Primario	33.1	11.3	6	3.5
Secundario	13.1	19.1	22	35.0
Terciario	52.9	59.9	72	61.5
No especificado	-	10	-	-
Total	100	100	100	100

(a) Conapo, 1984.

(b) Encuesta Nacional de Empleo, 2do. semestre. ENEU/INEGI, citado en Martínez, 1991: cuadro TM15.1.

Si bien esta característica define todavía el trabajo remunerado de la mujer, hay dos hechos nuevos de interés. Por un lado, hay una propensión a integrarse al sector secundario, básicamente a la industria de transformación y por otro, hay cambios en el interior del sector servicios.

Las trabajadoras domésticas en 1970 constituían 29% de la PEA femenina mientras que a fines de los ochenta las mujeres trabajaban en primer lugar, como oficinistas, luego, como domésticas y en tercer lugar, como obreras (Martínez 1991, cuadro TM19). Esta tendencia es confirmada por estudios realizados entre los trabajadores al servicio del Estado. En efecto, el peso de las mujeres ha evolucionado de tal modo que pasó de 10.8% en 1966 a 44% en 1985, lo cual apunta a una feminización del empleo público (Zapata, 1990: 189).

Las mujeres se incorporan a nuevos sectores y en otras condiciones, de manera que sus ocupaciones se han diversificado.

Es necesario recordar que en la integración de la mujer al mercado de trabajo, a diferencia de los hombres, además de las características macroestructurales, definidas por el desarrollo nacional, influyen otra serie de mediaciones. Éstas se relacionan con las condiciones materiales y sociales de la reproducción, con las características demográficas de la mujer como su edad, estado civil, etapa del ciclo vital en que se encuentra, número y edades de los hijos, tipo de familia a la que pertenece, etc., así como con aspectos simbólicos y culturales que deben ser replanteados por la mujer, la pareja y por el entorno social que influye legitimando o rechazando la incorporación de la mujer al trabajo remunerado.

Aunque estos factores han sido conceptualizados como obstáculos a la participación económica de la mujer, es importante resaltar que ello no ha impedido su aumento constante desde los años cuarenta, hasta significar la tercera parte de la fuerza de trabajo a nivel nacional y 35% en las grandes concentraciones urbanas desarrolladas.

Esta participación masiva de las mujeres en el mundo del trabajo, con seguridad recompone la organización familiar, libera a algunas mujeres de la dependencia económica del padre o del marido, pone en duda expresiones del tipo "los niños necesitan a su madre" que se usan para justificar el retiro o, simplemente, la no incorporación de la mujer a un empleo remunerado, y pone quizás, de manifiesto que los niños también necesitan a sus padres.

Por otra parte, es necesario repensar la idea del trabajo remunerado como esencialmente liberador. Es verdad que ciertos empleos, profesiones u oficios liberan en la medida que son un medio de expresión personal o una fuente de ingresos que quiebra dependencias, pero también hay que considerar que ser madre y ama de casa es un trabajo como otro y cuando es un acto de voluntad, que se ha elegido, puede ser tan válido como otro y más válido que el ejercicio de empleos mal remunerados o insatisfactorios.

Ahora bien, en la mayoría de los casos la libertad que tendrían las mujeres para elegir entre el hogar y el trabajo remunerado probablemente sea un mito. La desigualdad economicosocial de la sociedad mexicana actúa en este sentido como una camisa de fuerza. Hay mujeres de los sectores populares que seguramente no pueden prescindir de su ingreso aunque éste sea muy bajo, mientras otras no pueden salir a trabajar al exterior porque la ganancia sería escasa.

En estos sectores probablemente la necesidad es la ley. Las privilegiadas, que pueden escoger, son una minoría y posiblemente se encuentren entre los estratos socioeconómicos medios y altos así como entre sectores de mujeres populares que poseen oficios o calificaciones o niveles de educación que les permiten entrar en buenos términos al mercado de trabajo.

LA MUJER Y LA EDUCACIÓN

Aunque se ha constatado una estrecha relación entre la educación de las mujeres y sus condiciones de vida, en México existen escasas investigaciones que sistematicen información a niveles nacionales o regionales que permitan una reflexión sólida. A diferencia de problemas como la participación en el mundo del trabajo remunerado y doméstico o de la fecundidad y su control, la información sobre la incorporación de la mujer al proceso educacional es atrasada o los estudios cubren aspectos parciales o sectores limitados.[20]

Y esto es curioso si se considera que, por una parte, son justamente los estudios sobre la mujer los que han develado el peso de los sistemas educativos en la conformación y reproducción de relaciones genéricas desiguales y, por otra, que investigaciones realizadas en diversos países han demostrado que la escuela como agencia socializadora no sólo inculca a los niños, desde el nivel preescolar, la idea de que los roles familiares, profesionales y

[20] En efecto, aun cuando hay estudios sobre ciertos temas, estamos lejos de contar con información completa y sistemática sobre la participación de la mujer en los distintos niveles del sistema educativo a nivel nacional y regional y a una gran distancia de poseer conocimientos precisos acerca de las condiciones que generan la desigualdad femenina en este ámbito tan importante, como es el de la educación formal. Para obtener una visión de los vacíos de conocimiento respecto de la mujer en la educación, véase Carreras, 1989: 123-133.

sociales son distintos de acuerdo con el sexo de quien los desempeña, sino que su estructura y su funcionamiento tiende a desvalorizar a las niñas restándoles a priori capacidades personales o alejándolas de posibilidades educacionales que significarían romper con patrones que las desfavorecen. Además, no hay duda que en países como México, el acceso a la educación o a una buena formación profesional significa, y con mayor razón para las mujeres, que a nivel individual se cuente con mayores posibilidades para poder elegir con libertad sobre la vida privada y que a nivel social, la educación sea todavía un medio eficaz de movilidad social.

La carencia de estudios centrados en la educación de la mujer no impide, sin embargo, dibujar algunas características muy generales de su situación en el proceso educativo. Quizás, el rasgo más sobresaliente es que la expansión y la masificación de la educación formal ha favorecido a la mujer. Esto se percibe con claridad si se considera que en 1940 sólo 46% de la población total del país sabía leer y escribir, y que esta proporción sube a 83% en 1980[21] y a 92% en 1990.[22] En efecto, en un periodo de 50 años la población se alfabetiza. En este cambio estructural de tal envergadura, la mujer se incorpora así:

Distribución de la población alfabeta de 6 años y más según sexo entre 1940 y 1980

Año	*Población de 6 años y más*	*Alfabeta (%)*		*Analfabeta (%)*	
		Hombres	*Mujeres*	*Hombres*	*Mujeres*
1940	16 220 316	45.0	38.6	55.0	61.4
1950	20 708 657	60.4	53.4	39.6	56.6
1960	27 987 838	65.6	58.9	34.4	41.4
1970	38 370 438	74.2	69.3	25.8	30.7
1980	54 669 386	83.2	78.9	16.7	20.6

Fuente: Conapo, 1984.

A pesar de que en 1980 la población masculina superaba en 4.3% a la femenina de acuerdo con su nivel de alfabetismo, el crecimiento de la alfabetización de las mujeres en todo el periodo fue más alta. Ello significa que la participación de la mujer en el sistema educativo formal se ha incrementado y que la diferencia entre hombres y mujeres ha disminuido.

Sin embargo, este incremento ha dependido de las estrategias globales de desarrollo, de la importancia que se le otorga a la

[21] INEGI, 1990a: 76.

[22] Resultados preliminares de la Dirección de Planeación, Programación y Presupuesto de la SEP, *Excelsior*, 9 de enero de 1992, pp. 1 y 28a.

educación en los distintos sexenios y de las posibilidades de acceso y permanencia de las mujeres en el sistema educativo. Así, hay regiones donde la cobertura es limitada y otras en las que es prácticamente universal. Mientras en el Distrito Federal la población femenina alfabeta era en 1970 de 85%, en estados como Oaxaca o Chiapas, donde predomina la población rural e indígena, la proporción de mujeres que sabían leer y escribir era de 48.8 y 46.7% respectivamente. Cabe señalar, que aunque la población masculina alfabeta presenta en estos estados porcentajes un poco más elevados que los de las mujeres, representan también los más altos índices de analfabetismo del país.

La situación del alfabetismo varía con la urbanización y los niveles de desarrollo regional y aunque, según el censo de 1990, ha habido incrementos importantes, ya que el analfabetismo se redujo a 8% y el promedio de educación es de más de 6 grados a nivel nacional,[23] el acceso a la educación por sexos sigue subordinado a estos procesos y a una serie de dificultades estructurales que debe afrontar el sistema educacional del país si se propone una incorporación igualitaria de mujeres y hombres.[24] En todo caso, diversas investigaciones han demostrado que si predomina la pobreza y la marginación, las niñas y las mujeres en general tienen niveles educativos más bajos que los niños y los hombres, debido a factores tales como la resistencia de los padres a permitir que las hijas caminen largas distancias solas hacia la escuela pero sobre todo "porque su educación está orientada al cuidado de la familia y el hogar, de modo que lo demás estorba o sobra" (Reyes, 1983: 21).

El panorama cambia si se toma como universo a la población que estudia y se analizan las cifras sobre la distribución de matrículas por sexo a nivel nacional, pues la matrícula es similar para hombres y mujeres en los niveles de primaria y secundaria.

La igualdad de los sexos en el nivel primaria y secundaria coincide con la expansión del sistema educativo. Entre 1970 y 1983 aumentó considerablemente la participación de las mujeres en el sistema escolar ya que la cifra absoluta prácticamente se dobla al pasar de 4.7 millones a 10.4 millones de estudiantes mujeres (Reyes, 1983: 24). La situación en la educación superior es distinta. Aun cuando en 1982 hubo un ingreso masivo de mujeres a las

[23] Resultados preliminares de la SEP, *Excelsior*, 9 de enero de 1992, p. 28a.

[24] Existen una serie de procesos, cuyo análisis rebasa los límites de esta revisión, relacionados con el acceso a la escuela y el abandono de la educación primaria y secundaria que están íntimamente relacionados con el origen rural, la pertenencia a comunidades indígenas, a la pobreza urbana, etc., y que sería necesario analizar para detectar su verdadero impacto en la educación de las niñas.

universidades, quintuplicándose su matrícula, todavía existe una diferencia importante a favor de los varones ya que por cada tres mujeres hay siete hombres inscritos y por cuatro hombres que concluyen una carrera, sólo una mujer lo hace (Reyes, 1983: gráfica 5).

La participación de la mujer según los niveles educativos en distintos años pueden dar una imagen más clara de este proceso en el tiempo:

Porcentaje de participación de la mujer en distintos niveles del sistema educativo en relación con la matrícula total, según años y ciclos seleccionados

Ciclo escolar	*Primaria*	*Capacitación para el trabajo*	*Secundaria*	*Profesional media técnica*	*Normal*	*Superior*
1965-1966	47.7	S/D	38.9	33.6	S/D	17.0
1976-1977	48.3	66.8	43.8	62.9	66.4	27.1
1982-1983	48.3	66.1	47.5	50.7	71.6	35.1
1988-1989	48.6	66.9	48.4	59.9	61.1	38.6

Fuente: la presentación de esta información sólo pretende mostrar los cambios en fechas seleccionadas. Estadísticas completas sobre el periodo se pueden consultar en Velázquez Corona, 1984; Reyes, 1983, y Barquet, 1991: 11. De estos trabajos hemos elegido la información que forma parte del cuadro.

Una mirada a las cifras muestra que en los niveles de primaria y secundaria las niñas prácticamente se integran en igual proporción que los niños. La pequeña diferencia a favor de los varones probablemente obedece a la marginación de las mujeres de la educación formal en los sectores indígenas, de ingresos muy bajos y de zonas aisladas.

Llama la atención que las mujeres predominen en las áreas de capacitación para el trabajo, en la profesional técnica media y en la normal. Ello indica que aún prevalece la idea de que si las mujeres estudian, deben hacerlo por poco tiempo.

Si se considera que estamos hablando de una población que estudia, la información indica con claridad que las familias de origen y, quizás, las mismas niñas, no están dispuestas a invertir tiempo y esfuerzo como se haría en el caso de un varón. Probablemente predomine la idea del matrimonio y los hijos como una justificación para este tipo de decisiones que, por su peso cuantitativo, tiene carácter colectivo.

La realidad, sin embargo, no corresponde a esta definición simbólica que implica un cálculo riesgoso al suponer que los ingresos del futuro marido o compañero serán suficientes, y por tanto, ella no necesitará trabajar, o si lo hace su ingreso será complementario. Las tendencias del mercado de trabajo, tal como lo señalamos antes, muestran no sólo una creciente incorporación de la mujer sino una estabilización de su presencia en ciertos empleos y sectores.

El aumento de las jefaturas de hogar femeninas así como las tasas de divorcios y separaciones, o de adolescentes embarazadas contradicen la fantasía del matrimonio estable y señalan una discordancia entre el discurso dominante sobre la socialización de las niñas y las prácticas sociales.

Estos procesos no deben, sin embargo, opacar la generalización de la educación entre las mujeres así como su incorporación creciente a niveles educativos más elevados, ni tampoco hacer olvidar que se trata de un fenómeno reciente cuyas consecuencias, por eso mismo, difícilmente se pueden evaluar con precisión.

Aunque las mujeres por ley tengan acceso a todo tipo de enseñanza en todos los niveles, ello no significa que se integren en la misma proporción y de la misma manera que los hombres. En las mismas condiciones socioeconómicas normalmente las mujeres salen desfavorecidas. Sin embargo, en el largo plazo es evidente que una elevación del nivel educacional de las mujeres y el aumento de mujeres educadas trae aparejada una serie de consecuencias positivas para ellas pues constituye un factor de transformación tan radical como el control de la reproducción o la entrada al mercado de trabajo.

La evolución reciente de la situación mexicana y la comparación con la de países latinoamericanos muestran que un aumento en el nivel de instrucción de las mujeres está estrechamente asociado con su integración al trabajo. Más aún, en países como Panamá, Chile y Argentina, donde las mujeres en forma generalizada tenían nivel de secundaria ya en 1960, la educación anuló los efectos del estado civil y disminuyó el efecto de la edad en su participación laboral de modo que las mujeres trabajan independientemente de estas condicionantes culturales (CEPAL, 1986: 27). Además, el nivel educativo influyó en un cambio de las actividades hacia empleos de oficinas y se mostró asociado con la estabilidad laboral.

Es probable que en el México actual aún no existan las condiciones estructurales para el desarrollo generalizado de estos procesos dado que el promedio nacional de educación es un poco más alto que seis años de primaria y porque la generalización de la educación secundaria entre las mujeres urbanas es un hecho reciente. La heterogeneidad socioeconómica, sin embargo, autoriza a suponer que las mujeres pertenecientes a estratos medios y altos así como ciertos grupos de mujeres de los sectores populares urbanos, gracias a la educación tienen acceso a transformaciones en sus vidas privadas y en su participación en el ámbito público en mejores condiciones que sus abuelas y sus madres, cuyos niveles educacionales de acuerdo con las cifras, eran extremadamente bajos y mucho más bajos que los de los hombres.

El proceso genera, sin duda, nuevas contradicciones entre las mujeres, pues la educación otorga recursos y por tanto abre expectativas de distinto tipo y nivel que difícilmente se cerrarán.

A MANERA DE CONCLUSIÓN

La incorporación de la mujer a la educación y al trabajo, el control de su reproducción, dados en un contexto de cambio y modernización, puede ser leído de maneras distintas. Así, una de las conclusiones a las que se podría llegar es que la participación de las mexicanas en la sociedad contemporánea es inequitativa, está marcada por el fardo de la reproducción, por un código que las define negativamente, así como por una estructura social desigual y heterogénea que proporciona o resta oportunidades según el estrato o clase social de origen.

Esta visión, sin embargo, se trastoca al ensayar aproximaciones a escala histórica que reconocen la diversidad de experiencias y actividades de la mujer en contextos específicos y al tratar de descubrir, gracias a la imagen de Gabriela Mistral, los caminos que evitan el abandono pasivo ante la situación y posibilitan el ejercicio de la voluntad de ser. La voluntad de ser lleva a pensar a la mujer como actor social, y ello significa considerar lo subjetivo, lo que se siente y piensa, los significados asociados a la condición genérica en la formación del sujeto.

La construcción de la identidad genérica, como lo señala Moore (1989: 41) está ligada a los conceptos del yo, de la persona y la autonomía. Cualquier análisis de esas categorías involucra consideraciones sobre la posibilidad de elección y sobre el valor moral necesario para interponerse al condicionamiento en la medida que están relacionados con las acciones de los sujetos individuales y colectivos.

Ello apunta, a diferencia de las perspectivas que reducen el análisis a la subordinación universal de la mujer,[25] a pensarla en plural, desde la diferencia, ya que la identidad está moldeada por las formas de inserción en la estructura social, por los procesos históricos.

[25] Para una discusión de gran interés sobre las dificultades que involucra el concepto de subordinación en el análisis de la mujer como categoría universal, véase el excelente texto de Moore, *Feminism and Anthropology*, 1989.

La gran transformación que significa el paso de una sociedad agraria a una industrial y urbana en un lapso de 50 o 60 años ha producido cambios que, subrepticiamente, alteran la vida cotidiana de hombres y mujeres, la organización de la familia, los sistemas de reproducción, la división del trabajo, las pautas socializadoras y la vida pública. Patrones de relación entre hombres y mujeres o entre generaciones que parecían inmutables se modifican porque la sociedad se modifica. En este proceso las mexicanas como colectivo han logrado, y desde hace sólo 20 años, separar la sexualidad de la reproducción, una incorporación creciente al mundo laboral y un aumento sustantivo en los niveles educativos. Si bien estos procesos están lejos de representar una integración plena de la mujer a la sociedad porque no rompen con las normas, las instituciones y principios simbólicos que definen su desigualdad y porque una modernización de esta naturaleza y generalización involucra conflictos, crisis, movilidad, que influyen en las biografías, no hay duda que, por esto mismo, contiene la posibilidad de creación de espacios distintos. La modernización necesariamente implica quiebres de los patrones básicos de la organización en que se asientan las prácticas y las valoraciones culturales de la construcción del género.

El corto tiempo en que se transforman los distintos universos que conforman la vida de las mexicanas dificulta hablar de una identidad cristalizada. Y ello se puede entender si se piensa que hay generaciones que carecieron y carecen de soluciones culturales para hacer frente a las rupturas o las crisis pues no hay experiencias similares entre las generaciones anteriores. La ausencia de arreglos culturales ante nuevas situaciones vuelve frágil la identidad y crea equívocos en el comportamiento, pero no hay duda de que también genera las bases para una acción reflexiva ya que en determinados momentos o situaciones el sistema de hábitos y los patrones de la acción tradicional comienzan a ser disfuncionales de tal modo que las mujeres, en tanto actores sociales, reconocen estas limitaciones y deben generar otros sentidos y nuevas pautas de conducta que implican el ejercicio de la voluntad de ser.[26]

De ahí que, en los años noventa, la frase de la Mistral, y la ambigüedad tácita que contiene siga siendo válida, con la diferencia, quizás, que hoy la presencia de las mexicanas en la escena social representa el desafío de una legitimidad que reconozca la diversi-

[26] Y quizás convenga subrayar que no es necesario que los actores sean conscientes de que ellos causan regularidades en las pautas de conducta, pues lo viven, a veces, como experiencias personales.

dad y la diferencia de su identidad y proyecte esa voluntad de ser que la misma sociedad ha contribuido a desarrollar.

BIBLIOGRAFÍA

Alducín Abitia, Enrique (1986), *Los valores de los mexicanos. México entre la tradición y la modernidad*, Fondo Cultural Banamex, México.

Barbieri, Teresita de (1984), *Mujeres y vida cotidiana*, Sep-Ochentas - FCE, México.

Barquet, Mercedes (1991), "Condición de la mujer en México. Una vista panorámica", ponencia presentada al Taller sobre Análisis de Género, Mexfam, PIEM-El Colegio de México, 18-20 de septiembre.

Blanco, Mercedes (1989), "Patrones de división del trabajo doméstico: un estudio comparativo entre dos grupos de mujeres de sectores medios", en De Oliveira (coord.), *Trabajo, poder y sexualidad*, PIEM-El Colegio de México, México, pp. 133-158.

Carreras, Mercedes (1989), "Mujer y educación: relación de los diversos enfoques desde la investigación educativa", Lucía Mantilla (comp.), *La mujer jaliscience: clase, género y generación*, Universidad de Guadalajara, Gualadajara, pp. 123-133.

Comisión Económica para América Latina (CEPAL) (1985a), *Mujeres jóvenes en América Latina. Aportes para una discusión*, ARCA, Montevideo.

——— (1985b), "Las mujeres latinoamericanas en los ochentas", *Documento*, División de Desarrollo Social, Santiago de Chile.

——— (1986), "Las mujeres y los cambios ocupacionales 1960-1980", *Documento*, División de Desarrollo Social, Santiago de Chile.

——— (1986), "América Latina: las mujeres y los cambios socio-ocupacionales", *Documento*, División de Desarrollo Social, Santiago de Chile.

——— (1991), "Notas sobre el desarrollo social en América Latina". Informe presentado por el secretario ejecutivo de la CEPAL, Gert Rosenthal a la Primera Cumbre Iberoamericana de Jefes de Estado y de Gobierno, Guadalajara, México, 18-19 de julio.

Consejo Nacional de Población (Conapo) (1991), *Informe sobre la situación demográfica de México 1990*, México.

——— (1984), *Breviario sociodemográfico de la mujer*, Conapo, Secretaría de Gobernación, México.

Fraser, Nancy (1991), "La lucha por las necesidades", *Debate Feminista*, vol. 2, núm. 3, pp. 3-40.

Hernández Laos, Enrique (1991), "Notas sobre la incidencia de la pobreza y de la pobreza extrema en México", Foro Internacional, vol. 31, núm. 3, pp. 482-493.

Instituto Nacional de Estadística, Geografía e Informática (INEGI) (1990a), *Estadísticas históricas de México*, t. I, México.

——— (1990b) *XI Censo General de Población y Vivienda. Resultados Preliminares*, México.

Krawczyz, Miriam (1990), "La creciente presencia de la mujer en el desarrollo", *Revista de la CEPAL*, núm, 40, pp. 73-86.
Lévi-Strauss, Claude (1974), "La familia", José R. Llobera (ed..), *Polémicas sobre el origen y la universalidad de la familia*, Anagrama, Barcelona, pp. 7-49.
Martínez, Alicia (1991), *Mujeres latinoamericanas en cifras. México*, Flacso, México.
Montecino, Sonia (1991), *Madres y huachos. Alegorías del mestizaje chileno*, Edit. Cuarto Propio-CEDEM, Santiago de Chile.
Moore, Henrietta L. (1989), *Feminism and Anthropology*, Polity Press, Cambridge.
Moscovici, Serge (1975), *Sociedad contra natura*, Siglo XXI Editores, México.
Morales Hernández, Liliana (1989), "La mujer en la educación superior en México", *Sociológica*, UAM-Azcapotzalco, vol. 1, núm. 1.
Muñoz, Víctor Manuel (1991) "Lucha contra la pobreza. Segunda semana de la solidaridad", Sección Financiera, *Excelsior*, 12 de septiembre.
Organización de las Naciones Unidas (1985), "Estimates and projections of urban, rural and city populations, 1950-2025: The 1982 assesment", Nueva York.
Oliveira, Orlandina de (1989), "Empleo femenino en México en tiempos de recesión: tendencias recientes", en Cooper, Barbieri, Rendón, Suárez, Tuñón (comps.), *Fuerza de trabajo femenina urbana en México*, t. 1: *Características y tendencias*, M.A. Porrúa-UNAM, México.
Pedrero, Mercedes (1990), "Evolución de la participación económica femenina en los 80", *Revista Mexicana de Sociología*, vol. 52, núm. 1, pp. 133-149.
Reyes, Yolanda de los (1983), *La desigualdad educativa de la mujer: el caso de México*, UNESCO, Panamá.
Sánchez M. J. y M.F. Martini (1987), *Trabajo doméstico y reproducción social. Un estudio de caso en la colonia Santa Úrsula Xitla*, tesis de maestría, Escuela Nacional de Antropología e Historia, México.
Selva, Beatriz (1985), *Modalidades del trabajo femenino en San Felipe del Agua, Oaxaca*, tesis de maestría, Facultad Latinoamericana de Ciencias Sociales (Flacso), México.
Secretaría de Programación y Presupuesto (SPP) *et al.* (s.f.) *México. Estimaciones y proyecciones de población 1950-2000*, SPP, INEGI, Conapo, Celade, Boletín núm. 45, México.
Tarrés, María Luisa y Patricia Fortuny (1989), Sobrevivencia y participación electoral en El Cerro del Judío. Una réplica cinco años después, manuscrito.
Tuñón, Esperanza, Florinda Riquer y Margarita Velázquez (1990), "Perfil de la mujer en México", en *Informe*, Conapo, septiembre.
Velázquez Corona, Odette (1984), *La mujer joven y sus perspectivas de educación*,. Centro de Estudios de la Juventud Mexicana, Consejo Nacional para la Atención de la Juventud, CREA, SEP, México (Serie Avances de Investigación, núm. 7).
Zapata, Francisco (1990), "El empleo en el Estado de México", en Adriana Marshall (comp.), *El empleo público frente a la crisis: estudios sobre América Latina*, Instituto Internacional de Estudios Laborales. Oficina Internacional del Trabajo (OIT), Ginebra, pp. 194-201.

PRIMERA PARTE

PENSANDO EN LA IDENTIDAD FEMENINA

LA IDENTIDAD FEMENINA EN LA FRONTERA ENTRE LA CONCIENCIA Y LA INTERACCIÓN SOCIAL

FLORINDA RIQUER FERNÁNDEZ
Universidad Iberoamericana

Si una mujer no es sedicente -no dice su ser- queda en el discurso de un hombre que habla de una alteridad silenciosa que se encuentra entre ellos.

GERMÁN GARCÍA[1]

INTRODUCCIÓN

El término "identidad femenina" ha empezado a escucharse cada vez con mayor insistencia en el campo de los estudios sobre la mujer. Como suele suceder cuando un concepto se generaliza, o más propiamente, cuando "se pone de moda", ocurre que empieza a perder contenido o a hacer referencia a tantos fenómenos que se vuelve poco útil para el análisis. De ahí que el objetivo más general de este artículo sea plantear las dificultades que entraña el llegar a algún acuerdo acerca de qué es la identidad femenina. Para ello, en un primer apartado, se muestra que, a pesar de que La Mujer es un concepto central en la teorización feminista, es también una noción problemática que ha llevado a sus dos corrientes más relevantes a una paradoja.

Con base en el argumento que se expone en el primer apartado, en el segundo se presenta una propuesta para aproximarse al estudio empírico de la identidad femenina. Esta propuesta es un resumen de la que elaboré para llevar a cabo una investigación

[1] Tomado de Sara Kofman, *El enigma de la mujer*, Gedisa, Barcelona, 1982.

sobre la construcción de la identidad femenina entre mujeres del sector popular de la ciudad de México.[2] Como el título del texto lo indica, en dicha propuesta teórico-metodológica, se sitúa el concepto de identidad en la frontera entre la conciencia individual (psicológica) que de ella tienen las mujeres y el campo de la interacción social. Campo del que emergen los productos culturales que, a lo largo del tiempo, vamos considerando como realidades externas y ajenas a sus productores: los propios seres humanos de cada uno de los géneros.

En el artículo no se presentan conclusiones ya que su finalidad es dejar planteada dicha propuesta para abrir el debate. En este sentido, puede considerarse como un texto inconcluso que espera ser terminado con la retroalimentación crítica de quienes están interesadas(os) en el tema de la construcción de la identidad femenina.

La mujer en los discursos feministas: una paradoja

El esfuerzo tanto individual como colectivo de muchas mujeres por aportar razones políticas y conocimientos para que el género femenino salga por fin de la "minoría de edad" ya ha cumplido un cuarto de siglo. Me refiero específicamente a la minoría de edad a la que se le condenó con su exclusión del "pacto social" concretado, histórica y simbólicamente, hace más de 200 años.[3] En efecto, la producción de las distintas vertientes que conformaron el feminismo de finales del siglo pasado y las primeras décadas del que está por concluir, como las que caracterizan al contemporáneo, puede leerse como un reclamo de quienes no quedaron conformes con el lugar que les fue asignado en el "nuevo" orden social, ni con sus consecuencias: tutelaje perpetuo, inseguridad, devaluación, etcétera.

Cabe destacar al respecto que las "nietas" de las feministas del siglo XIX y principios del XX –nuestras coetáneas– han tenido las

[2] Se trata de mi tesis de doctorado titulada: *Construcción de la identidad femenina entre mujeres del sector popular de la ciudad de México.*

[3] Como es sabido, con la Revolución francesa (1789) –clímax para el mundo occidental del pensamiento ilustrado– que colocó desde Descartes, en el centro de la reflexión a El Hombre, a las mujeres se les ratificó su lugar fuera de la legislación por medio del cual se garantizaba la igualdad de los desiguales. Pero también se ratificó la prohibición a que participaran en política y economía, y se les negó la posibilidad de ser productoras de conocimientos. Sobre esta exclusión puede consultarse: Amorós (1985), "Rezagos patriarcales del discurso filosófico: notas acerca del sexismo en filosofía", en *Hacia una crítica de la razón patriarcal*.

condiciones sociales para que su reclamo y su esfuerzo constituyan un (contra)discurso no sólo político sino también teórico sobre La Mujer. Un (contra)discurso que puede considerarse, sin más regateos, un aporte sustancial al conocimiento acerca del género humano femenino, de su ubicación sociohistórica en relación con lo masculino, con la naturaleza y la cultura.

Al respecto vale la pena recordar que el feminismo, más allá de sus corrientes, ha puesto en tela de juicio la concepción de El Hombre como síntesis y expresión del género humano. Sus teorías han cuestionado el dominio de El Hombre de razón, consciente de sí mismo y de su lugar en el mundo, capaz de redefinir su pasado y proyectar su futuro. Al hacerlo, han problematizado también a El Hombre que se transformó en tema central y que como tal tematizó a La Mujer como otredad, negación o alteridad respecto de él.

De ahí que Owens (1986: 96) afirme que el feminismo, independientemente de sus vertientes, es un acontecimiento político y epistemológico. Político por su desafío a la dominación masculina y epistemológico porque ha quebrado el sistema hegemónico de representaciones que priva en Occidente. Al fin y al cabo sistema de poder que autoriza ciertas representaciones mientras bloquea, prohíbe o invalida otras, entre ellas, las de las mujeres.

En la actualidad, la magnitud e importancia del aporte teórico del feminismo como de los hallazgos en el campo de los estudios sobre la mujer, permiten revisar el camino andado para pensar y conceptualizar a La Mujer. Cabe preguntarse, antes de continuar, de dónde surge la inquietud por llevar a cabo esta revisión. En mi caso surgió de cuestionar si la *condición* de subordinación –punto de partida para definir al género femenino tanto en las diferentes vertientes del feminismo como en el campo de los estudios sobre la mujer– permite comprender cómo se construye y estructura la identidad femenina en su *diversidad*.

Este cuestionamiento no se refiere a la ausencia de evidencias históricas, teóricas y empíricas respecto del hecho de que sobre las diferencias sexuales que caracterizan a los seres humanos, se haya montado la desigualdad, inequidad y asimetría entre los géneros. Desigualdad, inequidad y asimetría que se concreta en la *posición* de subordinación asignada a la mujer en diversos planos de las relaciones sociales, respecto de la de dominación que ocupa el hombre.

Entonces, mi cuestionamiento deriva de que al definir la compleja realidad de existir en cuerpo de mujer partiendo sólo de la noción de subordinación, se corre el riesgo de llegar a un punto ciego. Es decir, a un punto en el que únicamente consta que, efectivamente, la mujer es, en el mejor de los casos, un fantasma del hombre

(Rossanda, 1982). Y fue precisamente con la lectura de la introducción del libro *Las otras*, de Rossanda, como empecé a rastrear caminos alternativos para acercarme a una conceptualización de la identidad femenina que sortea el riesgo de llegar a ese punto ciego. Antes de presentar el resultado de ese rastreo es necesario exponer, aunque sea sintéticamente, una de las paradojas en las que ha quedado atrapado el (contra)discurso feminista basado en la premisa de la condición de subordinación femenina.

Rossanda en dicha introducción señaló "la oscilación recurrente" del feminismo contemporáneo en su búsqueda por un principio de identidad femenina distinto al que subyace al de finales del siglo pasado y principios de éste. Así, el "nuevo feminismo" oscila entre los dos opuestos "que por momentos se vuelven enlace entre dos tentaciones": no identidad o rescate y revaloración de la "feminidad" que ha sido devaluada en el discurso dominante centrado en El Hombre (p. 41).

La vertiente que ha optado por rescatar y revalorar la feminidad se conoce como feminismo de la diferencia o feminismo "esencialista". En su propuesta, la identidad femenina está en la esencia común a todas las mujeres que se eleva como premisa universal por encima de las singularidades y las diferencias específicas. De este modo -según Rossanda- esta vertiente ha propuesto que la mujer se identifique con la esfera separada que le ha sido impuesta, pero que se ha convertido en su experiencia milenaria. Es decir, con: "ser el vector de la afectividad, la corporeidad, de los sentimientos, de la no violencia, de la dulzura, de la belleza, de la cotidiana reafirmación de la vida ...con la exaltación positiva de su sexualidad, tierna, difusa, indiferenciada, receptiva..." (p. 41).

La vertiente del feminismo de la igualdad ha propuesto lo contrario, en palabras de Rossanda: "rechazar esta identificación porque sea recibida o reivindicada, nace de alguna manera como proyección del otro [por tanto], como fantasma complementario de la [identidad] masculina" (p. 41). De ahí que esta vertiente ponga una identificación proyectiva con los atributos adjudicados a la masculinidad y su mundo. Esto es, con la fuerza y la voluntad creativa, con la afirmación de El Espíritu contra la Vida, ya que ésta debe arriesgarse en las grandes batallas del mundo público, para ganarse el lugar del Amo, según reza la dialéctica hegeliana.

Así, lo que esta corriente postula es una identidad por construirse a partir de las características atribuidas al varón individualista que busca la consecución de sus fines haciendo uso de la razón. Lejos de dar cuenta de la esencia común a todas las mujeres, la propuesta lleva implícito definirlas a partir de los lugares que pueden ocupar dentro de las "tres actividades hegemónicas de la modernidad: ciencia, estado y economía" (Ballesteros, 1989:128). La maternidad en esta perspectiva es considerada, como afirmó Simone de Beauvoir (1981), parte de las molestias del cuerpo femenino.

Por la primera vía, señala Amorós (1985), las feministas han logrado revalorar a la mujer a partir de los atributos que socialmente se le asignan y, con ello, han cumplido una función reconciliadora de ella consigo misma. Pero uno de los riesgos de exagerar esta revaloración -plantea la autora- ha sido que permanezcamos autocomplacidas en el seno acogedor de la diferencia y fuera de un mundo en el que también se requieren los atributos adjudicados al género masculino. En su tono irónico Amorós dice que no cabe duda que la diferencia es la sal de la vida pero, como las cocineras lo saben, siempre es más fácil arreglarlo cuando se le pone de menos.

Otros riesgos que ha corrido esta vertiente son, por un lado, el de diluir las diferencias que atraviesan la existencia concreta de las mujeres: edad, etnia, estado conyugal, condición social, religión, entre las más relevantes. Diferencias que ponen en duda la posibilidad de "aislar" la esencia femenina común a las mujeres. Por otro lado, se corre el riesgo de hacer generalizaciones peligrosamente erróneas que llevan a concluir que la identidad femenina es innata y no socialmente construida (Alcoff, 1989: 3).

El feminismo de la igualdad, por su parte, al reivindicar los atributos masculinos para el género femenino, como la capacidad de las mujeres para integrarse al mercado de trabajo, a la actividad intelectual y al ejercicio de la política, ha logrado mostrar que ni las características anatómico-fisiológicas, ni los atributos adjudicados a la mujer le impiden incorporarse a estos ámbitos que le han sido prohibidos (Ballesteros, 1989). Sin embargo, esta participación no ha garantizado la equidad y equivalencia entre los géneros. En la experiencia concreta de muchas mujeres, a su participación en el mundo público no sólo se suman las actividades que realizan en el doméstico, sino que se agrega un sentimiento de estar violentadas al tener que existir, a un tiempo, divididas entre lo que les es propio (atributos y actividades consideradas femeninas) y lo que les es ajeno (atributos y actividades consideradas masculinas).

Ahora bien, el problema de fondo que señala Rossanda en la introducción a *Las otras*, en términos de la oscilación recurrente del (contra)discurso feminista, desde mi punto de vista,

[4] El texto al que se hace referencia: "¿Feminismo existencialista versus feminismo estructuralista?", se publicó originalmente en *Negaciones*, núm. 2, 1976. Las citas en este artículo corresponden a su publicación en *Hacia una crítica de la razón patriarcal*, pp. 56-71.

había sido planteado por Amorós seis años antes, en un artículo de 1976.[4] La filósofa española planteó que del enunciado psicoanalítico según el cual "el discurso del deprimido es el discurso del otro", una vertiente del feminismo ha puesto todo énfasis en su segunda parte (el discurso del otro).

Al no considerar el enunciado completo a la teorización sobre La Mujer ha dejado sin explicación el porqué ha sido posible que ésta se identifique con su propia alienación, decir, con el discurso construido, no por ella, sino por el hombre; discurso que ese otro elaboró en el proceso mismo de constituirse como sujeto masculino. En otros términos, lo que queda sin explicación es por qué el ser-para-otro de la mujer, definido desde el otro, se ha convertido en el destino protagonizado por el género femenino (Amorós, 1985: 59).

De este modo, Amorós al igual que Rossanda, deja insinuada una paradoja que considero que no podía terminar de plantearse, y menos de resolverse, a los setenta y principios de los ochenta, debido a que el feminismo en su conjunto aún no alcanzaba suficiente madurez. No obstante, cada una de estas autoras dejaba ya entrever propuestas alternativas para conceptualizar a La Mujer.

Rossanda, por su parte, diría que si la mujer es un no ser, un no sexo, un no cultura, un no pensable ni pensado sino a través de la pantalla milenaria del discurso centrado en la masculinidad, el feminismo como alternativa cobra una dimensión dramática que se vuelve trágica: se convierte en su negación total. Pensando en la forma más "rebelde y alusiva" del feminismo de la diferencia, la autora se plantea una pregunta similar a la que se hiciera el joven Lukács en *Historia y conciencia de clase* (1969). Lukács se preguntó : ¿cómo puede una clase que se define por su alienación, su desposeimiento, su reificación, su reducción a la mercancía, llegar a ser sujeto activo de una revolución, principio activo de una sociedad basada en valores distintos? De manera análoga, Rossanda se plantea: si la mujer no es sino el fantasma del varón, ¿cómo proponer un nuevo principio de realidad? (1982: 42).

Desde mi punto de vista, lo que Rossanda señalaba con claridad desde hace más de diez años es que alumbrado el camino para que se genere una identidad no limitada (subordinada), las dos principales posturas feministas lo oscurecen hasta bloquearlo, al reducir la identidad femenina a la condición de subordinación. Con la analogía que establece con la pregunta de Lukács, podría leerse que insinúa la necesidad de conceptualizar al género femenino no sólo como resultado de los discursos dominantes.

De ahí que encuentre en Amorós una propuesta más elaborada para no identificar a las mujeres con los discursos acerca de ellas. La filósofa propuso que tanto el feminismo de la diferencia como el de la igualdad deberían transformarse en feminismo de la "sospecha", lo cual significa mantener una "actitud escéptica y crítica" frente a la ideología dominante (1985: 74). Ya que sin minimizar el hecho de que la feminidad se haya definido desde un discurso centrado en El Hombre, el feminismo debiera poner el acento, más que en constatar que la mujer es "el otro", en averiguar -parafraseando a Sartre- qué han hecho las mujeres con lo que se ha dicho de ellas.

Para darle mayor contenido a su propuesta, Amorós sugiere el juego del "reino de los pequeños intervalos" en el que sitúa al programa normalista que apuesta a crear una sociedad de individuos sin demarcaciones simbólicas de esencia-género (1985: 104). De este modo Amorós se acercó (independientemente de la viabilidad de ese programa) a cuestionar la identificación de uno-a-uno entre las mujeres como individuos históricos concretos y la noción de la mujer producida por los discursos hegemónicos.

En suma, al revisar los aportes de las dos vertientes más relevantes del feminismo contemporáneo, lo que parece que estaban formulando ambas autoras es la paradoja en que ha quedado atrapado un (contra)discurso que conceptualiza a La Mujer, desde dentro del discurso dominante en Occidente que, como se dijo, ha bloqueado, impedido o prohibido que determinados sujetos sean sedicentes de su propia identidad.

Más recientemente encuentro en el trabajo de Teresa de Lauretis (1984: 7) una definición terminada de esa paradoja, al plantear que la única forma que ha encontrado la reflexión feminista para ir contra la corriente del discurso hegemónico, ha sido "desplazándose dentro de él". Por ello, "la contradicción de la propia teoría feminista está en elaborarse al mismo tiempo [contra] el discurso hegemónico y quedar atrapada en él".

Ante el reconocimiento de esta paradoja, en el texto referido, Lauretis explora el problema de conceptualizar a la mujer como sujeto y por lo tanto, el de dar cuenta de su subjetividad. Como señala Alcoff (1989: 9), Lauretis ubica este problema en la frontera entre la noción de La Mujer como una construcción ficcional y las mujeres como seres históricos concretos. Para esta autora, situar ahí el problema significa construir una teoría del sujeto que más que hacer visible a la mujer, produzca las condiciones para su visibilidad.

De ahí que la propuesta de Lauretis sea evitar el nominalismo ligando la subjetividad de las mujeres a sus prácticas y experiencias. Por ello, una de sus tesis principales es que la subjetividad se construye a través de un proceso continuo basado en la interacción con otros y con el mundo. De este modo, la subjetividad es producto no de ideas, valores o condiciones materiales, sino del compromiso individual con las prácticas, los discursos y las instituciones que dan significado a los sucesos del mundo (1984: 59).

En virtud de lo anterior, la subjetividad para Lauretis no está (sobre)determinada por la biología, ni por una intencionalidad libre y racional, sino por la experiencia entendida de cada sujeto: experiencia entendida como un "complejo de hábitos resultantes de la interacción con el mundo externo". Se trata del continuo compromiso de un ser o sujeto con la realidad social en la que está situado (1984: 182). Para Alcoff, complementando a Lauretis, la subjetividad es un producto emergente de la experiencia.

Lauretis plantea además que la subjetividad individual puede ser reconstruida apelando a la práctica reflexiva que cualquier hombre o mujer está en posibilidad de realizar. Todos tenemos experiencias y éstas están ancladas en el curso de la historia social, en la que la propia biografía "es interpretada o reconstruida por cada uno en el horizonte de significados y conocimientos disponibles en la cultura en un momento histórico determinado" (1986: 8).

Por lo tanto -como señala Alcoff- la formulación que hace Lauretis de la subjetividad, no cae en el neodeterminismo[5] en el que incurre la propuesta nominalista. Toda vez que subraya la capacidad de los seres humanos (hombres y mujeres) de oponer resistencia o bien de transformar las definiciones discursivas que pesan sobre nosotros, a través de la acción. La propuesta de Lauretis, entonces, permite observar a los sujetos en el campo de sus acciones e interacciones, al tiempo que sitúa estas acciones e interacciones en el horizonte más amplio del transcurso de la historia.

Al respecto, Lauretis señala que la conciencia (psicológica) que los sujetos tienen de sí y del mundo no está anclada ni pegada a los discursos producidos acerca de ellos en tanto seres sexuados. Entre los discursos y los sujetos media la experiencia y la subjetividad, así como el hecho de que esos mismos discursos vayan cambiando a lo largo de la historia, entre otras razones, porque también son distintos quienes los producen.

Para concluir este apartado, cabe mencionar que para Alcoff (1989: 15) la subjetividad de las mujeres (o la experiencia subjetiva de ser mujer) debe ser reconstruida a partir de la posición relativa

[5] Como señala Alcoff en su crítica al nominalismo, si bien para este programa, los sujetos no está determinados por la biología, sí lo están por los discursos sociales y/o las prácticas culturales. Dice la autora: "La idea es que nosotros/nosotras tenemos realmente poca elección en el hecho de quiénes somos, pues como Derrida y Foucault nos recuerdan, las motivaciones e interacciones individuales no cuentan, o casi no cuentan en el esquema de la realidad social" (1989: 6).

que ocupan éstas en distintas redes sociales y culturales existentes. De dicha propuesta derivan dos cuestiones centrales a considerar en cualquier análisis sobre la identidad femenina: *a)* que el concepto mujer es un término relacional identificable sólo dentro de determinados contextos, y *b)* que la posición de las mujeres puede ser activamente utilizada por ellas mismas, como un sitio para la construcción de significados. Esto es, un lugar desde el cual los significados de feminidad se construyen, y no un lugar en el que están esperando ser descubiertos.

En mi opinión, a partir de las propuestas de Lauretis como de las indicaciones de Alcoff, es posible reconstruir la definición que de sí mismas elaboran mujeres singulares, situadas en relaciones sociales específicas, en un momento histórico concreto. Al hacer esta reconstrucción, es factible incorporar las características que diferencian a las mujeres entre sí, en virtud de su edad, estado conyugal, etnia a la que pertenecen, religión que profesan, etcétera, toda vez que como afirma Alcoff "la subjetividad puede estar imbuida de raza, clase y género sin estar sujeta a una determinación que impida la acción" del sujeto (1989: 11).

Pero lo que me parece todavía más importante es que puede superar la tentación esencialista si se intenta ir más allá y no sólo dar cuenta de la feminidad a partir de los atributos asignados al género. De este modo, es posible entender la feminidad como una huella que va dejando la experiencia de habitar en el cuerpo de mujer, en un horizonte histórico determinado.

En suma, considero que la propuesta de conceptualizar a la mujer como sujeto y por lo tanto, de adentrarse en su subjetividad, resulta sugerente y enriquecedora. En mi caso, dicha propuesta me hizo plantearme cómo llevarla del plano de la teoría y la acción política del feminismo (plano que privilegian tanto Lauretis como Alcoff) al terreno de la investigación empírica. En el siguiente apartado se expone, de manera resumida, el resultado de este intento.

PARA UNA APROXIMACIÓN EMPÍRICA A LA IDENTIDAD FEMENINA EN SU DIVERSIDAD

Con base en el rastreo[6] llevado a cabo para sortear el riesgo de verificar que la mujer es un fantasma del hombre, en esta propues-

[6] Este "rastreo", como le llamo en el texto, se hizo no sólo sobre la producción feminista, sino en distintas corrientes tales como el existencialismo, la fenomenología y el interaccionalismo simbólico, entre las principales.

ta se plantea centralmente que la identidad femenina puede ser conceptualizada y visualizada no a partir de los atributos adjudicados a la feminidad o de actividades que realizan las mujeres, sino de la *posición* particular que tienen en determinados contextos de interacción a lo largo de su ciclo de vida. Con esta propuesta no únicamente se intenta superar la definición oposicional del género femenino, derivada del binomio hombre/mujer, sino rescatar también el papel activo que juegan las mujeres, si no ya para trascender la subordinación, por lo menos para hacer algo más que aceptar, deprimidas, ser sujetos para otros.

De manera más precisa, esta propuesta teórico-metodológica sugiere que la identidad femenina es relativa a la posición que la mujer ocupe en determinados contextos de interacción. En la medida que puede suponerse que esta posición no es siempre la misma a lo largo del ciclo vital, ni en diferentes niveles de las relaciones sociales (desde las familiares hasta las que operan en el trabajo productivo y en la participación política, si fuera el caso) puede suponerse a su vez que el proceso de construcción de la identidad es dinámico y nunca termina de concretarse.

Esto quiere decir que el hecho biológico de nacer con cuerpo femenino y el aprendizaje del rol de género, no bastan para adquirir una identidad. Subrayo que este lugar no necesariamente es fijo e inamovible y que en la medida en que la mujer cambia de posición (a lo largo de su ciclo vital y en diversos niveles de las relaciones sociales) puede ocupar lugares distintos al de la subordinación. En esta propuesta, entonces, la subordinación más que una *condición* se concibe como una *posición* que tiene la mujer en determinado momento de su ciclo vital, pero no necesariamente la única.

En virtud de lo anterior, las mujeres, como los demás actores de una determinada interacción, pueden tener posiciones de autoridad, subordinación o equidad. Autoridad y subordinación se consideran como conceptos articulados, en tanto el primero se define como "la posibilidad de encontrar obediencia a un mandato de determinado contenido entre personas dadas" (Weber, 1964: 21), el segundo se entiende como la recepción y aceptación de algún mandato dado. La relación autoridad/subordinación, por lo tanto, es una relación que implica jerarquía, es decir, se trata de posiciones relativas de unos individuos con respecto de otros, tal como ellos mismos las asignan. La posición de equidad por el contrario no implica jerarquía, se trata de un vínculo entre pares.

En suma "la mujer", en esta perspectiva y con base en las indicaciones de Alcoff, es un concepto relacional identificable dentro de determinados contextos de interacción, donde la posición en que se encuentra, sería el sitio para reconstruir los posibles significados de "feminidad". De ahí que para dar cuenta de la mujer en esta propuesta, sea necesario indagar acerca de las posiciones que ha ocupado en diferentes contextos de interacción a lo largo de su ciclo de vida. A la vez se requiere averiguar quiénes han sido los "otros" actores que han intervenido en la interacción y sus posiciones, y qué "material" se comunicó entre ellos. Esto es, qué tipo de información asociado a qué normas y valores circuló entre los actores acerca de la "feminidad" y la "masculinidad".

Ahora bien, el concebir de este modo a "la mujer" lleva a que el objeto identidad cobre contenido dentro de los objetos de investigación que Bertaux (1980) denomina "socio-simbólicos". Es decir, aquellos en cuyas definiciones se privilegia la comprensión de las representaciones que existen a nivel colectivo sobre determinado fenómeno y que son sostenidas por los actores individuales. Por ello, en la clasificación del mismo autor, estos objetos se refieren no a los ámbitos de las estructuras e instituciones sociales, sino a los de la acción e interacción social.

Al respecto se sostiene que es en este ámbito en el que surge la manera subjetiva en que se representa –en este caso– la identidad de género. La subjetividad en relación con este tema –como afirma Lauretis– no está sobredeterminada por la biología ni por la intencionalidad de los actores, sino por la experiencia. Concepto a partir del cual se pueden articular las representaciones colectivas sobre los seres humanos diferenciados sexualmente, con la manera en que estas representaciones son vividas e interpretadas por sujetos individuales a la luz de las vivencias acumuladas, decantadas y convertidas en representaciones sociales.

En relación con esto último, tanto para Bertaux como para Cicourel y Knorr-Cetina (1981), un objeto sociosimbólico, "expresa" la macroestructura social. En el caso del estudio de la identidad del género, la macroestructura comprendería tanto las "cosmovisiones" como la normatividad y los valores sociales que rigen a los seres humanos en tanto seres sexuados. Cabe señalar que al decir "expresa", se quiere subrayar que el ámbito de lo estructurado no sobredetermina la conducta "masculina" o "femenina", sino que constituye la base a partir de la que cada individuo recoge el material que resignifica a lo largo de su experiencia de vida. De ahí que para mi propuesta retome la sugerencia de los autores mencionados, en el sentido de que estos objetos sociosimbólicos se reconstruyan no de lo general a lo particular (de la "totalidad" social a la singularidad individual) sino a partir de las mediaciones. En este caso, de la experiencia de los sujetos que resulta de su interacción con otros sujetos y con el mundo social.

Así, de acuerdo con lo anterior, se tendrá que trabajar bajo el supuesto de que el análisis de la experiencia de vida de un conjunto de mujeres permite extraer los aspectos recurrentes de dicha experiencia, como configuración de una identidad social; y a la vez hace posible rescatar las formas singulares en que esta identidad es expresada por cada mujer. De esta singularidad se podría deducir la reelaboración que cada una hace del marco sociocultural al identificarse consigo misma como mujer.

Un segundo supuesto sobre el que habría que trabajar es que cualquier sujeto está en posibilidad de llevar a cabo una reflexión sobre dicha experiencia y verbalizarla. Esto quiere decir que cada mujer tiene algún tipo de conciencia (psicológica), es decir, autoconocimiento de sí, de otros sujetos y del mundo social en el que habita. Esto la hace poseedora y portadora de un saber sobre su propia identidad de género y de los poderes, por pequeños que éstos sean, relacionados con tal saber. Al haber conciencia de sí, de otros y del mundo social (conciencia posicional para Sartre), la mujer existe, es decir, tiene un "yo soy" que nos abre la puerta hacia cómo es ese yo. Al abrir esta puerta podríamos penetrar en los aspectos de su existencia en tanto potencia y devenir. Esto es, ir más allá de su identidad ligada a los atributos y capacidades asignados socialmente al género femenino, para descubrirla en su "para-sí". Lo cual quiere decir, en una identidad que si no trasciende estos atributos y capacidades socialmente asignados, sí puede utilizarlos activamente para construir diversos significados de la feminidad.

En cuanto a la verbalización de la experiencia de vida, se considera que la palabra de los sujetos, en el caso de estudios cuyo objeto se define a nivel sociosimbólico, es el medio a partir del cual, después de un acto reflexivo, los actores pueden dar cuenta de lo vivido. Aquí "lo vivido" puede ser una realidad opaca pero constituye la verdad de cada experiencia individual y, por lo tanto, la manera en que cada sujeto se representa su relación con el contexto en que ha ocurrido su existencia (Gagnon, 1980).

Para tener acceso a esa palabra, autores como Bertaux, Cicourel y Gagnon, recomiendan como instrumento de recolección de información lo que el primero llama "aproximación biográfica". Para esta última, incluso los datos autobiográficos son, en sí mismos, expresiones de identidad en tanto tienen como sustrato el relato de "lo vivido". Por ello, la aproximación biográfica se considera como un instrumento privilegiado para la recopilación de información acerca del "yo" en construcción.

En el caso de esta propuesta, se considera que no es necesario que las mujeres relaten toda su vida, sino que la autobiografía se concentre en los elementos que, a juicio de quien investiga, den cuenta específicamente de la elaboración de la feminidad. Esto implica ceñir la indagación a aspectos como por ejemplo:

1. Los contextos de interacción que hayan implicado *transiciones* importantes en la vida de las mujeres respecto de su existencia como sujeto sexuado. Estos momentos de transición pueden ser: la aparición de las características sexuales secundarias; las experiencias de seducción y relaciones sexuales; la vida conyugal; el embarazo, el parto y puerperio; la maternidad; el aborto y la menopausia, entre los más relevantes.
2. Los actores involucrados en esos contextos de interacción que hayan implicado transiciones significativas y posiciones recíprocas.
3. Los conocimientos que circularon en esos contextos con énfasis en quién los transmitió, en qué posición se encontraba y cómo los transmitió. Esto es, utilizando qué tipo de lenguaje (imperativo, enunciativo, interrogativo o de deseo).
4. La normatividad y los valores que reglamentaron en cada contexto de interacción lo que se considera prohibido y permitido a cada género, destacando, también, quiénes plantearon esta reglamentación y desde qué posición, el contenido de la misma y el lenguaje utilizado para transmitir las normas y los valores.
5. La elaboración y reelaboración de estos conocimientos, normas y valores en relación con la posición de la mujer en determinados contextos de interacción a lo largo de su ciclo de vida.

Finalmente, una vez recogida esta información se requiere analizarla a la luz de las representaciones sociales vigentes en un momento histórico determinado y dentro de una cultura en particular. Así, la experiencia singular de cada mujer se debe contrastar con las imágenes "estructurales" que prevalecen socialmente acerca de los géneros.

Para llevar a cabo este análisis se requiere un conocimiento amplio de la producción social acerca de lo "femenino" y de lo "masculino", producción que pasa por identificar instituciones públicas y privadas, económicas, políticas y religiosas, que "aparecen" ante los ojos de los sujetos y de quien los investiga, como titulares de los discursos hegemónicos que en su conjunto constituyen un sistema de poder; volvemos a repetir, para terminar, discursos que autorizan determinadas representaciones mientras bloquean, prohíben o invalidan otras. De esta contrastación, finalmente, es posible inferir las representaciones de "feminidad" emergentes, esto es, que pudieran estar germinando como disruptivas y por lo tanto, como desafíos a ese sistema de poder que las ha acallado, al impedir que las mujeres sean sujetos sedicentes de su propia identidad.

Bibliografía

Alcoff, Linda (1989), "Feminismo cultural versus post-estructuralismo: la crisis de la identidad en la teoría feminista", en *Feminaria*, vol. 2, núm. 4, Buenos Aires.

Amorós, Celia (1985), *Hacia una crítica de la razón patriarcal*, Anthropos, Barcelona.

Ballesteros, Jesús (1989), "Postmodernidad y neofeminismo: en equilibrio entre anima y animus", en *Postmodernidad: decadencia o resistencia*, Tecnos, Madrid.

Berger y Luckman (1968), *La construcción social de la realidad*, Amorrortu, Buenos Aires.

Bertaux, Daniel (1980), "L' approche biographique: sa validité méthodologique, ses potentialités", en Cahiers Internationaux de Sociologie, vol. LXIX, París.

Cicourel, Aron (1981), "Notes on the integration of micro and macro levels of analysis", en Knorr-Cetina y Cicourel, *Advances in Social Theory and Methodology: Toward an Integration of micro and macro sociologies*, Routledge & Kegan Paul, Londres.

De Beauvoir, Simone (1981), *El segundo sexo*, Siglo XXI Editores, México.

Dio Bleichmar, Emilce (1985), *El feminismo espontáneo de la histeria. Estudio de los trastornos narcisistas de la feminidad*, Adotraf, Madrid.

Gagnon, Nicole (1980), "Donnés autobiographiques et praxis culturelle", en *Cahiers Internationaux de Sociologie*, vol. LXIX, París.

Hegel, L.W.F. (1982), *Fenomenología del espíritu*, FCE, México.

Knorr-Cetina, Karine (1981), "Introduction: The microsociological challenge of macro-sociology towards a reconstruction of social theory and methodology", en Knorr-Cetina y Cicourel, *Advances in Social Theory and Methodology: Toward an Integration of micro and macro sociologies*, Routledge & Kegan Paul, Londres.

Lauretis, Teresa de (1984), *Alice doesn't*, Indiana University Press, Bloomington.

——— (ed.) (1986), *Feminist Studies/Critical Studies* , Indiana University Press, Bloomington.

Lukács, George (1969), *Historia y conciencia de clase*, Grijalbo, México.

Owens, Craig (1986), "El discurso de los otros: las feministas y el posmodernismo", en *La Posmodernidad*, Kairos, Barcelona.

Rossanda, Rossana (1982), *Las otras*, Gedisa, Barcelona.

Sartre, Jean Paul (1989), *El ser y la nada*, Alianza Universidad-Losada, México.

Schutz, Alfred y Thomas Luckman (1973), *Las estructuras del mundo de la vida*, Amorrortu, Buenos Aires.

Weber, Max (1964), *Economía y sociedad*, FCE, México.

LA IDENTIDAD FEMENINA: CRISIS Y CONSTRUCCIÓN

ALICIA INÉS MARTÍNEZ
Facultad Latinoamericana de Ciencias Sociales, México

INTRODUCCIÓN

El objeto de análisis y acción del feminismo son las relaciones de género: cómo se constituyen y experimentan en vías de su cambio. En la práctica éste se ha centrado en el estudio de la situación de las mujeres y de la dominación masculina, lo que hace que su tematización sea, aún, incompleta.

Sin embargo, sus preocupaciones atienden a un proyecto de liberación para el hombre y para la mujer, en la medida que intenta remover las constricciones culturales, sociales y políticas que han estructurado la relación hombre-mujer desde hace siglos, y defiende el desarrollo de una capacidad de ser individuo, como personalidad y como sujeto social, desde, entre otras cosas, su diferencia genérica. Pues, el feminismo apuesta a la posibilidad de construir relaciones de igualdad en la diferencia.

Para ello el feminismo critica, tanto en el ámbito de la cultura como de la organización social, los roles atribuidos a hombres y mujeres, los lugares que se les adjudica a unos y otras en la acción social y, primordialmente, los destinos personales e históricos a los que se les ata.

Un objetivo estratégico del movimiento feminista es la construcción de una identidad genérica abierta que desbloquee la percepción prevaleciente de la "natural" jerarquía entre los sexos. La idea es que las diferenciaciones genéricas no se transformen en sustento legítimo de desigualdades sociales entre hombres y mujeres.

¿Qué problemas teóricos y prácticos plantea el objetivo de construir una identidad genérica abierta?

Entendemos por identidad genérica abierta, aquella que resulta de dos sujetos que reconociéndose iguales y autónomos, se aceptan como diferentes. Y ello significa que están dispuestos a comunicar sus diferencias, en la búsqueda de una forma de relación social que las contenga (en el plano de la díada hombre-mujer hasta el más complejo del orden social y cultural). Sin preminencia de uno sobre otro, sin exclusión, sin aniquilamiento. En el plano teórico, nos remite al proceso de construcción de identidades sociales desde el énfasis en la identidad de género. A nivel práctico, nos introduce en las dificultades de la promoción y dirección de la movilización de las mujeres asentada en el reconocimiento de una identidad que a la vez existe y está por construirse, que es hecho y es proyecto.

Pensar la identidad como proyecto, es colocarla en el lugar de la búsqueda. No hay un fin a cumplir, un lugar preciso al que llegar. El fin está atado a la experiencia existente; y es producto de la construcción misma con sus ensayos y errores, su unicidad y pluralidades, sus malestares resueltos y los nuevos que surjan.

La única guía es la decisión, convicción, deseo de no ser objeto de, sino sujeto de una misma. El feminismo entraría a ponerle nombre a esa vivencia o malestar de opresión y a buscar salidas de cambio. Pues ser mujer es una experiencia de vida, pero vivirla desde una perspectiva propia y no desde una perspectiva impuesta, es una posibilidad y un desafío (Valdés, 1985).

La preocupación central

La identidad femenina debe ser tratada como resultante de las experiencias reales de las mujeres y como una posible construcción. Por ello, desde una perspectiva feminista, se debe enfrentar el reconocimiento de los elementos de subordinación y resistencia contenidos en la experiencia de cada mujer; la detección de los puntos de fractura con el orden de género prevaleciente (patriarcal), así como la apertura de espacios que conduzcan a la creación de nuevos modos ser.

La doble connotación del lugar de mujer: subordinada-resistente, es la que hay que identificar. Los malestares, necesidades, etc., pueden provenir, más visiblemente, de un acto de opresión. Sin embargo, las acciones de resistencia, generalmente opacadas por la escena de victimización, pueden cumplir una función compensatoria del malestar sentido. En ese caso, la resistencia neutraliza el carácter potencialmente crítico del malestar. Y es cierto también que los mecanismos de resistencia pueden ser activados para promover el cambio.

La construcción de una identidad femenina puede, así, comenzar fortaleciendo los elementos más dinámicos y cuestionadores que la práctica de las mujeres está evidenciando. Estos elementos, con una intervención feminista que permita hacerlos conscientes (objeto de reflexión) irán perfilando los contenidos de esa nueva identidad, sin quedar atados a un proyecto de identidad cristalizado, que da por hecho lo que tiene que ser creado.

Es imprescindible, por tal razón, reconocer la heterogeneidad de las experiencias de las mujeres en lugar de imponer o ejercer presiones hacia un modelo contenido en los proyectos feministas.

En otras palabras, lo importante en el movimiento feminista es el saber si aquellos "malestares" que para algunas mujeres están en el rango de lo insoportable, lo son, también, para otras.

Esto abre la necesidad de estar continuamente alertas para identificar, entre otras cosas, lo siguiente: ¿En qué medida, desigual para las mujeres, se han erosionado las normas, valores, significados, es decir, el orden institucional que las define (tradición)? ¿Pueden aún esas instituciones brindar alternativas y recrear legitimidades y adhesiones? ¿Qué mecanismos compensatorios de la insatisfacción surgida de la situación opresiva, otorga el orden de género prevaleciente? ¿Qué y cuánto es rescatable de la experiencia de resistencia ejercida? ¿Qué visiones de "ser mujer" surgen de las acciones feministas?

A fin de contribuir a la reflexión de estas preocupaciones abordo en este trabajo un análisis acerca de la construcción de identidades colectivas en el ámbito de la movilización feminista.

La estrategia elegida combina el análisis de propuestas surgidas del pensamiento feminista acerca de qué es ser mujer y de las visiones de mujer que emergen de la práctica feminista. Nos apoyaremos en conceptualizaciones disponibles en el campo de la sociología de las identidades toda vez que se requiera. El objetivo puntual que se persigue es asentar algunos de los problemas comprendidos en el proceso de construcción de una identidad femenina. La esperanza es que sirvan de punto de partida en la búsqueda de soluciones para la acción feminista.

Movimiento feminista: características

El movimiento feminista en Latinoamérica es heterogéneo, generalmente espontáneo, con una presencia desigual en la escena social y política, cruzado por diferentes vertientes de pensamiento, con demandas ambiguas, no siempre articulado, difuso en el movimiento de mujeres (Vargas, 1987; De Oliveira y De Barbieri, 1986; Kirwood, 1984).

Ha avanzado con diferentes estrategias, respetando la diversidad de iniciativas en distintos espacios y realidades sociales. Es así que, a su interior, se combinan objetivos de bienestar familiar y comunitario, de servicios de salud, educación y legales especiales para la mujer, hasta objetivos dirigidos a la crítica de la cultura, la producción teórica o, más particulares, como los orientados a la inserción de las mujeres en el mundo público, vía movimientos sociales, partidos, organizaciones de la sociedad civil e instancias del Estado.

En opinión de Virginia Vargas, el terreno común de esta diversidad está dado posiblemente por dos dimensiones: el descubrimiento de una identidad biológica social como mujeres (sea ésta percibida desde sus roles tradicionales o desde una postura crítica que busca transformar su situación como mujeres) y el reconocimiento de un lugar común de presencia contundente como es el de la cotidianeidad (1987: 5).

Sabemos que tener cuerpo de mujer permea nuestra presencia (o ausencia) social. Y que la experiencia anclada en la cotidianeidad propia de las mujeres conforma una mirada en la cual se entrelazan, irremediablemente, lo subjetivo y objetivo, el tiempo diario y el histórico, las necesidades de la vida cotidiana y las sociales, el poder para y el tener poder.

El movimiento feminista ha avanzado, a partir de esta práctica heterogénea y de la reflexión sobre la condición femenina, acerca del carácter plural de los modos y los significados de ser mujer. Ha aprendido a no atribuirles a las mujeres definiciones a priori o sustentadas en visiones parciales sobre el deber ser de las mujeres (tanto las dominantes como las que se pretende instaurar). Focalizó la atención en analizar, detectar cómo transcurre el paso de un interés "para otros" a un interés "para sí". Es decir, cómo en la movilización de las mujeres "accionada desde los intereses y objetivos de otras movilizaciones sociales" (urbano-populares, acciones de emergencia, implementación de estrategias de sobrevivencia a niveles comunales, desde proyectos productivos, movimientos ecologistas, movimientos por la democracia, de derechos humanos, actividades partidarias, ejercicio de funciones públicas, etc.), se va conformando una experiencia colectiva de actuar, analizar, proyectar, pensar, valorar, decidir, que permite reconocer y comprender la especificidad de la movilización feminista. "Y al mismo tiempo, abre la puerta a un movimiento con identidad propia de cara a su opresión particular para desde allí aportar a la sociedad" (Valdés, 1985: 89).

Al respecto se ha identificado que los motivos que impulsan a las mujeres de los sectores populares y, a veces medios, a la movilización, si bien están anclados en el bienestar de la familia y especialmente de los hijos, no impiden la expresión de otros malestares vinculados a su situación como mujer. Está extensamente documentado cómo a poco de iniciar acciones colectivas, en las cuales la mayoría son mujeres, se presentan otros reclamos: mayor participación en las decisiones, respeto a los liderazgos femeninos, estilos más eficientes y compartidos de organización, exigencias de aprendizaje de nuevas capacidades para la acción pública, atención a las necesidades de la vida diaria, autonomía, participación plural, ataque a los prejuicios sociales que obstaculizan la actividad de las mujeres, enfrentamientos y nuevas negociaciones a nivel de la autoridad y organización familiar, etcétera.

Se ha probado que la movilización de las mujeres abre un nuevo espacio de socialización donde se pueden compartir experiencias y reconocer la especificidad de su situación en el mundo social. Cuando la movilización cuenta con agentes que facilitan el procesamiento de tal experiencia, activa ciertos nudos de la vivencia de opresión y de poder de la mujer. Es así como, con base en el reconocimiento de lo común entre ellas, se abre un proceso de conocimiento y creatividad sobre sí mismas, cuya dirección, si bien no unívoca, parece llevarlas a ubicarse como centro de sí mismas, con las consecuencias que tal asunción de identidad puede provocar en los espacios de relaciones familiares, comunales, sociales y políticas en los que se insertan.

Aún son pocas las investigaciones que toman por objeto de estudio qué perfiles de identidad femenina van surgiendo de estas prácticas de las mujeres y cómo éstas alimentan los proyectos feministas. Por ahora es una cuestión abierta.

Un primer camino para iniciar su abordaje puede ser introducirse en algunas parcelas del pensamiento teórico feminista para analizar las propuestas que de él se derivan en torno a la construcción de una identidad femenina. El segundo es indagar el imaginario sobre el ser mujer que surge en la acción de las feministas o de las mujeres que se movilizan bajo demandas no estrictamente feministas.

TEORÍAS FEMINISTAS E IDENTIDAD FEMENINA

Hay una pregunta básica que atraviesa toda teorización feminista, y en especial la referida a la identidad: ¿qué es ser mujer?

El concepto de mujer es problemático porque está colmado de sobredeterminaciones. La primera, y no por ello la más evidente, es ubicar al sujeto que define a la mujer. Hasta el momento ha sido definida por el hombre y por tanto en contraposición (o complementariedad) a su propia imagen. La mujer fue pensada como "lo otro". Lo humano tomó, preponderantemente, el perfil de la experiencia varonil, aunque se presente sin sexo.

Una segunda determinación es la referencia real a la que apunta el concepto o, en otros términos, ¿de qué mujer se está hablando? De la que surge de una ficción cultural o de las experiencias concretas de ser mujer en diversos tiempos y localizaciones históricas. ¿Es una definición nominal o real? En caso de ser nominal ¿en qué sustrato metafísico se sostiene? Y si es real ¿a qué "circunstancias históricas" responde?

Finalmente, ¿para qué se la definió? Y aquí se abren varias alternativas para legitimar el lugar que se le designó en los arreglos sociales en cuya definición no participó; para identificarla como sujeto "especial", "diferente" que pareciendo ser sujeto, no es un sujeto para sí, sino para otros. Para hacerla sujeto pleno, el feminismo ha retomado estas preguntas e indagado en las causas sociales e históricas que posibilitaron la ecuación poder = saber = masculino, desde donde se definió a la mujer.

No es el caso hablar en este artículo sobre esas razones, sino ver cómo hace frente la teoría feminista al problema de qué es ser mujer, y qué consecuencias se derivan del mismo para la movilización que se propone apoyar la construcción de una identidad femenina.

Dentro del pensamiento feminista se han articulado dos grandes respuestas a esta pregunta básica, según la clasificación de Linda Alcoff. La primera se refiere al derecho exclusivo de las mujeres para describir y evaluar a la mujer, pues sólo ellas pueden garantizar una mirada de mujer, dado que la primacía cultural de lo masculino sobre lo femenino establece como regla general un punto de vista sesgado. La segunda gran respuesta plantea la imposibilidad de definir a la mujer como tal, sea que el intento provenga de hombres o de mujeres. Pues, se dice, tal definición remite a una construcción de sujeto, impuesta desde afuera, que no deja lugar al individuo.

La primera vertiente de pensadoras sostiene una argumentación esencialista. Optan por definir a la mujer por sus cualidades y atributos, asentados para algunas en su capacidad como dadoras de vida y, para otras, en su experiencia acumulada históricamente de vivir como mujer, de la cual surge una esencia culturalmente construida.

En este sentido, como sostiene Echols (véase Alcoff, 1989), la valoración de los rasgos femeninos (cuidar, dar, nutrir, crear, etc.), ha contribuido a la autoafirmación de la mujer contrarrestando la subestimación social que, aún, predomina. Sin embargo, también ha implicado la afirmación de una identidad femenina en función de denigrar la masculinidad, más que criticar los roles y prácticas masculinas que han entorpecido el libre desarrollo de la mujer. Por lo cual en términos prácticos esta postura parece estar más comprometida con la preservación, y no con la disminución de las diferencias de género. Tiende, así, a dejar atada la construcción de la identidad femenina a una autoafirmación de las propias huellas que la historia de la dominación masculina le imprimió. Y cierra consecuentemente la posibilidad de transformación de las relaciones de género predominantes.

Al respecto Celia Amorós sintetiza con ingenio, como siempre, las consecuencias políticas de la postura esencialista

> ... en torno a la idea de que las mujeres somos portadoras de la esencia femenina y que por definición somos tiernas, emotivas, generosas, etc., en fin, que somos portadoras de la paz y el bien, por naturaleza. Claro que no hay manera de saber si lo somos porque no había otro remedio, porque no había más "castañas", o lo somos de verdad ... pero ¿cómo aislar las variables? Nos han puesto toda la vida a cuidar ancianitos y niños y, aunque sólo fuera por necesidad, había que convertirlo en virtud, porque todo sujeto humano acaba pensando que su vida tiene algún sentido, y entonces hay que pensar que la generosidad es un valor supremo, porque ¡a ver quién si no se hubiese pasado la vida cuidando niños y viejos! Y, efectivamente, sí nos han obligado a hacer ese tipo de "caridad obligatoria", pero que nosotras encima, nos la apropiemos como si fuera nuestra excelencia ética y la reivindiquemos (como clave de nuestra identidad) es muy problemático (1990: 39).

Las pensadoras posestructuralistas proponen rechazar cualquier definición de mujer y para ello comienzan por problematizar la construcción de la subjetividad.

El camino que sugieren es el de adentrarse en los mecanismos por los cuales se construye el significado. Parten de considerar que lo real para el género es una naturaleza construida y producida en forma social discursiva. Esto produce que las mujeres tengan poca participación en el hecho de definir quiénes son. Las motivaciones e intenciones individuales no cuentan, o casi no cuentan, en el esquema de la realidad social. La experiencia de la mujer acerca de la propia subjetividad es una construcción mediada por el discurso social, más allá del control individual. Por todo ello, sólo se pueden dar respuestas negativas a la pregunta ¿qué es ser mujer?

Las críticas a esta corriente se han centrado, primordialmente, en el inmovilismo político que pueden generar para el movimiento feminista debido a la negación de la mujer como posible sujeto con autonomía.

Sin embargo, se reconoce su aporte radical para comprender críticamente el proceso de formación de la subjetividad, que es central en términos de la problemática de identidad de la mujer y construcción abierta de la misma.

Weedon apunta con precisión a este aspecto potencialmente político del pensamiento teórico feminista posestructuralista:

> Para que una perspectiva teórica llegue a ser de utilidad política para las feministas, debe ser capaz de reconocer la importancia de lo subjetivo en la constitución del significado de la realidad vivida por las mujeres. No deberá negar la experiencia subjetiva, en vista de que la forma en que la gente constituye el sentido de sus vidas es un punto de arranque necesario para entender cómo las relaciones de poder estructuran la sociedad. La teoría debe ser capaz de dirigir la experiencia de las mujeres mostrando de dónde viene ésta y cómo se relaciona con las prácticas sociales materiales y las relaciones de poder que las estructuran... En este proceso la subjetividad se vuelve aprovechable, pues ofrece al individuo tanto una perspectiva como una elección y abre la posibilidad del cambio político (en Lauretis, 1990: 34).

Se plantea un nuevo problema para el pensamiento feminista cuando se rechaza una definición de la mujer apoyada en la descripción de sus atributos, pues éstos irremediablemente, remitirían a una esencialidad, difícilmente justificable sin la recurrencia a su determinación biológica, que cerraría la posibilidad de cambio de tal identidad. O cuando, por otra parte, se acepta la proposición de que la mujer es indecible, porque está atrapada en un discurso social que la desconoce y tiene que hablar mediada por ese discurso social. El camino de la deconstrucción, llevado a sus últimas consecuencias lógicas, deja sin palabra a aquella que está luchando por tenerla.

De Lauretis apunta a la solución de este problema al reconocer el conflicto entre la mujer como una construcción ficcional y las mujeres como seres históricos reales:

> La relación entre las mujeres como sujetos históricos y la noción de mujer producida por los discursos hegemónicos no es una relación directa de identidad, una correspondencia uno a uno, ni una relación de simple implicación. Es una relación montada culturalmente y en la cual el actor no es simplemente personaje sino persona que acciona. La identidad genérica está constituida en un proceso histórico de conciencia en el que la propia historia es interpretada y reconstruida por cada una/uno de nosotros y nosotras dentro del horizonte de significados y conocimientos disponibles en la cultura en un momento dado. Este horizonte también incluye formas de compromiso y lucha política... (Lauretis, 1986: 5).

En este sentido, la identidad nunca está fija, tanto porque las fronteras discursivas cambian con las condiciones históricas, como porque es producto de la actividad del individuo. La identidad femenina está anclada en las condiciones de la experiencia de la mujer (un complejo de hábitos, disposiciones, asociaciones, percepciones que le dan un género femenino) quien establece un modo de relación con el mundo, pero también está dinamizada por el propio intento de las mujeres de ser un sujeto en esa realidad social.

La identidad femenina encuentra un cauce de indeterminación cuando es pensada como una construcción en la cual el orden simbólico es variable. Pues, aunque en él se sitúa la acción del individuo, se le reconoce a éste capacidad de interpretación y de vinculación conflictiva con la realidad (material y simbólica) a partir de su compromiso personal subjetivo con las prácticas discursivas e institucionales que dan significación a los sucesos del mundo y a su vida misma.

En este sentido la mediación del discurso es reconocida, pero la propia palabra puede ser creada, a través de una estrategia de desconstrucción y reinterpretación. Es así como la experiencia pierde su fuerte connotación determinista y pasiva y puede ser utilizada como punto de partida para crear significados y dinamizar acciones que lleven a la propia búsqueda del ser mujer.

Finalmente, como sostiene Alcoff, cuando el concepto de mujer se define no sólo por un conjunto particular de atributos ni por una ficción simbólica omnipresente e invariable, las características internas de una persona no importan tanto, sino que adquieren relevancia dentro del contexto en que ésta se sitúa. Es decir, la posición que ocupa en una red de relaciones (económicas, institucionales, simbólicas, políticas) de la cual forma parte, no sólo como receptora pasiva, sino como activa constructora de la misma.

Ello permite ver que la posición en que se encuentran las mujeres puede ser activamente utilizada (más que trascendida) como un sitio para la construcción del significado, un lugar desde donde el significado se construye, no ya simplemente como un lugar donde un significado puede ser descubierto (la femineidad).

En este sentido la identidad de la mujer (real e histórica) puede ser reconocida como una construcción, pero también como un punto de partida para construir. La identidad femenina está construida aquí y ahora, pero esto no significa establecer una máxima universalizable sobre lo femenino. Menos aún, una identidad fija. "Ser mujer es tomar una posición dentro de un contexto histórico en movimiento y ser capaz de elegir qué hacer de esta posición y cómo alterar el contexto" (Alcoff, 1989: 15).

La mujer es una posición desde donde construir asumiéndose como sujeto. De allí que la definición de mujer, como categoría, y el perfil de identidad femenina "deben quedar abiertos a futuras alteraciones", para poder percibir las formas posibles que pueda tomar en los futuros y eventuales estados de la transformación feminista.

Es difícil concluir sobre un debate aún abierto, pero podemos señalar algunas claves de la identidad femenina, que siendo construcciones teóricas, tienen resonancia en los proyectos feministas, y por tanto en las acciones con las mujeres.

¿Es la mujer esencialmente madre? ¿Es primordialmente una ficción discursiva ubicada en el lugar de la alteridad? ¿Es sólo resultado de su historia y de su experiencia real tal como hasta ahora se ha producido? ¿Es, antes que nada, producto de su posición y compromiso frente al significado de su cuerpo, de su experiencia y de los valores y representaciones sociales que la definen?

El problema de estas definiciones y de tomar una postura frente a ellas, estriba en si es pertinente querer encontrar la clave de la femineidad buscando el punto omega que explicaría todo, y hacerlo, además, separando el problema de la identidad femenina de una construcción social e individual que tiene que ver con el movimiento feminista y su capacidad de acción frente a las condiciones sociales, políticas y culturales en las que se inserta en los diferentes países y coyunturas históricas y según la experiencia y demandas de las mujeres que va aglutinado.

En este sentido las figuras de mujer son una construcción abierta que depende de los malestares que activan la movilización y de los logros que ella alcance para hacer viables y reales nuevas alternativas y afirmar las condiciones para su reproducción.

Y esto es más una cuestión de poder social y personal que de esencialidades. Si se lo entiende así se aclara, por ejemplo, el porqué a veces es la figura de madre la que priva en la acción pública de las mujeres, y esto no quiere decir que se reduzcan a ese papel por ser el que las define como mujeres, sino que activan ese rol "legítimo" socialmente, y generan a partir de él nuevas condiciones sociales que lo desbordan.

Avanzando en esta línea de pasar del pensamiento feminista a la práctica del movimiento feminista, veamos el perfil de mujer que está en juego en la acción colectiva de mujeres del movimiento feminista. Tomamos como referencia a algunas activistas del movimiento feminista latinoamericano.

El imaginario feminista

El feminismo en Latinoamérica está conformando un espacio social y cultural, cuyo signo es la movilización de las mujeres en diferentes ámbitos. En él se refleja una identidad femenina que es, tanto resultado de una identidad de mujer existente como de una por construirse. La manera en que se definen los límites de ese espacio es, a su vez, indicativo del perfil de la identidad de mujer que se está buscando en la elaboración colectiva.

El universo de observación que he elegido es muy acotado, y se limita a un grupo de activistas de México y otros países latinoamericanos que se reunieron en México en 1986 para intercambiar experiencias y discutir preocupaciones comunes sobre la movilización feminista en la región (Jornadas Feministas, 1987). En este sentido, el título del apartado es más ambicioso de lo que se presenta, que no es más que un ejercicio originado en los relatos de una discusión.

El ejercicio consistió en detectar, a través de los propios relatos de las participantes, las percepciones sobre obstáculos y posibilidades, en torno a la movilización feminista de la que eran parte. Ello, con el objetivo de identificar el perfil de mujer (o rasgos de esa identidad colectiva femenina en construcción) que se estaba jugando en la dinámica de la movilización que impulsaban. Pensé que para identificar estos puntos de quiebres entre lo tradicional y lo nuevo, que dinamizan el proceso de construcción de una identidad, tenía que abordar la tensión que en sus propios relatos se daba entre las percepciones sobre aquello que no querían o deseaban ser o hacer.

Para tematizar los relatos, seguí el siguiente procedimiento: en primer lugar, identifiqué los temas recurrentes, a saber, participación, organización colectiva (jerarquías, igualdad), liderazgos y dirección, autonomía, fragmentación de la experiencia personal, inclusión-exclusión en el movimiento, pensamiento dogmático, homogeneización y diferencia. En un segundo momento, separé en cada tema las percepciones referidas a límites, de aquellas que marcaban posibilidades. Finalmente, reordené las percepciones desde las exigencias de construcción de un movimiento social. De esta distribución resultaron las siguientes áreas: I. Relación individuo-colectivo; II. Tipo de vínculos en el interior del colectivo; III. Tipo de vinculación con el mundo externo; IV. Concepción de poder.

En cada área identifiqué rasgos del espacio de acción colectiva y, posteriormente, analicé éstos como el sustrato práctico del cual se podían inferir pistas sobre la identidad femenina que se estaba construyendo. De ello resultó la siguiente caracterización.

Relación individuo-colectivo

Para el feminismo la vinculación entre individuo y colectivo es muy importante, pues la transformación que propone es un cambio social y cultural que, a su vez, es cambio personal. Esta noción de cambio media cada una de sus acciones y el tipo de vinculación con la sociedad. En tanto, la afirmación de una identidad reconocida socialmente debe generar el autorreconocimiento. Y el autorreconocimiento es, a su vez, el nutriente del nuevo perfil social de la mujer y la única base de legitimidad desde donde proponer criterios discriminatorios entre lo que debe y no debe ser.

Al respecto, es dominante la percepción sobre un activismo sin sacrificio ni postergación de la realización propia. Sin embargo, centrarse en el proceso individual es, también, percibido como un obstáculo pues se reconoce la necesidad de la instancia colectiva ("solas no se puede hacer nada").

Se busca un esquema de activismo equilibrado, en el cual el compromiso común no signifique un sacrificio de la individualidad. Se ambiciona crear un colectivo sin pérdida de individualidad, así como evitar la sobrecarga de tensiones entre los roles privado y público (la casa y el movimiento; los conflictos de adentro y de afuera).

Se desea evitar la fragmentación de la experiencia de la mujer y mantener la integridad de la persona, según la vivencia femenina de no separar los afectos, la vida familiar, el trabajo y la participación pública.

La percepción sobre el cambio que debe promoverse, es una transformación global de "la vida de las mujeres y no de aspectos parciales de su subordinación". Es, además, repetitivo el autorreclamo para aprender a pensar en sí mismas y no siempre para los demás.

Si analizamos estos rasgos que dan carácter al espacio feminista en términos del proceso de construcción de una identidad de mujer, resaltan una serie de aspectos.

La centralidad de cada activista en el movimiento y el deseo de equilibrio entre individuo y colectivo establecen una vinculación estrecha entre la necesidad de construir una identidad propia en la medida que se construye la colectiva. La interrelación entre afectos, razones privadas y razones públicas aparece presente en la acción feminista pues es expresión del tipo de identidad que se busca.

Por lo tanto, en el espacio de acción feminista deben contenerse soluciones integrales: para cada individua y para el colectivo; para las que pertenecen al colectivo y para todas las otras.

Así, la identidad en la movilización feminista tiene una doble faz y función: implica favorecer el proceso de individuación de cada mujer, y a la vez convertir a individuas en sujeto colectivo con presencia social y política en sentido lato.

Relaciones en el colectivo

Es importante observar el tipo de normas que regulan la interacción entre los miembros de un colectivo feminista, pues a través de ellas se está perfilando una protoinstitucionalidad de las relaciones sociales (a nivel interpersonal y social). Y ello está estrechamente relacionado con una nueva identidad social femenina.

Al respecto se detectaron las siguientes percepciones: la relación jerárquica es temida y asociada a dominación masculina. La crítica o cuestionamiento entre las mujeres es evitada por temor a que se la confunda con imposición o actitud autoritaria. Se tiende a relaciones de igualdad indiferenciada (comunidad, hermandad), aunque se percibe la incomunicación que este tipo de relación produce, pues la crítica está asociada a conflicto, pelea, ruptura, imposición.

Se desea la novedad (sin darle un contenido preciso a la misma) en el lenguaje, las formas de organización colectiva, en los criterios para definir competencias (medir, evaluar, comparar).

Los límites entre el espacio colectivo propio y el exterior se establecen de manera difusa para evitar la exclusión. Toda mujer puede estar en el feminismo: "No dejemos a nadie afuera".

La autoafirmación de cada mujer no debe asentarse en la descalificación de otra. La solidaridad de las mujeres se asienta en la idea de que la fuerza de cada una es la fuerza de todas.

Existe el deseo generalizado de evitar la homogeneización. Se recalca que no hay en el feminismo una visión única de qué hacer y cómo hacerlo. Se desea mantener la interacción de muchos puntos de vista. Y existe una preocupación por no perder la distinción de la situación de las mujeres y sus diferencias por pertenencia a clases, razas, edades; así como las expresiones y vivencias comunes en las historias de las mismas.

Se rechazan los dogmas, la ortodoxia, la cerrazón y límites en el pensamiento. Todas las mujeres pueden pertenecer al movimiento; en todas partes, en todos los niveles de la experiencia individual y social.

¿Qué identidad de mujer se está perfilando en este espacio colectivo según los rasgos que resultan de las percepciones de miedos y deseos?

El espacio de relaciones es inclusivo e indiferenciado, heterogéneo, sin orden de autoridad reconocida ni criterios de diferenciación que establezcan reglas de competencia. En este sentido la heterogeneidad trata de permitir la continua referencia a lo propio de cada una. Lo que contradice con la centralidad de la experiencia individual y la imposibilidad de generalización válida, legítima, en la medida en que no hay un parámetro externo con qué medir. Se establece un lugar de similares y únicas. Este tipo de relación no permite la conmensurabilidad entre las personas, pues niega una medida de comparación exterior al metro de la experiencia de cada una. Hay una autorreferencia continua que obstaculiza el espacio de iguales que se busca, puesto que sólo pueden tratarse como iguales los que reconocen sus diferencias y asumen el derecho que ellos y los otros también tienen de exigirse mutuamente, en función de una normatividad que regule la igualdad entre individuos autodeterminados, libres.

Sin embargo, esta ambigüedad es difícil de resolver en el feminismo por la tensión, siempre presente, entre identidad individual e identidad colectiva, que sostiene su proyecto de un cambio social que sea, a la vez, cambio personal. Así, el espacio de movilización feminista es un lugar donde cada una procesa su experiencia personal, construye su propia historia en relación y confrontación con las de las demás. Y para ello debe constituirse como un espacio comunitario. Es decir, sin orden de jerarquías por antigüedad o por posiciones en el mundo externo. Pues sólo así (al menos en un principio) las mujeres que se acercan pueden identificarse con la experiencia central de opresión que las vincula y utilizar las referencias de la vida de las otras para reconocer y evaluar la propia.

Por otra parte, el feminismo como espacio de movilización colectiva que requiere una intervención social, cultural y política, necesita establecer un orden en las relaciones que facilite las tareas propias de dirección y decisiones de un sujeto colectivo. La eficiencia y el tiempo de las actividades en el mundo público no se pueden articular fácilmente con el tono y el ritmo que requiere la construcción de una identidad individual. Y postergar las individualidades es anular el sentido del proyecto feminista.

La resolución de este problema será ardua y como veremos en el apartado siguiente no se podrá obviar, pues la construcción de una identidad femenina está indefectiblemente vinculada a la doble acción: en el mundo social y en el mundo interno de cada mujer.

Vínculos con el mundo externo

Éste es una aspecto muy conflictivo para el feminismo porque el mundo externo está asociado con el mundo público, en donde históricamente no se tenía presencia reconocida, con los discursos sociales dominantes en los cuales la mujer es definida e interpretada más allá de su experiencia y palabra propias, con el lugar por excelencia de lo masculino, y que sin embargo se considera como un campo de lucha en el cual hay que ganar terreno.

En este sentido, las percepciones sobre el mundo externo se presentaron en el siguiente sentido: la incorporación al mundo público plantea el peligro de la masculinización de la vida de la mujer. Las instituciones son percibidas como lugares cuyas reglas responden a las expectativas de realización y gratificación de los hombres, y en general desconocen las de las mujeres.

Cuando lo externo toma figura de partidos políticos, instituciones estatales, Iglesia u otros movimientos sociales surge el fantasma de la posibilidad de ser cooptadas, fagocitadas por otros intereses, postergadas, o transformadas en "adorno" de los programas de otros.

El reclamo de ser sujeto con decisión propia, de autonomía, de establecer prioridades sociales que no posterguen la situación de la mujer, de participación sin mediación ni representación, ordena la percepción sobre el mundo externo y el lugar que quisieran ocupar en él.

La percepción del carácter hostil del mundo externo se combina con el miedo a la autoexclusión o la paralización. El quedarse, nuevamente, fuera. Se teme que por la escasa (según sus propias percepciones) legitimidad social del feminismo, la salida al mundo público implique ocultar los intereses específicos en el interior de intereses legitimados. Es decir, a seguir buscando legitimación social más allá de lo que se es, de la identificación feminista. Y a continuar siendo reconocidas siempre que se presenten bajo la mediación y representación de otra persona.

El mundo externo, concebido como la institucionalidad de lo público, es un lugar donde se puede perder la identidad propia. Es decir, seguir siendo mujer según esto ha resultado de la experiencia histórica y vivencia personal de lo femenino que incluye atributos valorados por las mismas mujeres que desean mantenerlos.

Si no se quiere perder la experiencia y sensibilidad acumulada en el ser mujer se teme, también, la descalificación social que esa identidad supone en el mundo público.

Al ser el mundo público el del reconocimiento social y el de las decisiones que afirman las transformaciones sociales, la entrada es necesaria para existir en todos los sentidos y para afirmar la identidad. La acción defensiva y afirmativa se combinan. Y en esta disyuntiva se juega el mantenimiento de los rasgos de la experiencia femenina, con la búsqueda de una identidad que afirme a las mujeres como individuas y sujetos sociales.

Concepción de poder

Tres elementos sintetizan algunos de los rasgos de la concepción de poder que priva en los relatos analizados.

El primero se refiere al poder propio (el de la casa y los hijos) y a la gratificación que del mismo surge aun cuando se ejerza en una situación general desventajosa u opresiva. Muy minoritariamente se plantea la necesidad de desarticularlo. Pero, en general, las mujeres eluden discutir sus propios mecanismos de poder dentro de las relaciones familiares.

El segundo apunta a la concepción de poder como instrumentación de los fines, para asegurar un espacio de fuerza. Aquí se presenta el elemento de innegociabilidad y no postergación de las demandas, que es propio de todo movimiento cuyo proyecto central atiende a la identidad de sus componentes. Es decir, cuando la demanda eje es la identidad misma.

Finalmente, aparece el ejercicio del poder como el "horror" a imponer "línea" y a ejercer control sobre otras mujeres; ello unido al miedo a la institucionalización del proyecto feminista por su inserción en la disputa del poder público. La construcción de un poder social, y más aún político, aunque deseada, es percibida como una situación riesgosa, en la medida en que podría anular la capacidad subversiva del proyecto feminista de alterar el orden social genérico dominante, al levantar una demanda de poder cuando se pretende destruir las relaciones jerárquicas existentes entre hombres y mujeres.

Rasgos del espacio en términos de identidad colectiva

Es difícil resolver la conflictividad entre fuerza personal y fuerza colectiva en el caso de las mujeres. La experiencia de fuerza personal se vincula a una estrategia de resistencia (en este sentido debe entenderse el llamado poder paralelo femenino, caracterizado por la fuerza del chantaje y la manipulación) que si bien permite el uso de trucos para convertir la desventaja en ventaja, también deja atada esta fuerza a la impotencia. Esta percepción de impotencia influye cuando se intenta ejercer un poder propio en el mundo público, y así cualquier fracaso es percibido como derrota total y no como una consecuencia transitoria según las reglas de poder propias de ese ámbito. Esto se percibe de este modo, porque la mujer sale a lo público con la desventaja de tener que demostrar y demostrarse que es igual a los que ocupan ese espacio (es decir que es igual al hombre). Tiene, de algún modo, que legitimar su presencia. En este contexto de subjetividad social, el "no poder algo" es más que "perder una batalla", es poner en cuestión la nueva identidad que recién se está afirmando.

De allí que la fuerza colectiva propia de la movilización feminista esté, aún, muy tensionada por la percepción de fuerza defensiva, que obstaculiza el avance hacia la construcción de una fuerza positiva.

Por otro lado, esta salida a lo público no equivale a la ocupación de cargos políticos, ni se resuelve con ella. Se vincula con la necesidad de afirmación de una identidad social femenina a nivel cultural y social que favorezca nuevos ámbitos de referencia cultural que alimenten y sirvan de soporte a los procesos de transformación de la identidad individual de las mujeres.

El llamado a "atreverse a correr riesgos aunque nos equivoquemos", registrado en uno de los relatos analizados, debe entenderse como un pedido de resolución del conflicto de poder en que la mujer, por su experiencia histórica y personal, se halla atrapada, más que como un reclamo de valentía. Y ello se relaciona esencialmente con el "poder ser", como condición del "poder hacer".

O en otras palabras, nos remite nuevamente al problema de la interdependencia surgida de un proyecto que apunta a la construcción de un identidad femenina y al establecimiento de relaciones sociales que la posibiliten y concreticen. Para ello debe hacer en el mundo externo hechos que no obstaculicen su demanda de ser mujer de otra manera.

NUESTRO PROBLEMA INICIAL Y ALGUNAS CONCLUSIONES

Abordar la construcción de una identidad femenina desvinculada del proceso de movilización feminista que la gesta y la hace posible, es circular por un camino sin salida, de definiciones y supuestos. Considerar que la identidad femenina está definida por un proyecto feminista y que se refleja, como comúnmente se cree, en las demandas que sostiene, es dar por hecho una parte medular de ese proyecto.

El que las mujeres se junten porque reconocen problemas comunes y que actúen colectivamente para su solución, implica un cierto grado de identificación, pero en sí misma, ésta puede dar lugar a una pertenencia acotada e instrumental a la necesidad que las reúne. Cuando en ese proceso se activan malestares, más allá de la necesidad, referidos a su situación de mujer se abre el camino de la construcción de una identidad femenina como opción que se elige y se lucha para sostenerla. Sin embargo, es difícil detectar cúales son esos malestares propios de diferentes mujeres y qué potencialidad tienen para impulsar un cambio.

El feminismo no puede dejar de diagnosticar en función de situaciones específicas si pretende recoger la heterogeneidad de experiencias que implica el ser mujer. Y tiene que viabilizar la búsqueda de alternativas particularizadas. Por ello debe estar alerta al imaginario que surge de su accionar en el cual se trazan de manera provisoria líneas de identidad.

Para avanzar en el objetivo de coadyuvar a la construcción de una nueva identidad femenina debe cultivar la agudeza de su pensamiento para identificar, sin adjudicar de antemano, los malestares específicos que surgen de las diversas experiencias de las mujeres en nuestra sociedad, y en especial en las acciones que emprende con algún sector de este gran universo que es la población femenina y ser concientes del imaginario que se constituye en las mismas.

Dando prioridad a la capacidad de reconocer la diversa realidad de las mujeres que es esencial para la acción feminista, y dejando de lado por el momento otros puntos muy importantes de la movilización por la identidad, propongo una serie de interrogantes que pueden ser la clave de un diagnóstico para tratar la acción feminista desde la estricta perspectiva de su objetivo de construcción de una identidad genérica abierta.

¿Cómo identificar un malestar específico que sea signo de una crisis de la identidad según la experiencia concreta de las mujeres con las que se impulsa una acción?

El malestar surge en aquellas personas en que se incrementa la ambivalencia entre aceptación y sujeción con respecto a las normas (instituciones) con las cuales estableció una lealtad. Lo cual se relaciona con la experiencia de frustración que surge cuando lo prometido por la institución no se cumple y se debe mantener la obediencia a dichas normas. En otras palabras, cuando comprueba que esperaba cosas que no se han realizado. Estas personas viven esa experiencia como una contradicción real (quedan fuera los desarraigados o desviados). La promesa de satisfacciones que el comportamiento aceptado iba a generar a cambio de las insatisfacciones, no se cumple y el orden establecido se torna insoportable. Ya no permite orientar el sentido de la vida y se vivencia como vacío.

Hay un debilitamiento de la coerción y pérdida de la fuerza moral de las instituciones. Junto a ello crece el descreimiento y la ilegitimidad. Esto se genera en un aspecto del orden existente, nunca en su totalidad. Puede darse en relación con una institución familiar, laboral, política, cultural o económica (Alberoni, 1984).

Comienzan a aparecer de manera desarticulada otras modalidades de relación social, de solidaridades, no previstas o antitéticas con las instituidas. Así, se crea un espacio social en el cual empiezan a perfilarse líneas de recomposición de las relaciones sociales alternativas.

¿Qué condiciones favorecen la transformación de un malestar en activador del cambio?

El malestar como vivencia personal es clave para activar la rebelión al orden establecido. Sin embargo, la posibilidad de rebelión excede la vivencia personal y exige la presencia de otras condiciones sociales y culturales. Retomando a Barrington Moore, señalamos: la existencia de procesos sociales que hayan alterado el campo de experiencia en que se asentaba la identidad del individuo; signos en el mundo cultural que marquen la erosión del sistema de creencias y valores prevalecientes y que constituyen la base de legitimidad del orden existente; y junto con estas condiciones, que exista un espacio social en el que se plantee la posibilidad de una identidad nueva con presencia efectiva, es decir, organizaciones, nuevos diagnósticos sobre la realidad, medidas para superar sus males y acciones para lograrlo.

¿Cuál es la institución que ha entrado en crisis según el malestar sentido? O en otras palabras, ¿qué normas, valores y relaciones específicas se han fracturado? ¿Qué nosotros y ellos surge de este quiebre?

¿Cómo detectar el grado de adhesión emotiva-intelectual que surge ante las nuevas definiciones? ¿Qué tipo de fuerza se genera? ¿Es una fuerza de autonomía moral que puede ser tranformada en fuerza social (en un sujeto social) o no?

Hubiera querido concluir este trabajo con respuestas, no pude más que avanzar con preguntas.

Bibliografía

Alberoni, Francesco (1984), *Movimiento e institución*, Editora Nacional, Madrid.

Alcoff, Linda (1989),"Feminismo cultural versus posestructuralismo: la crisis de identidad en la teoría feminista", en *Feminaria*, vol. 2, núm. 4, Buenos Aires.

——— (1989), "Del feminismo al feminismo", en *Debatess* núm. 27.

Amorós, Celia (1990), *Mujer, participación, cultura política y estado*, Flor, Buenos Aires.

Arizpe, Lourdes (1989), *La mujer en el desarrollo de México y América Latina*, UNAM-Centro regional de investigaciones multidisciplinarias, México.

Barbieri, Teresita de y Orlandina de Oliveira (1986), "Nuevos sujetos sociales: la presencia política de las mujeres en América Latina", en *Nueva Antropología*, vol. 8, núm. 30, México.

Barrington, Moore (1978), *Injustice. The social bases of obedience and revolt*, Sharpe, Nueva York.
Carreras, María (1990), "La mujer en la vida familiar", UNAM, Instituto de investigaciones jurídicas, mimeo.
Comisión Económica para América Latina (CEPAL) (1985), *Mujeres jóvenes en América Latina*, Arca, Montevideo.
Ergas, Yasmine (1990), "Convergencias y tensiones entre la identidad colectiva y los derechos de ciudadanía social: las mujeres italianas en los años setenta" , en *Debate Feminista*, núm. 2.
Fempress (1987), número especial "Demandas de mujeres. Latinoamérica" "Mujer y Democracia", Santiago de Chile.
Haug, Frigga (1989), "Algunas enseñanzas del movimiento feminista de Europa Occidental", en *Debates*, núm. 27.
Isis (1987), *Mujeres, crisis y movimiento. América Latina y el Caribe*, Isis Internacional, Mudar, Santiago de Chile.
Jelin, Elizabeth (1987), *Ciudadanía e identidad. Las mujerse en los movimientos sociales latino-americanos*, UNRISD, Ginebra.
Kirkwood, Julieta (1986), *Ser política en Chile*, Flacso-Santiago de Chile.
Lauretis, Teresa de (1990),"La esencia del triángulo, o tomarse en serio el riesgo del esencialismo: teoría feminista en Italia, EUA y Gran Bretaña", en *Debate Feminista*, núm. 2, México.
——— (1984), *Alice Doesn't*, Indiana University Press, Bloomington.
———(1986), *Femenist Studies/Critical Studies*, Indiana University Press, Bloomington.
Marías, Julián (1981), *La mujer en el siglo XX*, Alianza Editorial, Madrid.
Mathieu, Nicole (1985), *La conscience dominée*, Seuil, París.
Mizrahi, Liliana (1988), *La mujer transgresora. Acerca del cambio y la ambivalencia*. Grupo Editor Latinoamericano, Buenos Aires.
Peña Marín, Cristina (1986), "La identidad en la frontera con los otros", en *Revista de Occidente*, núm. 56.
Pérez Agote, Alfonso (1986),"La identidad colectiva: una reflexión abierta desde la sociología", en *Revista de Occidente*, núm. 56.
Pérez Duarte, Alicia Elena (1990), "La maternidad relato de una contradicción", UNAM, Instituto de investigaciones jurídicas, mimeo.
Sau, Victoria (1986), *Aportaciones para una lógica del feminismo*, La sal Edicions de les dones, Valencia.
Varea Falcón, Ma. de los Ángeles (s.f.), "Palabras de mujer, para disipar un poco de ese humo en los ojos (apuntes para una historia política de la mujer)", UNAM, Instituto de investigaciones jurídicas, mimeo.
Vargas, Virginia *et al.* (1987), *Jornadas Feministas. Feminismo y sectores populares en América Latina*, EMAS, CIDHAL, GEM, MAS, CEM, COVAG, APIS. México.
Varias autoras (1985), *Mujer y desarrollo*, Flora Tristan-DESCO, Lima.

EL MODELO MARIANO DE IDENTIDAD Y LA VOCACIÓN RELIGIOSA A FINES DEL SIGLO XX: ELEMENTOS HACIA LA CONSTRUCCIÓN DE NUEVOS PARÁMETROS DE EMANCIPACIÓN FEMENINA

MARÍA GABRIELA HITA DUSSEL
El Colegio de México

A la luz de una reflexión sobre la vida conventual femenina se analizan, en este trabajo, características de un grupo de monjas mexicanas de la actualidad que puede permitirnos una primera aproximación a una importante faceta de la identidad femenina: aquella que a partir de la concepción cristiana sobrevalora el papel de madre y el de virgen. En México y en América Latina esta identidad es interiorizada por los fieles pero también por grupos que no se consideran cristianos.[1]

El grupo de mujeres estudiado se caracteriza básicamente por la opción de vivir en comunidad religiosa, cosa que las excluye automáticamente del ciclo de vida familiar tradicional de la mayoría de las otras mujeres: no se casan, no tienen hijos ni una vida familiar propia.

Es importante aclarar el carácter predominantemente modelizante o de tipología de este artículo. No se realiza un estudio estricto de la realidad y del contexto del grupo analizado, más bien se usa la

[1] Es por demás conocida la técnica, utilizada sobre todo en antropología y psicología social, que toma el comportamiento de grupos marginales o específicos para aproximarse y explicar aspectos comunes a los de la gran masa mayoritaria, mediante la comparación, identificación y diferenciación de ambos conjuntos. No es el objetivo de la investigación, pero en un futuro se podría aprovechar el contexto que estas reflexiones proporcionan para incursionar hacia algunas generalizaciones en grupos más amplios de mujeres que pasan por procesos similares de constitución de personalidad.

información al respecto como base para identificar algunos posibles motivos por los que se elige la vida religiosa, pero principalmente para construir un modelo de liberación o un tipo ideal del vivir religiosamente, lo que no significa que así sea la realidad de estas mujeres. Pienso que el modelo tiene sentido desde sus experiencias y que en casos excepcionales es alcanzado por algunas de ellas. Lo rescatable de esta reflexión radicaría principalmente en el intento de ubicar y describir elementos constitutivos de un modelo de emancipación femenina desde el ámbito religioso, lo que puede ser una provocación para una mayor reflexión de esta línea en el mismo ámbito o en el académico de orientación feminista.

La primera parte del artículo presenta algunas perspectivas que relacionan cuestiones de la identidad femenina, especialmente la latinoamericana, con el mundo de lo religioso. Es lo que la literatura pertinente ha denominado "...identidad femenina y culto mariano".

La segunda parte denominada "¿Por qué se elige la vida religiosa como *modus vivendi*?", interrelaciona algunos motivos que conducen a la elección de vida religiosa.

La tercera, "Consideraciones empíricas sobre la vocación religiosa", analiza datos de un grupo de monjas de la actualidad que apoyan algunas de las reflexiones de los dos apartados anteriores. Finalmente, se presentan las conclusiones del trabajo.

IDENTIDAD FEMENINA Y CULTO MARIANO

¿Qué es la identidad femenina?, ¿cómo se construye? Sin adentrarme en la problemática, ampliamente desarrollada por otras autoras de este libro, me limito a comentar que la identidad femenina, asociada tradicionalmente con la visión emocional del mundo, se ha ido formando a través del tiempo sobre el modelo del otro: el hombre, asociado a lo racional. El hombre, apoyándose en ideologías y sociedades patriarcales, se adjudicó un papel protagónico en la historia. Este papel masculino protagónico es también el elemento ideológico-normativo original y básico de la Iglesia católica que se edifica sobre la base de un Dios padre creador y un hijo encarnado hombre que viene a salvar a la humanidad. Hasta la fecha, el catolicismo ha sido uno de los cauces más idóneos para el mantenimiento y legitimación de la cultura patriarcal.

Para Maribel Aler Gay (1981), la Iglesia ha estado encargada a través de los siglos, de la educación femenina, ha definido la femineidad y creado una realidad femenina acoplada a sus intereses. Con el mito de la creación en el *Génesis*, da un sentido histórico de lo masculino y lo femenino: enmascara la masculinidad profana en una masculinidad sagrada protagónica. El hombre se adjudica ser a la imagen y semejanza de Dios, reduciendo la femineidad a la categoría de "segundo sexo", cuerpo de segunda producción, fruto de un matrimonio masculino con un soplo divino y esencialmente transgresor. Esta transgresión del "protagonismo mítico pecador" de Eva podría perfectamente ser identificado con un acto de "no sumisión", de protagonismo desmesurado respecto del motivo de su creación.

En el análisis del mito de la creación la autora sugiere que el relato del Génesis es un mecanismo regulador (un control normativo masculino de conductas transgresoras femeninas), mediante la sanción que otorga a cada uno de los sexos en tal mito: la consagración patriarcal de la división sexual del trabajo (se castiga a la mujer con la maternidad dolorosa y al hombre con la manutención de la especie). Es de creerse que si no hubiera habido casos concretos de transgresión en el comportamiento de género de los primeros cristianos, cuando el hombre es el que escribe La Biblia bajo su propia óptica, entonces, no hubiera sido necesario sacar a la luz una norma punitiva plasmada en el mito de la creación. Lo más curioso es que el "protagonismo mítico pecador" de Eva es utilizado como argumento legitimador de la desposesión del papel de la mujer como sujeto de la historia. Esto porque, mediante la sanción, se refuerza la causa de su creación (destinada a la maternidad y en una posición de dependencia en relación con el hombre) y se la culpa de los males de la condición humana, de una historia en la que no ha sido en realidad la principal actora (lo que es una ironía sin medida).

En una posición de desigualdad respecto del hombre, destinada a la maternidad y al hogar, la Iglesia define al matrimonio como la mediación más idónea para que la mujer alcance su destino (reproducción de la especie). El sacramento matrimonial cristiano, definido por el derecho canónico desde el Concilio de Trento (1545-1563), afirma la igualdad espiritual pero no material de la mujer frente al varón.[2] El matrimonio sigue siendo por definición monogámico, jerárquico e indisoluble desde la perspectiva de la Iglesia católica.

En la concepción cristiana predomina una moral dualista que divide la naturaleza femenina en dos facetas: la mujer pagana (Eva)

[2] A pesar de que en la actualidad la Iglesia ha moderado su discurso, evitando hablar de subordinación o inferioridad de la mujer, en lo esencial no hizo ningún cambio notable en el mismo. Ahora utiliza el término "diferencia de misiones". Véase el análisis que hago del documento de J. Pablo II: "Mullieris Dignatem, 1988" (Hita, 1988) en el que se verifica que se continúa reduciendo la misión de la mujer al papel de virgen y/o madre (esposa).

versus la cristiana (María). Estas dos figuras son construidas y acentuadas en función de lo masculino (profano o sagrado). En los roles comportamentales, Eva es identificada con las siguientes etiquetas: desobediente, rebelde, activa, sexualizada; y a María se la identifica con las siguientes: obediente, sumisa, pasiva, desexualizada. A Eva se le han adjudicado los sambenitos de pecadora, culpable (condena a la humanidad), profana, manchada, castigada (con la muerte). Y entre las virtudes y prebendas de María están el ser redentora, inocente, sagrada, inmaculada, premiada (con la vida eterna).

En la institución Iglesia sigue predominando la idea de que las mujeres nacen Evas transgresoras con una tendencia natural a la debilidad, asociable a la prostitución.[3] De allí que debamos ser domesticadas cristianamente para alcanzar el modelo de María, que redime de la femineidad pecadora. Se utiliza entonces la imagen de María-virgen-madre como modelo de identidad.

Para algunos autores es en el culto mariano donde se sintetizan dos importantes procesos de la cultura latinoamericana: el sincretismo religioso y el mestizaje del colonizador con el nativo —ubicados como primordiales en la conformación de la identidad, incluso la de género (Montecino *et al.*, 1988).[4]

Estas autoras hacen una interesante reflexión mediante la propuesta de restituir la red de signos y sus diversos significantes,

[3] "La suciedad con que la moral católica rodea a la prostituta por el uso indiscriminado de la carne bajo las consignas de la neutralidad afectiva y nulidad procreativa, es la amenaza simbólica más convincente para que la mujer acepte con humildad el corsé cristiano, llegando a convertirse la propia mujer en acérrima defensora de su negación como sujeto de su biografía, de la desposesión de su cuerpo, de su sexo, de su sexualidad". (Aler Gay, 1981: 242). A este respecto, es muy interesante la perspectiva sobre el cuerpo introducida por algunos teólogos de la liberación (Dussel en un nivel de mayor abstracción y Gevara en lo que respecta a la sexualidad de la "temida madre de los vivientes" que es Eva). Sobre la recuperación teológica del cuerpo dice Gevara: "Tomar al cuerpo como punto de partida de la teología es abrazar una antropología unitaria que intenta superar los dualismos y englobar las ambigüedades inherentes a la existencia humana. Esta antropología parte de la historia, o sea, de aquello que los ojos pueden ver del comportamiento humano y a partir de él, humanizarlo. No se trata de establecer de antemano un ideal para ser seguido por todos, pero algunos criterios a partir de los cuales la conducta humana podrá orientarse, criterios que no son exteriores a la maravilla del cuerpo, pero que parten de esa realidad fundamental que nos constituye." (Gevara, 1989: 21)

[4] Por un lado está la imagen de la Virgen madre salvadora y por otro el de Eva pecadora que nos condena. Montecino explica este territorio ambivalente de la identidad femenina como fruto de dos miradas en el caso específico latinoamericano: la del europeo, amante, que asignará a lo femenino un carácter malvado y la del mestizo, hijo, que deifica lo femenino materno atribuyéndole carácter sacro a la mujer.

a lo largo del tiempo, a los que consideran como un modo específico de identidad de nuestro ser mestizo. Partiendo de la especificidad cultural latinoamericana del mestizaje como un rasgo propio de nuestra identidad, se construye la idea de que el hijo del encuentro de lo hispano (también lusitano para la parte de habla portuguesa del continente) y lo indígena (e incluso, lo africano) irá a reconocerse, formar su identidad, a través de la figura concreta de la madre presente y no de un padre genérico ausente. En efecto el padre normalmente es "el blanco", y por lo general no reconoce a su descendencia mestiza, ni es identificado concretamente por el hijo como padre.

Así, la mujer se identificará con el papel de madre[5] y el hombre solamente se podrá identificar con el rol de hijo de la mujer, pues su único punto de referencia ha sido la relación personal con su madre; no tiene una imagen de padre en qué mirarse, ésta queda escindida. Esta "ausencia" del padre del círculo familiar ha sido definida simbólicamente como poder en nuestra cultura, ya que se identifica con la presencia del hombre en el círculo público, externo al hogar.

Si el mestizaje es un rasgo específico de nuestro ser latinoamericano, no lo es menos el sincretismo religioso. La deificación de lo femenino es un proceso que emana del universo mestizo: las antiguas diosas tutelares indígenas, los cultos a la fertilidad, a la madre tierra se unirán a la imagen cristiana de la Virgen, para erigir un símbolo femenino dotado de poder. En el nuevo sentido (*ethos*) que se gesta, lo femenino es categorizado como imagen preponderante de la simbología religiosa[6] y en la historia. Para ejemplificar, el papel que desempeña la Virgen de Guadalupe en el sentimiento y definición de nacionalidad del mexicano es por demás significativo. Con palabras de Sonia Montecino:

> La Virgen de Guadalupe expresa un carácter de símbolo nacional englobando principios abstractos y concretos. La complejidad y heterogeneidad mexicana se "reconcilian" en Guadalupe. El origen del

[5] Papel que luego el sincretismo religioso realzará en la figura de la Virgen que para los cristianos es también una figura concreta históricamente, una Diosa madre concreta frente a un Dios padre abstracto, de los que nace un hombre-Dios-hijo concreto.

[6] La imagen de María como madre es introducida en la historia cristiana desde el inicio, pero no los dogmas respecto de ella. Ellos aparecen más tarde y curiosamente coinciden con los primeros pasos del feminismo, para frenar su crecimiento y fortalecer la definición patriarcal de lo femenino. Según los datos de Maribel Aler Gay, el dogma de la Inmaculada Concepción surge en 1854 y el de la Asunción en cuerpo y alma a los cielos, en 1952.

> culto guadalupano no es distinto al de otras devociones marianas de A.L., se gesta en el sincretismo de la veneración indígena Tonatzin y la Virgen María del cristianismo, alegorizando una "diosa-madre" para los mexicanos conquistados. Su simbología garantizó un lugar dentro de una nueva sociedad para los indígenas y, a su vez, otorgó ubicuidad a ese gran grupo de desheredados... que surgió en Nueva España de hijos ilegítimos de padres españoles y madres indígenas..., a esos marginales que no tuvieron un espacio en el universo indio ni en el español: los mestizos. Ellos obtendrán un sitio en el mundo por medio de la imagen de Guadalupe... que vino a representar no solamente la garantía de un lugar asegurado en el cielo, sino la garantía de un lugar en la sociedad aquí y ahora. De allí entonces que la guerra de la independencia la realizan los insurgentes bajo el emblema de Guadalupe y que la promesa de vida de la madre sobrenatural se convierte en la promesa de un México independiente, liberado de la autoridad de sus opresores (el Dios-Padre español) (1988: 508-509).

Para concluir estas primeras notas sobre la identidad femenina a partir del modelo cristiano, se puede pensar, por un lado, que la sobrevaloración de lo materno en el culto mariano es un rasgo que hace posible visualizar la presencia y cristalización de la síntesis colonizador-nativo en la cultura latinoamericana. Por otro, la imagen de una Virgen madre todopoderosa, dadora de vida y cobijo, es síntesis del modelo idóneo en el que las mujeres, sobre todo las cristianas, deberían reflejar su ser mujer hasta los días de hoy. Modelo que puede ser leído por el sujeto que lo incorpora desde una perspectiva de reproducción de estados subordinados de la mujer o desde una que lo libera de ellos. Los sujetos históricos que más se acercan al modelo de la Virgen María son las monjas -junto al grupo de laicas más profundamente socializadas por la Iglesia, que en última instancia se acercan al rol de la religiosa en nuestra sociedad- sobre cuya identidad nos interesa especialmente profundizar.

¿Por qué se elige la vida religiosa como *modus vivendi*?

Según Montecino, la monja asume existencialmente el modelo de la Virgen María. Su vida conventual es símbolo y lugar de realización de los valores que la cultura ritual católica asigna a la mujer. En el claustro se reproduce el hogar (poblado enteramente por mujeres) como un territorio donde la oración y contemplación dan lugar al pensamiento y a la creación. El ausentarse del mundo cotidiano de la mayoría de mujeres (matrimonio, maternidad, vida familiar, etc.), les permite a las monjas disponer de un mayor tiempo para forjar el mundo,[7] recrearlo desde lo que está vedado a la mayoría de mujeres que están en la dinámica de la producción y reproducción doméstica. La monja traspone la "prisión terrenal" del ser mujer, escapando a la experiencia materna (lo que puede ser considerado también como una desventaja), pero recupera una ausencia: el nexo sublime y eterno con "el amado", Dios. Despojada de las "ataduras de una vivencia en el mundo", se vincula con esa figura masculina presente y dominadora que genera el orden: el Dios padre (Montecino, 1988), al que puede más fácilmente amoldar a sus expectativas por no tratarse de un hombre concreto.

Esa posibilidad de liberación y de creación del mundo no es siempre real. La idea de que la vida religiosa libera a las monjas de enfrentarse a situaciones de la cotidianeidad femenina, identificadas como focos de su subordinación, es bastante sugerente aunque algo compleja. Su complejidad radica, en parte, en el carácter estructural e ideológico específico de la institución en la que estas mujeres se insertan. Se trata de una Iglesia patriarcal y jerárquica que reproduce la rígida división sexual del trabajo, legitimándola mediante un amplio consenso ideológico de sus integrantes y reforzándola por su sólida estructuración y distribución de roles en su interior. En este espacio, potencialmente liberalizador, la mujer tiene un papel muy restringido si se lo compara con el del hombre. En efecto, el ejercicio de los poderes de orden y jurisdicción es prácticamente nulo pues le está vedado el acceso al sacerdocio y por ende a los cargos superiores de éste. Además, la monja debe someterse, mediante el voto de obediencia, a los designios de sus superiores que son hombres (en la estructura más amplia, hacia fuera de la propia congregación). Por lo general, es la encargada del trabajo doméstico (repetitivo y poco creador) en el interior de la Iglesia[8] y en su misión de "servicio" se identifica una connotación peyorativa que le atribuye roles subordinados reducidos a las funciones de ayuda sin más pretensión. Esta misma palabra no tiene el mismo sentido para el caso de los sacerdotes, donde servicio significa el acceso al poder de decisión.[9] Desde esta perspectiva estructural, hay que reconocer el fuerte sesgo ideológi-

[7] Aunque este forjar generalmente no es transformador de la realidad, predomina la actitud de apartarse del mundo y crear uno propio.

[8] Aunque es necesario hacer la salvedad de que esta generalización sobre la división sexual del trabajo en la totalidad de la Iglesia carece de fuerza, ya que la división varía de comunidad a comunidad.

[9] Para profundizar el doble sentido del término "servicio" en documentos y reflexiones eclesiales, véase el artículo de M. Dumais (1987), "El servicio de la mujer ¿una sumisión inevitable?"

co de la institución que tiende a definir modelos de personalidad y procesos de identificación de sus integrantes que los despersonalizan más de lo que les permiten tener un propio desarrollo crítico y contrario al esquema general de la institución. Sin negar la influencia de esta fuerte tendencia en el interior de la Iglesia, me aventuro en adelante a intentar descubrir y describir elementos que podrían ser la base de una práctica más transformadora y constitutiva de una nueva identidad.

Así es que, reconociendo las restricciones y contradicciones de la situación de la monja en el "ambiente eclesiástico", sostengo que el "espacio religioso" es potencialmente liberalizador. En parte, porque permite al sujeto escapar de lo inmanente cotidiano mediante la recreación del mismo en los tiempos dedicados a la reflexión u oración (que por gusto u obligación debe llenar). Aunque es común la utilización de ese espacio de reflexión de una manera automática y enajenante, el tiempo ahí está y existe, lo que potencializa un uso más creativo del mismo. Por otro lado, la monja no tiene la misma carga de trabajo doméstico que una laica, madre de familia, carece de responsabilidades directas para con terceros tales como serían los hijos y esposo, y la división de tareas con otras hermanas de su comunidad es equitativa. Aunque también se sabe al respecto, que en ocasiones se da una división social del trabajo al interior del convento según capacidades intelectuales y manuales de sus integrantes, aún así, no se puede comparar con la carga de trabajo de una laica. Con todo esto, aún sería aventurado afirmar que el mayor tiempo de reflexión y una menor carga de trabajo doméstico son condiciones suficientes para suponer un mayor ejercicio de la libertad de manera creativa y constructiva en este grupo de mujeres. Elementos a rescatar sí, pero insuficientes para hablar de "emancipación". Para alcanzar este estadio sería necesario también poseer una actitud crítica y comprometida en relación con la realidad, esto es, insertarse en un proyecto de vida para superar estados de opresión y negación de los individuos. En el caso de ciertas mujeres puede llegar a encontrarse una fuerte resistencia y conciencia feminista que denuncia y actúa contra la tradición patriarcal de su Iglesia. En este caso sí se podría hablar de una mujer emancipada, consciente de su papel como sujeto de la historia y no como mera reproductora del sistema. Este tipo de mujer es lo que sería para Simone de Beauvoir el prototipo de la mujer independiente (que se podría ejemplificar con la vida de sor Juana Inés de la Cruz o también con la de algunas teólogas eminentes o monjas de la actualidad).

Pensando en otro tipo de conjeturas respecto de la opción religiosa, para la misma De Beauvoir, muchas de las mujeres que se inclinan a la vida religiosa están simplemente respondiendo a un fuerte impulso narcisista de saciar sus deseos de ser amadas. Mediante esta opción, se apoderarían simbólicamente del cielo entero para usarlo como espejo de su insuperado narcisismo. En un planteamiento complementario, hay autores que defienden la idea de que se elige el celibato como modo de vida porque existe el sentimiento de ser diferentes de los otros[10] (y no como un mero acto de alienación o rebelión); porque se desea "no ser parte del mundo", escapar a lo inmanente para estar más cerca de lo trascendente (Montecino *et al.*, 1988; Jelin, 1989). De ahí que aparezca todo un espectro de sentimientos en torno a la vocación religiosa, como sentirse llamados y elegidos para cumplir una misión, que está dominado por la idea de que la mayoría de las personas son incapaces de realizar dicha vocación. Bajo las imágenes de humildad, caridad y abnegación muy desarrolladas en los conventos femeninos, parecería que predominara un implícito sentimiento de superioridad, de logro de un distanciamiento de lo mundano y profano que desprestigia a la condición humana, una sensación de perfección que colocaría a las religiosas por arriba de los demás.

Otros autores han descrito condiciones y circunstancias concretas como restricciones sociales, que pueden conducir a la elección de la vida religiosa o al celibato. En esta dirección E. Jelin (1989) plantea tres dimensiones básicas, que deben tomarse en cuenta para saber por qué hay gente que opta por el celibato, la soledad y no por la vida matrimonial. En primer lugar, está la factibilidad del matrimonio (relación existente entre matrimonio y condiciones económicas).[11] En segundo, la deseabilidad del

[10] La elección de la soledad (celibato) como fruto del reconocimiento de la diferencia es discutida por Foucault y Sennet, que dicen en cita tomada de E. Jelin: "La soledad de la diferencia, de una vida interior que no es mero reflejo de los otros, es del mismo modo histórica... El sentido de separación, de diferencia... es una experiencia tremendamente confusa en la sociedad moderna. Una de las causas de esa confusión consiste en que nuestras ideas sobre la sexualidad, como índice de la conciencia de sí, nos dificultan la comprensión de por qué nos apartamos de otros individuos de la sociedad" (Jelin, 1989: 124).

[11] Las tasas de matrimonio varían en función de las diferencias en el bienestar relativo de las distintas clases sociales. En épocas de recesión y crisis económicas, la nupcialidad tiende a disminuir temporalmente (Jelin, 1989). Por otro lado, las tasas de celibato en mujeres varían según las clases sociales; en un estudio de Ojeda (1989) para México, se constata que el celibato entre la "nueva pequeña burguesía" es de 1.8% y entre campesinas y trabajadoras del campo de 11.3% (Jelin, 1989). Éste es un dato importante para este estudio, dado que el grupo que aquí se analizará está predominantemente constituido por campesinas o mujeres provenientes de estratos socioeconómicos bajos.

matrimonio -normas culturales que gobiernan los patrones de matrimonio y las funciones opcionales existentes para hombres y mujeres.[12] Y tercero: la disponibilidad de cónyuges -los porcentajes de los sexos combinados con los patrones culturales referentes a la diferencia de edad preferida entre los cónyuges. De todo esto se extrae que cuando se restringen las posibilidades de matrimonio (ya sea por cuestiones individuales, económicas o culturales), la opción religiosa es una alternativa atrayente para determinado tipo de mujeres, especialmente para el que aquí se analiza (véase Jelin, 1989; Hita, 1988; Lavrin, 1972).

Pero por encima de todos estos posibles motores motivacionales hacia el celibato, el profundo sentimiento religioso parece ser la condición principal y primera que conduce a la opción por la vida en congregación religiosa. Para Lavrin, la decisión de ser monja es resultado de la fe y de una educación religiosa particularmente fuerte. En la época colonial predominaba, en la vida monástica, la esperanza de llevar más perfectamente la vida y de ganar la salvación eterna. Por eso, la fe en los principios en los que fueron socializadas por su religión, el tener una cierta cercanía con ese mundo, incluso a través de parientes religiosos influyentes y determinantes en su experiencia concreta, ha sido un importante prerrequisito para optar por la vida religiosa. Aunque podrían estar en juego otros factores preponderantes, como el difícil acceso al matrimonio o el considerarse al convento como un espacio estratégico de ascenso social, la inclinación religiosa debía ser asegurada de antemano (raras deben haber sido, y ser, aún en nuestros días, las excepciones a este caso). Por lo demás, predominaban en la época colonial criterios clasistas para el acceso a los conventos, hecho que restringía considerablemente la entrada de mujeres al convento por motivos económicos y de acceso a la cultura (como la búsqueda de ascenso social). Este tipo de factor económico (en el sentido de contar con recursos) parece haber perdido el sentido que tuvo antes, aunque la cuestión de la dote parece seguir teniendo vigor en nuestros días. Aun cuando simbolice el ingresar con un pequeño y mínimo ajuar (cosa que no es fácil conseguir para personas de clases bajas) (Grossi, 1990).

[12] Hay dos procesos culturales fundamentales por su importancia en la incidencia del celibato que se relacionan con las normas culturales que influyen en los patrones de nupcialidad y éstos son los procesos históricos de individualización (donde el ego, el sujeto, las fuerzas internas y psicológicas son la base del comportamiento de las personas que buscan realizarse en contextos alternativos a los normativos, en este caso el matrimonio) y los cambios en la posición social de las mujeres (Jelin, 1989). A ellos se suman todas las implicaciones que de ellos puedan advenir, como la dificultad de adaptación a estos cambios en los hombres o de ausencia de un modelo paralelo de hombre para las mujeres.

Estas reflexiones sobre por qué algunas mujeres optan por la vida religiosa o célibe, me permiten reflexionar, en alguna medida, lo que son, piensan y por qué posiblemente optan por la vida religiosa, un grupo de religiosas de la actualidad.

CONSIDERACIONES EMPÍRICAS SOBRE LA VOCACIÓN RELIGIOSA

Sin pretender inferir sobre la totalidad de mujeres que se conducen hacia esta senda, me propuse indagar aspectos que me acercan a algunos motivos que conducen a la vida religiosa y características generales de la identidad de un pequeño grupo de monjas (28) de una congregación mexicana guadalupana, cuyas integrantes se caracterizan en su mayoría por provenir de estratos socioeconómicos bajos. En dos ocasiones he podido entrevistarlas formalmente, además de haber convivido dos años con ellas, al impartir clases en su institución de enseñanza. En el primer contacto formal se entrevistaron 27 mujeres que vivían en la comunidad religiosa. De éstas, 24 pertenecían a la comunidad, las tres restantes eran laicas internas que a cambio de servicios (de limpieza), tenían vivienda, comida y escuela. En el segundo contacto se recuperó información sólo de 17 de las 24 y de una monja de otra congregación que no había estado anteriormente. Así, de las 25 sujetos (entre ambas encuestas), 19 de ellas eran postulantes guadalupanas, dos religiosas (o sea que ya habían profesado) y cuatro de otras congregaciones.

La congregación estudiada es, según información de una de sus integrantes, un instituto secular que agrupa personas que están dispuestas a dar su vida a Dios y al servicio de los demás; se caracteriza por compartir el mismo fundador, un reglamento propio basado en el de los benedictinos,[13] un espíritu mariano, una mística (manera de vivir) específica y un carisma orientado a la educación como misión asistencial. Consideran necesario en la vida material diaria disponer de una buena alimentación, trabajo, momentos de descanso y preparación intelectual (disponen de dos horas diarias de lecturas libres).

Algunos de los criterios citados para el ingreso en la congregación son la salud (no permiten el ingreso de personas con enfermedades mortales o determinado tipo de deformaciones

[13] De manera resumida, las reglas principales de los benedictinos son: rezar en común (lecturas, cantos, etc.); trabajar para la autosubsistencia (en el caso de esta congregación el medio es el instituto de enseñanza que las sostiene); y los votos de estabilidad (explicitado por integrante), pobreza, castidad y obediencia. Al respecto ver el trabajo de Catherine Baker (1979), *Les contemplatives, des femmes entre elles.*

físicas que impidan estar al servicio de los demás), el ser piadosa y responsable. Antes de profesar, hacer votos y convertirse en monjas, las postulantes deben pasar por un año de aspirantado externo, en el que institución y candidata se conocen, estudian la viabilidad mutua del "contrato a firmar". En este periodo la institución analiza la estabilidad afectiva y familiar de la aspirante para no permitir ingresar a personas que serían problemáticas. Después del aspirantado, la joven pasa por uno o dos años como postulante en una casa de formación de la institución. Este periodo, en el que se denominan "junioras", es de convivencia comunitaria y de preparación para profesar, tienen una superiora que se encarga de la preparación teológica y se les permite continuar sus estudios escolares.[14]

Ésta es a grandes rasgos una somera caracterización del grupo que se analiza. Lo que se presenta en seguida es una primera sistematización e interpretación de la información pertinente acerca de algunos motivos que posiblemente entran en juego en el momento de elegir la vida religiosa, información, que de manera más indirecta, nos aproxima a la forma de pensar y a facetas de la identidad de estas religiosas.

En primer lugar, se analizarán las variables de origen social y de exposición al mercado matrimonial (ambas refiriéndose a información de tipo objetiva); luego, representaciones sociales de estas sujetos que refuerzan su posición y coherencia frente al mercado matrimonial. Esta información es de tipo subjetivo, y es el mecanismo mediante el que el individuo asocia y define sus distintos niveles de identidad. Finalmente se trabajarán algunos de los motivos explicados por ellas que las conducen a la vida religiosa.

En un segundo momento, se trabajarán variables que caracterizan al grupo estudiado y le otorgan especificidad, trazos de

[14] Fue justamente en este momento que realizamos nuestro primer contacto, a principios de 1988, cuando la mayoría de ellas cursaba el 2o. año de preparatoria en una escuela de la misma congregación a la que pertenecen. En ese entonces la encuesta aplicada contenía un universo de informantes mayor, pues incluyó también grupos de estudiantes laicas. En esa instancia se levantaron una serie de datos personales (socioeconómicos, de religiosidad, etc.) y sus posturas frente a representaciones sociales de la mujer (en relación con el trabajo y sexualidad). El segundo contacto formal se realizó a fines de 1989, cuando se precisaron algunos datos socioeconómicos de este grupo de junioras, que para entonces ya habían profesado y estaban terminando el 3o. de preparatoria. Se indagaron algunas de sus representaciones sobre el papel de la monja en la Iglesia, sobre el sacerdocio femenino y la imagen de María; de paso se les pidió que explicaran cómo y por qué habían optado por la vida religiosa.

identidad compartidos por todas y que aunados a los anteriores, van conformando una nueva identidad colectiva. Estas variables son la religiosidad anterior al ingreso a la congregación y sus representaciones sobre la Virgen María y sobre la mujer en el ámbito público.

Origen social

El factor económico es indudablemente determinante en la vida de estas mujeres. Provienen de estratos socioeconómicos bajos, de familias numerosas y extensas, con bajos niveles de escolaridad y un acceso restringido a bienes materiales y sociales. La mayoría proviene de zonas rurales y de estados pobres de México, y sólo una de las 18 a las que se les pudo preguntar sobre información socioeconómica venía del DF.

La profesión de sus padres, por lo general no calificada, se distribuye en los rubros presentados en el cuadro 1. La escolaridad de sus padres es bajísima y se señala en el cuadro 2. Provienen de familias extensas, donde la cantidad de miembros en la familia es elevada y, por lo regular, convivían con ellas parientes que no son del grupo nuclear (véase cuadro 3). En muchas de estas familias más de un miembro trabaja y aporta con su sueldo al ingreso familiar (cuadro 4).

Todo este conjunto de información respecto del origen social, de la clase económica de adscripción del grupo, delata su pertenencia a un sector desfavorecido de la sociedad. Sus características físicas, culturales y económicas permiten suponer que el mismo corresponda al del mestizo latinoamericano del que hablaba Montecino, aquel tan predispuesto al sincretismo religioso que exalta la figura de la madre y el valor de la virginidad.

Circunscritas a este medio tan marginado, las mujeres estudiadas tendrían como alternativas, casarse con un hombre de su medio que difícilmente podrá escapar de ese círculo de miseria, y/o emplearse como jornaleras agrícolas o como trabajadoras domésticas. Ello significaría permanecer en lo mismo, reproducir su estatus social anterior en lo esencial. Esta opción no es una verdadera alternativa para una joven con deseos de superación.

Ante la restricción del acceso a bienes materiales y sociales, la alternativa religiosa es indudablemente preferible; gracias a ella aseguran casa y comida de por vida, acceso a la educación, un estatus social y mayor poder frente a la sociedad.

La movilidad social ascendente en este grupo de mujeres es consecuencia objetiva de su nuevo tipo de vida, éste es un hecho

Cuadro 1

Profesión de sus padres	
Campesinos	6
Comerciantes por su cuenta	3
Barrenderos	2
Choferes	2
Guardador de carros en restaurante	2
Zapatero	1
Policía	1
Operario civil en construcción de carreteras	1
Total	18

Cuadro 2

Escolaridad de los padres	
Ninguna	9
Primaria incompleta	3
Primaria completa	7
Secundaria (tío)	1
Total	20

Cuadro 3

Número de miembros por hogar	
Familias con 3-6 miembros	2
Familias con 7-9 miembros	7
Familias con 10 o más miembros	10
Total	19

Cuadro 4

Número de miembros en la familia que aportaban al ingreso familiar	
Uno aportaba	3 familias
Dos aportaban	7 familias
Tres o más aportaban	8 familias
Total	18 familias

que no requiere discusión. Pero si esta movilidad ha sido buscada o no por ellas, y en el caso de que lo fuera, hasta dónde ha sido consciente; todo ello nos remite a un problema de índole distinta, que más que probarse, podrá ser planteado en un nivel hipotético y no en uno explicativo. El análisis de las dos siguientes variables motivacionales relacionadas con la adscripción de clase (exposición al mercado matrimonial y representaciones sexuales sobre el matrimonio) irán en este sentido. Ellas permiten suponer que hay una actitud de rechazo a la alternativa de vida matrimonial o de celibato laico (se rechazan así, formas convencionales de la identidad femenina) y una elección consciente de la alternativa religiosa. Esta elección las obliga a construir una nueva identidad positiva y fuertemente integrada (sea ésta desde una perspectiva de salud mental o no), al mismo tiempo que les da acceso directo a un rango social más elevado que el original.

Exposición al mercado matrimonial

Para el análisis de esta variable se conjuntaron dos indicadores: la edad de ingreso a la congregación y haber tenido o no alguna experiencia de noviazgo anterior a su ingreso. Estos dos elementos básicos de nuestra variable son requisitos culturales citados por Jelin en su trabajo sobre el celibato.

La distribución de edad de ingreso a la congregación se presenta en el cuadro 5. Es significativa la indicación de una temprana entrada a la congregación, cuando aún son muy inmaduras para tomar una decisión tan definitiva, cuando posiblemente no han experimentado suficientemente para poder considerar la posibilidad de otras opciones. Más de la mitad, 13 de 17, contaban con menos de 19 años en el momento de la elección. Esto es más significativo si se considera que en México la edad promedio en que contraen nupcias las mujeres es de 22.08 años, y que aun en sectores rurales donde el promedio es más bajo, éste es de 19.2 años (Ojeda, 1989).

Al averiguar cuántas de ellas tuvieron novio antes de ingresar, de 25 monjas, 14 declararon haber tenido alguna vez novio y poco menos de la mitad, 11, nunca tuvieron novio, lo que es una proporción significativa estadísticamente hablando. Al relacionar este indicador con el de edad de ingreso a la congregación, se construye una interesante variable que podemos considerar como otro patrón cultural que viabiliza o dificulta la posibilidad de contraer nupcias.

Así, de las 14 monjas que tuvieron novio alguna vez, se pudo comprobar la edad de ingreso al instituto en 11 de ellas, de las otras tres se hizo una estimación aproximada (véase cuadro 6). Estos datos indican que aun aquellas que alguna vez tuvieron novio, eran muy jóvenes para haber tenido un tiempo de exposición considerable a la relación como para tomar la decisión de negar el matrimonio de por vida. Muchos de estos casos serían similares a los de las que nunca tuvieron novio (o en otra suposición, podrían estar expresando algún tipo de trauma que las cerró a nuevas experiencias de pareja, cosa que ameritaría ser estudiada a futuro).

Cuadro 5

Edad de ingreso del sujeto a la congregación	
Menos de 15 años	3
Entre 16-18 años	10
Entre 19-25 años	2
Más de 25 años	2
Total	17

Cuadro 6

Edad de ingreso a la congregación de religiosas que tuvieron novio	
Entre 15-16 años	6
Entre 18-19 años	4
20 años (o menos)	2*
30 años (o menos)	1*
Con 33 años de edad	1
Total	14

* Estos datos fueron estimados con base en la edad actual y por edad de ingreso a la congregación.

De esta forma, la entrada al convento es una alternativa más interesante para determinado tipo de mujeres que han sido excluidas del acceso al matrimonio (o se han autoexcluido de él). En este sentido, dio la impresión de que en ambos grupos –con o sin novio antes de ingresar– la posibilidad concreta de un buen matrimonio no era visualizada o esperada por ellas mismas. Sostengo esta impresión en el análisis siguiente sobre las representaciones sociales que sostienen estas mujeres sobre el matrimonio, donde se detecta más claramente ese elemento subjetivo de rechazo al mismo. Pero también la sostengo por los elementos hasta aquí ya presentados, que indican una dificultad para cumplir con el prerrequisito cultural del noviazgo[15] como un paso previo al matrimonio (por inviabilidad o insuficiencia de exposición).

Además, se observó –aunque corro el peligro de hacer una aseveración falsa, basada en un prejuicio social tal vez no tan generalizado como imagino– que la apariencia física de la mayoría de estas monjas destacaba pocas o casi ninguna señal de "femineidad".

[15] Al prerrequisito cultural del noviazgo no se lo entiende exclusivamente como aquel predominante en la concepción burguesa occidental, que no siempre es generalizado en la realidad de otras sociedades, sino también como ese cortejo o aproximación de la pareja, anterior a la fecha de la boda (por más efímero o alejado que sea del patrón conocido).

Se veían poco graciosas, duras y rígidas en su expresión corporal general, la que dejaba traslucir cierto recato. Parecen contar aparentemente con pocos elementos, de los valorados socialmente (entre otros, la apariencia física) para lograr atraer al hombre. Es probable que esa apariencia de desfeminización haya sido adquirida en el proceso de adaptación e integración a la nueva comunidad religiosa. No sería de extrañar la existencia de un prejuicio o confusión respecto del "pecado" de la vanidad. En este caso se explicarían la falta de arreglos en el pelo, vestir y figura en general, pero no tanto esa postura corporal que no es modificable en tan poco tiempo y mucho menos interiorizada conscientemente como para conseguir tan grandes transformaciones en cortos periodos. Este tipo de constatación podría ser profundizada en otros estudios, intentando comparar fotografías de las religiosas antes y después de ingresar a la congregación.

La apariencia física y la insuficiente exposición al noviazgo, apoyan la hipótesis de que el matrimonio no era considerado como una alternativa viable por ellas mismas; pero la temprana edad de ingreso al convento apoya la suposición de que hubo un rechazo consciente de la religiosa al casamiento. La autoexclusión se lleva a cabo antes de alcanzarse la edad promedio de nupcialidad según los datos de Norma Ojeda que se basa en un estudio de Julieta Quilodrán publicado en 1980, lo que parece indicar un rechazo consciente y no una aceptación de la inevitabilidad de la soledad.

Representaciones sociales sobre el matrimonio

Antes de iniciar el análisis, es pertinente recordar que la categórica representación social proviene de la psicología social (Moscovici, Jodelet, Deconchy, etc.), y remite al campo de la elaboración simbólica de la realidad por los individuos. Las representaciones son una manera de interpretar la realidad (un modo de conocimiento), un sistema de referencia que orienta la conducta y, como productos de la socialización del individuo, son aproximaciones de sus praxis. Son imágenes, concepciones, ideas que surgen indiscutiblemente de sus experiencias cotidianas, pero más que eso, orientan sus acciones futuras, no son conductas en sí mismas.

Es por eso que usamos las representaciones de este grupo de religiosas para reforzar la hipótesis de que ellas no ven en el matrimonio una alternativa potencial. Las representaciones que aquí se presentan fueron detalladamente analizadas en un artículo anterior denominado "Representaciones de mujeres católicas" (1988); en él se presentaron los datos; aquí sólo se presentan las conclusiones generales. Constatamos que en sus representaciones de lo sexual y de la relación de poder entre hombre y mujer dentro del matrimonio, predomina una postura de rechazo, cargada de fuertes prejuicios (o creencias desde su punto de vista) respecto de lo sexual. A su parecer, el coito debería objetivar básicamente la reproducción. En lo referente a las relaciones de poder entre géneros en la pareja y en la sociedad en general, se observaron las siguientes concepciones:

1) Hay cierta conciencia sobre el estado de subordinación femenina, es decir, plantearon que el poder lo tiene el hombre. Además, no había consenso en que así debería seguir siendo. La mayoría manifestó la necesidad de cambiar esa situación.

2) Aunque identifican la subordinación femenina, al no tener profundizados y concientizados los alcances y limitaciones de la misma, lo hacen de una manera confusa. Creen en la patriarcal división sexual del trabajo como algo definido por la naturaleza, el designio divino y no como resultado de construcciones sociales, y esto a pesar de que están en desacuerdo con tal desigualdad.

A partir de esas dos constataciones, se deduce que para muchas de ellas, la única forma de escapar a tal sometimiento con dignidad es hacerlo con el apoyo de una ideología legitimada socialmente, y ésta es la de la vida religiosa.

3) Fuera de la opción religiosa, la función de la mujer en el mundo es la maternidad que debe ser respaldada por el matrimonio cristiano, donde la jerarquía masculina debe ser respetada. Y en ese caso hay que aceptar el designio divino. Esto presenta una contradicción con la primera aseveración. A nivel general se rechaza la subordinación, pero no en el caso específico del modelo familiar vigente, defendido por la institución. Parecieran estar considerando la subordinación femenina, en las relaciones matrimoniales y familiares, como determinada por designios divinos y por lo tanto, imposible de ser superada en esta instancia. Y es en este nivel que la opción religiosa recobra sentido como huida de la desigualdad entre los sexos.

Aunque hay elementos de liberación, de huida y escape de una realidad (el matrimonio) que identifican como opresiva para la mujer, en la que ella tiene muy poco o ningún espacio de autonomía (desde sus representaciones), también hay elementos que refuerzan la reproducción de las relaciones jerárquicas entre géneros, como es su juicio fatalista sobre la mujer casada, que emiten desde una ideología patriarcal acrítica, predominante en la Iglesia-institución. Ésta es una contradicción que no han sido capaces de percibir y superar. Se podría decir que astutamente supieron eludirla mediante la opción religiosa, pero no la interiorizaron críticamente de modo de generalizar para los casos distintos al propio.

Por todo esto se piensa que para determinado tipo de mujeres, sobre todo aquellas con mayores restricciones sociales y culturales, un primer paso hacia la superación de un problema, para el que no se cuenta con posibilidades de solución inmediata, es evitar caer en él. De este modo podría ser entendido el "no al matrimonio" como un primer paso, aunque insuficiente, hacia la superación de esa realidad identificada como opresiva (se podría pensar en "autonomía relativa"). No hay que confundir esta aseveración con un intento de generalizar el rechazo al matrimonio como la forma de superación por excelencia, pero sí como una entre tantas otras, e incluso una muy defendida por algunas mujeres del ala más radical del movimiento feminista.

El "no al matrimonio" puede ser resultado de varios factores que pueden actuar simultáneamente. Un rechazo subjetivo al matrimonio por detectar la desventaja femenina en él; un rechazo explícito al otro sexo; un sentimiento de superioridad y de ser diferente al promedio; un sentimiento de inferioridad frente a otras mujeres más hábiles en materias del amor, esto es, un sentimiento de estar en desventaja; o un deseo imperioso de ascenso social por vías más rápidas y efectivas. O tal vez, una conjunción de varios de estos factores. El hecho es que las religiosas obtienen un mayor estatus social objetivo y quedan excluidas del matrimonio, y de lo que representa para ellas, al entrar al convento.

Motivos explícitos de elección religiosa

En el cuadro 7 se presentan los motivos de las religiosas, declarados por ellas mismas, para entrar a la congregación.

Cuadro 7

Motivos declarados por los que se eligió la vida religiosa	
Les gustó el estilo de vida que llevaban las madres de esa congregación	6
Darle un sentido a sus vidas	5
Por vocación o llamado de Dios	5
Fuerte contacto con lo religioso (desde haber cursado desde la primaria en escuelas católicas hasta relaciones próximas con otras monjas)	4
Total	20

De las 20 declarantes, seis manifestaron admirar el estilo de vida que llevaban las madres de la congregación que ellas conocían. Puede haber un doble sentido en esta declaración que no es muy fácil elucidar. En parte pueden haber estado refiriéndose al modo cristiano de convivir, lo que no las alejaría demasiado de aquellas diez que querían "dar sentido a sus vidas o que se sentían llamadas por Dios", aunque indudablemente, con una visión más realista y menos sublimada de la elección.

Pero también puede estar presente otro sentido oculto, relacionado con una aspiración propia de ascenso social, que ellas identifican como alcanzable en ese espacio religioso que observaron. En caso de que así fuera, este dato crece en relevancia si se lo considera como la explicación (o expresión involuntaria) de un motivo latente (o que al menos se piensa debería reprimirse al nivel del discurso). Muy por encima de lo que se puede inferir debido a la proveniencia de estratos socioeconómicos muy bajos, podría pensarse que la elección de la vida religiosa es una estrategia bastante elaborada racionalmente por las propias religiosas, como una alternativa idónea para superar la pobreza.

Religiosidad anterior

Hay una clara familiaridad y proximidad con el mundo religioso anterior al ingreso a la congregación. La religiosidad de estas mujeres va desde sus representaciones (sobre las cuales no es fácil determinar si son anteriores o posteriores al ingreso en la congregación) hasta algunos datos concretos como la cantidad de años de estudios en escuelas religiosas (un índice de socialización religiosa), o tener un pariente religioso (indicador señalado por expertos en el tema como determinante). Más de la mitad, 17 de 24, contestaron tener uno o más parientes religiosos; dos no contestaron y cinco declararon no tener ningún pariente religioso. Respecto de los años de estudio en escuelas católicas véase la información sistematizada en el cuadro 8.

Cuadro 8

Número de años de estudio de las religiosas en escuelas católicas	
Hasta 3 años	5
Entre 4-5 años	9
Entre 6-7 años	0
Más de 9 años	9
Total	23

Estos datos indican claramente una previa familiaridad con el mundo religioso. Es decir, se trata de mujeres que de alguna forma estaban predispuestas a una opción de tal tipo. Ya venían siendo socializadas en este sentido y la vocación les fue despertando a lo largo de todo un proceso vital. Es impensable que se trate de oportunistas, incrédulas e impías que buscan un provecho material.

La religiosidad parece ser determinante e imprescindible en la elección, pero no es necesariamente un detonante de la misma. Es una condición necesaria, pero no suficiente. Es un elemento que caracteriza a este tipo de mujeres, pero no el motivo que conduce a la acción. La inquietud, la aspiración a una mayor libertad individual, a un mayor ejercicio del poder, podrían ser considerados como algunos posibles detonadores de una elección religiosa.

Representaciones sobre la Virgen María

Se les preguntó qué características de María debían ser ejemplo para las cristianas y para ellas en especial; que manifestaran cómo veían a la Virgen, cómo creían que ella fue en sus relaciones cotidianas con las personas cercanas y cómo sería en la realidad actual. Esto es, qué es lo valioso de esta imagen que deberían reproducir. Fue curioso, pero hubo una resistencia, cierto temor reverente e incluso una gran dificultad para captar lo que se deseaba en esta indagación, o lo que me pareció más probable, una ignorancia de conocimientos teológicos aun en lo que respecta a la "imagen principal" de cualquier congregación femenina y sobre todo tratándose de una mariana como es la guadalupana.

Agrupé sus opiniones sobre María en dos grandes rubros, aquel que se orientaba a una visión más crítica, defendida en la teología de la liberación, que ve a María como un sujeto de la historia que se coloca a favor de los oprimidos y que actúa contestando el orden opresivo; que se manifiesta y "salva" al mundo, consciente de la realidad, generosa, lógica e inteligente (como expresaban algunas de estas monjas). Para mi sorpresa, sólo tres religiosas se encuadraron en este rubro.

El otro rubro lo identifiqué con la postura tradicional y patriarcal de la Iglesia, que a través de la imagen de una Virgen "sumisa, abierta y disponible a lo que viene de arriba", intenta reforzar el papel subordinado que debe desempeñar la mujer cristiana aun en nuestros días. Las "cualidades" citadas por las monjas como las que deberían ser incorporadas por las cristianas fueron las siguientes: servicial, entregada, pequeña, obediente, disponible, abierta, respetuosa, dócil, débil, caritativa, sencilla, etc. En este rubro agrupamos 13 de las 16 respuestas. Otro factor curioso fue el que no se hizo en ningún caso una mención explícita a la Virgen de Guadalupe y a su papel activo en la leyenda.

Papel de la religiosa en el ámbito público

Se les pidió que opinaran respecto de la participación de la mujer en el sindicato de maestras (porque ésta es la carrera que la mayoría de ellas seguirá) y el papel del sindicato de maestros en la sociedad. La finalidad de esta indagación fue contar con algún parámetro de su postura "politicosocial" (si así se pudiera llamar a este tipo de representación) y que pudiera complementarnos su visión de lo "político", o mejor, del papel de la mujer frente a la esfera del poder eclesiástico en sus opiniones respecto del sacerdocio femenino. Esta información se presenta en los cuadros 9 y 10.

Cuadro 9

Postura frente al sindicato de maestros	
A favor	7
Ambiguas	7
En contra	5
Total	19

Cuadro 10

Postura frente al sacerdocio femenino	
A favor	2
Ambiguas	4
En contra	12
Total	18

Por lo general, es más fácil manifestarse a favor del sindicato que del sacerdocio femenino. Esto es entendible en cierta medida, ya que aceptar el sacerdocio implicaría un enfrentamiento con la jerarquía eclesial, a quien se le jura obediencia al profesar. Cuestionar ese designio que viene de arriba, expresa un acto consciente de disidencia ante la postura tradicional de la Iglesia y una claridad frente a lo que es falacia y lo que es aceptable teológicamente en los argumentos utilizados por la institución.

Considero a aquellas religiosas que presentaron una opinión ambigua, o mejor dicho, intermedia, dudosa, como más cercanas a las que tienen una postura a favor de cualquiera de las dos situaciones (sindicato de maestras y sacerdocio femenino). Esto, porque creo que la duda expresa (al menos en estos casos) el comienzo de un proceso de cuestionamiento del orden establecido.

No identifico la duda con el caso contrario, que por aceptación o convicción, reproduce el *statu quo*.

Se puede entonces pensar que la mayoría de las monjas, 14 de 19, tienen posturas más abiertas hacia lo que podríamos entender como un ámbito de poder accesible a ellas en este momento: el sindicato de maestros. Las más radicales lo definen como un espacio femenino de ejercicio del poder, donde se pueden defender los derechos y principios profesionales y de la educación en general. Otras monjas critican la inserción del Estado en el sindicato y se manifiestan por un sindicato independiente, y buena parte de ellas no ven ningún problema en que la mujer ejerza cargos de mando, no piensan que esté menos capacitada para ello. Las cinco que de alguna manera se opusieron, en realidad parecían estar expresando descontento frente al manejo actual del sindicato de maestros, aludían a que no se respetaban los intereses del alumnado, y que lo que predominaban eran intereses particulares o de orden político o incluso exclusivamente económicos.

Respecto del sacerdocio femenino, sucede casi la situación contraria, 12 de 18 se oponen fuertemente a este emblema. Las más agresivas lo identifican como resultado del discurso de la igualdad femenina (dos de las respuestas) y con el que no se identifican por ser "ridículo y fuera de la realidad", ya que la mujer es "el corazón y el hombre la cabeza" en toda situación. Otras, en esta línea, pero sin hacerlo tan explícito, creen que la mujer no está capacitada para asumir ese cargo ya que es inestable emocionalmente, etc. (dos). Para otras no se trata de falta de capacidad, sino que Dios o Cristo no lo quisieron así (cuatro). En otros casos es cuestión de respeto a las jerarquías (dos) y para otras es simplemente ridículo pensar en tal cuestión.

No obstante, vuelvo a insistir en lo significativo (aunque no de manera estadística) de los seis casos restantes, que si no todos defienden explícitamente el sacerdocio femenino, se muestran abiertos al cuestionamiento. Es esto un paso muy importante hacia lo que entiendo como emancipación de la mujer en el interior de la Iglesia. Las observaciones de algunas de ellas sostienen mi suposición: entre aquellas que se mostraron ambiguas, una identificaba claramente el patriarcalismo vigente en la era de Cristo, y entendía que no podía ser posible en ese momento designar a una mujer como uno de sus doce discípulos. La otra manifestó más explícitamente que si hubiera alguna señal de Dios en nuestros días, esto podría hacerse realidad (su problema radicaría en no ver las que algunas teólogas feministas identifican como tales o tal vez desconocer la información sobre la polémica). Una tercera se sentía preocupada por el dolor que esto le causaba al Santo Padre, la cuarta no estaba muy segura al respecto y no opinó sobre el asunto. Las dos monjas que se manifestaron a favor, podrían ser identificadas con el ala feminista de la Iglesia, defendiendo sus banderas más osadas.

ENCERRANDO VIEJAS IDEAS

Indiscutiblemente la religiosa tiene que hacer un proceso de reconstrucción y redefinición de su identidad como mujer al entrar al espacio conventual. En ese proceso, las proyecciones de la imagen de la Virgen madre son fundamentales, aun cuando no sean siempre explicitadas por ellas. En las representaciones sobre lo femenino del grupo aquí analizado, la figura de la madre que renuncia y se sacrifica en nombre de sus hijos y familia es muy recurrente. Piensan que "así debe ser porque la naturaleza hizo a la mujer para la maternidad y sería incorrecto rebelarse contra ese designio divino".

Otra representación relacionada con la anterior, el rol de la mujer como esposa, presenta una interesante variación en sus respuestas: identifican la desigualdad en las relaciones de poder que se dan entre los sexos en el hogar, no están muy convencidas de qué tan naturales o sociales son, pero piensan que deberían cambiar, aunque no la asocian jamás, y ni siquiera cuestionan la contradicción de esta representación, con la concepción que tienen del rol de la madre (caso en el que la subordinación de la mujer es obligatoria).

Parecen no estar identificando la contradicción inherente entre el discurso cristiano del "deber ser de la mujer" y la condición de la mujer de la actualidad. Aunque quisieran poder superar las relaciones de desigualdad entre sexos que discriminan y marginan a la mujer en la familia, no desean romper con el modelo patriarcal cristiano que tienen interiorizado (o están interiorizando) y que les sirve de modelo en el proceso simbólico de identificación por el que deben volver a pasar, ya sea reafirmando un modelo preexistente en ellas o interiorizando uno nuevo mediante el rechazo de uno anterior (en este caso, el de la mujer casada). Su nueva identidad se modelará basada en la imagen de la Virgen María (la madre de todos al mismo tiempo), y con características específicas de su ser latinoamericano mestizo en una orden guadalupana. En el proceso de identificación por el que pasan las religiosas, deben construir su identidad conjuntando los distintos niveles a que conduce su accionar, en un intento congruente de alcanzar la integración de la misma. Es un proceso complejo, que no siempre se lleva a cabo sin contradicciones entre distintos niveles y que no es reducible a ninguno de ellos, aunque pueda predominar uno en particular.

Estos niveles son, según Dubet, el de la identidad como integración, como recurso o como compromiso.

Respecto de la identificación de la desigualdad en el matrimonio, la única manera concebible para ellas de evitarla con dignidad, y por cierto, en un nivel de superioridad, es negarse a la vida conyugal mediante la opción religiosa. Esta elección las libera de una relación subordinada y opresiva como sería en el caso de enfrentarse a un hombre de su mundo popular. Se escapan de todo lo mundano, sucio y denigrante para resguardarse en un mundo que las protege de ese tipo de relaciones.

Evidentemente, escapan a un tipo de relación de poder en la que entrarían con desventaja, pero terminan cayendo en otra en la que también están en desventaja. La institución eclesial es por excelencia jerárquica, y en ella la mujer no tiene las mismas posibilidades de crecer que el hombre. Pero, ¿en qué medida puede uno realmente preservarse del poder de otros más fuertes? Aun en el caso de los que ejercen el poder, ¿no están por momentos sujetos al poder de otros o a condiciones exógenas a las de su propio dominio? De todos modos, no librarse de un determinado tipo de relación subordinante no quita el mérito del haberlo conseguido en otro nivel más básico. Poder escapar a eso que identifican como una opresión cotidiana de la mujer, es un primer paso muy importante hacia la autonomía (aunque por cierto, no suficiente).

Podría llegar a pensarse que esa opción que las excluye del matrimonio y que las conduce a una convivencia en un espacio poblado enteramente por mujeres sería una experiencia que podría recordar en alguna medida a la de una elección lesbiana, que es un tipo de experiencia defendida por corrientes radicales del feminismo, como la manera más idónea para superar la opresión femenina. Sin pensar que sea ésa la mejor o única manera de lograr mayor grado de autonomía en las relaciones entre mujeres, pienso que es una de las tantas posibilidades de encontrar salidas concretas para determinado tipo de mujeres. A este respecto, hay otros estudios interesantes realizados por teólogas feministas que, cuestionando la moral de la teología, presentan la propuesta del lesbianismo como un ejemplo de una experiencia relacional de una más amplia comunión humana y entre mujeres.[16]

Por lo demás, daría la impresión de que la preparación teológica y de conocimientos en general de este grupo de recién profesadas es muy limitada. Tal vez el origen social del que provienen sea un factor determinante (falta de incentivos, motivaciones, o incluso un mayor desfase cultural que cubrir). Tampoco se sintió

[16] Véase el trabajo de Hunt (1987), "Un reto feminista: transformar la teología moral". Esta autora presenta la experiencia lesbiana porque considera que ella "abre una fisura en la tradición ética que trata de silenciar muchas otras manifestaciones y de mantener el control en lugar de promover la independencia".

que hubiera una clara inclinación, en esta etapa de sus ciclos, hacia un mayor compromiso con el mundo, fuera de un nebuloso e indeterminado deseo de servir a los demás (con el peligro que este servicio puede implicar desde su connotación peyorativa que analizamos anteriormente), pero sin tener en vista un proyecto concreto, un objetivo específico. Aunque la mayoría de ellas manifestó el deseo de seguir la carrera de maestra, seguir la línea educativa que caracteriza la congregación, es conocida ya la autocrítica realizada por religiosos educadores de otras órdenes (sobre todo de jesuitas) que se daban cuenta de que terminaban reproduciendo un orden que contradecía los principios cristianos. A partir de esa crítica, numerosos religiosos y religiosas de varias congregaciones dejaron de ver en la educación un espacio de cambio y abandonaron sus colegios para buscar otras formas más comprometidas de servir a la sociedad, yendo a vivir más comunitariamente en colonias populares o regiones desfavorecidas.[17]

En este momento de sus vidas, parecería predominar en las religiosas estudiadas el nivel de identidad de integración, asociado a la socialización y reproducción de lo interiorizado. Aún no han privilegiado la construcción de la identidad como compromiso, basada en valores y una ética que las motive a un accionar más transformador de la realidad.

Aunque no apareció ninguna señal de compromiso crítico con la sociedad ni con la forma en que la concibe el grupo,[18] la posibilidad de acceso al estudio, el tiempo libre para pensar y reflexionar sobre el mundo, poder alejarse y protegerse de un mundo hostil que las amenaza y dificulta formarse es, sin lugar a dudas, un espacio virtual de un accionar que puede llegar a ser crítico y comprometido en el futuro (como se pudo observar en algunas de las monjas mayores y con cargos directivos en la escuela, pero que no eran parte del universo investigado). Las religiosas analizadas están apenas iniciando una trayectoria de toda una vida, en la que aún podrán despertar o cambiar de dirección.

Pero este campo de investigación no queda de ninguna manera agotado, apenas da pie para empezar a plantearse preguntas

[17] De modo general me identifico con esa postura crítica del papel educativo de la Iglesia en la sociedad, pero es necesario hacer la acotación de que en los mismos procesos de reproducción hay contradicciones inherentes que viabilizan transformaciones y surgimientos de sujetos más sólidamente preparados para enfrentar el mundo.

[18] En alguna medida, es natural que esta postura crítica no haya aparecido en esta etapa de sus vidas, dada la juventud, falta de conocimientos y percepciones más precisas de la realidad y de los principios cristianos, así como la misma falta de experiencia.

más pertinentes. Sería necesario orientar el análisis a profundizar más sobre las relaciones familiares anteriores de estas personas que optan por la vida religiosa. En el caso de las mujeres, su relación con el padre en especial, el desarrollo de su sexualidad, etc. Además, se deberían comparar grupos de distintas clases (de orígenes socioeconómicos distintos, de distintas órdenes, de distintas manifestaciones de religiosidad, etc.). Averiguar desde una perspectiva psicológica el proceso de construcción de identidad, como casos ejemplares (pensando metodológicamente), esto es, tratar el cambio de identidad que sufren cuando se integran a un orden tan reglamentado como pretende ser el religioso, tan absoluto y definitivo.

Pero también se podrían extender algunas interrogantes al conjunto de mujeres católicas laicas, casadas (o no), madres de familia. Si en el caso de la monja, la religión puede conducirla a estados de mayor autonomía y de ejercicio del poder, ¿cómo se manifiesta la influencia de la religión en el caso de la laica? A estas mujeres la religión no las libera de la carga cotidiana de las labores domésticas, de la responsabilidad hasta la muerte de los hijos paridos, ni les permite dedicar parte de su tiempo a la reflexión y oración, ese tiempo lo tienen que encontrar ellas, quitándolo de otras actividades. ¿Qué papel juega esa ideología patriarcal de la Iglesia en el desempeño de sus roles cotidianos? ¿Qué pasos deben dar para transformar la influencia reproductora de la ideología cristiana en una más liberadora? Son cuestiones en las que es necesario incursionar en el futuro.

BIBLIOGRAFÍA

Aler Gay, Maribel (1981), "La mujer en el discurso ideológico del catolicismo", *Nuevas perspectivas sobre la mujer*, UAM, Madrid.

Baker, Catherine (1979), *Les contemplatives, des femmes entre elles*, Voix de Femmes-Stock 2, París.

Beauvoir, Simone de (1981), *El segundo sexo*, Siglo XX, Buenos Aires.

Dubet, François (1989), "De la sociología de la identidad a la sociología de la acción", en *Estudios sociológicos*, vol. 7, núm. 21 (El Colegio de México), pp. 519-547.

Dumais, Monique (1987), "El servicio de la mujer ¿una sumisión inevitable?", en *Concilium. Revista internacional de teología*, vol. 23, núm. 214, Ed. Cristiandad, Madrid, pp. 453-461.

Dussel, Enrique (1989) "Del descubrimiento al desencubrimiento (hacia un desagravio histórico)", en H. D. Steffan, *Nuestra América frente al V centenario*, Planeta, México.

Fem: La mujer en la Iglesia (1981 - 1982), vol. 5, núm. 20.

Gay, M. Aler. (1981), "La mujer en el discurso ideológico del catolicismo", en *Nuevas perspectivas sobre la mujer*, UAM, Madrid, abril-mayo.

Gevara, Ivonne (1989),"Corpo; novo ponto de partida da teologia", *Tempo e presença*. vol. 11, núm. 248.

Grossi, Miriam (1990), "Jeito de Freira: estudio antropológico sobre a vocação religiosa femenina", en *Cuadernos de pesquisa*, núm. 73 (Fundação Carlos Chacas), pp. 48-59

Hita, María Gabriela (en prensa), "Representaciones de mujeres católicas", Vania Salles y Elsie McPhail (comps.), *Serie de documentos de investigación* núm. 2: *La investigación sobre la mujer*, PIEM-El Colegio de México (1988), México.

——— (en prensa), "¿Es la opción por la vida religiosa una posibilidad de liberación para la mujer?", Flora Botton y Elsie McPhail (comps.), *Serie de documentos de investigación*, num.3, PIEM-El Colegio de México (1989), México.

——— (1989 a), "Mujer, sexo y religión", en *Fem*, vol. 13, núm. 84, pp. 4-8.

——— (1989 b), "Concepción religiosa de la sexualidad", en *Cencos-Iglesias*, vol. 6, núm. 68, pp. 27-34.

Hunt, Mori (1987), "Un reto feminista: transformar la teología moral", en *Concilium*, vol. 23, núm. 214, pp. 399-409.

Jelin, Elizabeth (1989), "El celibato, la soledad y la autonomía personal: elección personal y restricciones sociales", en *Estudios Demográficos y Urbanos*, vol. 4, núm. 1, El Colegio de México.

Lavrin, Asunción (1972), "Values and meaning of monastic life for nuns in colonial México", en *Catholic Hitorical Review*, núm. 58.

Montecino, Sonia *et al.* (1988). "Identidad femenina y modelo mariano en Chile", en *Mundo de mujer, continuidad y cambio*, CEM-Adriana Aguilera, Santiago de Chile.

Ojeda, Norma (1989), *El curso de vida familiar de las mujeres mexicanas: un análisis sociodemográfico*, UNAM-CRIM, México.

VISIONES Y PERCEPCIONES DE MUJERES Y HOMBRES COMO RECEPTORAS(ES) DE TELENOVELAS

Olga L. Bustos Romero
Universidad Nacional Autónoma de México

Introducción

En los últimos años se ha producido una cantidad considerable de investigaciones relacionadas con las imágenes, mensajes y estereotipos femeninos difundidos por los medios masivos de comunicación. Al hacer el análisis de los mismos, la mayoría de los estudios parece coincidir en que la forma estereotipada en que son proyectadas las imágenes y mensajes, contribuye a mantener y perpetuar los roles de género asignados a las mujeres (de esposa-madre-ama de casa), así como la valoración que se les da sobre todo por su cuerpo y otras características consideradas "femeninas" como ternura, pasividad, seducción, etc. Se señala igualmente que aunque algunos cambios se han empezado a generar aún resultan incipientes.

La revisión de la literatura existente sobre este tema (Bustos, 1986; 1988) muestra que, generalmente, el énfasis está centrado en el emisor. Por lo tanto, son los propios investigadores e investigadoras, y no el público o los públicos que se exponen a los medios, quienes hacen el análisis de las imágenes proyectadas.

De este modo, son escasos o casi nulos los estudios realizados en México, desde el punto de vista de las y los receptores. Es decir, estudios donde las mujeres y los hombres, como sujetos sociales, sean quienes hablen, expresen o den cuenta de sus percepciones y concepciones acerca de las imágenes, mensajes y contenidos proyectados por los medios masivos, así como los motivos por los que se exponen a ellos. Y todavía más raras son las investigaciones de esta naturaleza, con una perspectiva de género, desde la que se sostiene que la división de géneros que existe en la sociedad produce relaciones jerárquicas de poder entre mujeres y hombres.

En otras palabras, faltan estudios donde mujeres y hombres sean quienes opinen o reporten qué y cómo perciben lo transmitido por los diversos medios; qué les gusta o qué les disgusta; con qué o quiénes se identifican o no y por qué razones; qué aspectos les parecen degradantes o discriminatorios hacia alguno de los géneros (femenino o masculino); donde se averigüe si las percepciones son o no diferentes, dependiendo del género (mujeres u hombres) o de otras características y condiciones de las y los sujetos.

No obstante, algunos intentos han empezado a realizarse en nuestro país. En un estudio (Bustos, 1989) con adolescentes mujeres y hombres, así como con madres de familia de niveles socioeconómicos medio bajo y medio alto, indagamos el impacto y percepción de los mensajes e imágenes proyectados en telenovelas. Otra investigación que debe rescatarse es la de Iglesias (1990), en la que entre otras cosas se analizan los "estereotipos de género en el cine comercial mexicano", en especial chicano, siendo uno de los ejes precisamente las y los receptores de las películas que analiza.

Conviene señalar que en el presente trabajo se parte del supuesto de que el receptor es una o un sujeto activo capaz de recibir, pero también de seleccionar, procesar, transformar y acomodar la información o incluso desecharla, entrando en juego diferentes mediaciones. (Para mayores detalles véanse Pascuali, 1980; Prieto, 1981; Esteinou, 1983; Nethol y Piccini, 1984.) En este mismo sentido, vale la pena recordar que uno de los hallazgos de la teoría de la Gestalt es que la percepción humana no registra pasivamente la realidad, sino que introduce elementos de organización que no están en el dato sensible. Es decir, no es una simple recepción y reproducción automática de las sensaciones provocadas por los estímulos, sino que implica una actividad propia del sujeto anímico. Fuenzalida y Hermosilla puntualizan que tanto el contexto como la situación particular de la receptora o del receptor "...es sin duda determinante en el tipo de relación que se establece con el medio, y en las funciones que de hecho cumple, independientemente de las intenciones del emisor" (1989: 77).

Resulta pertinente mencionar que por género se está entendiendo la red de creencias, rasgos de personalidad, actitudes, sentimientos, valores y actividades diferenciadas entre hombres y mujeres, a través del proceso de construcción social que tiene una serie de elementos distintivos. La construcción del género es un fenómeno histórico, que ocurre dentro de las esferas macro y microsociales como el Estado, el mercado de trabajo, la escuela, los medios masivos de comunicación, las leyes, la casa-familia y las relaciones interpersonales. El género también conduce a la formación de jerarquías, otorgando mayor valor y estatus a las actividades realizadas por los hombres; por lo tanto, la posición de la mujer aparece desvalorizada y/o subordinada en la mayoría de las sociedades. Esta situación resulta ser un componente intrínseco de la construcción del género (Benería y Roldán, 1987).

La adquisición del género implica el aprendizaje de ciertas normas que informan a la persona de lo obligado, lo prohibido y lo permitido (Izquierdo, 1985); y, por supuesto, estas normas son distintas para hombres y mujeres. Así, entre lo masculino y lo femenino hay algo más que el mero enunciado de las diferencias de género, e incluso que la jerarquía en que se ordenan los géneros. De aquí que resulta muy importante destacar en este momento la forma en que se produce la socialización de las personas, sobre todo en las etapas primarias.

El nacimiento del hijo o la hija despierta en los progenitores y demás familiares ciertas expectativas y, naturalmente, para que éstas se cumplan aquéllos pondrán en juego toda su capacidad de persuasión y/o coacción.

Se pondrá en marcha todo el aparato de socialización para conseguir que lo esperado se convierta en realidad y, en el caso concreto de la hija se la educará para que se convierta en lo que se dice que es por naturaleza (Izquierdo, 1985: 39).

La socialización se refiere a todas y cada una de las instancias a través de las cuales un sujeto humano integra e incorpora las consignas y determinaciones de la estructura social en la que interactúa. En este proceso participan en primer lugar la familia, pero también y de manera fundamental la escuela, la religión y los medios masivos de comunicación. Estas instancias ideosocializadoras se encargan de conformar, transmitir y mantener valores, creencias y actitudes que influyen en el modo de pensar y actuar de la gente, introyectándose todo ello de manera paulatina.

Respecto de los medios masivos, que como se señaló representan una de las instancias que contribuyen a mantener la división de géneros (masculino y femenino) prevaleciente, debe decirse que no existen en el vacío, sino que se trata de sistemas sociales que operan de acuerdo con ciertos objetivos específicos, valores, estilos organizativos y posibilidades tecnológicas. Su contenido debe ser compatible con el conjunto del contexto sociocultural, a fin de que sea comprensible y deseable para un público suficientemente amplio como para que el medio consiga sus objetivos económicos. “Tanto los medios como sus públicos son partes integrales de su sociedad. El contexto social circundante aporta controles y restricciones, no sólo sobre la índole de los medios, sino sobre la índole de sus efectos sobre los públicos" (Fleur y Ball-Rokeach, 1988: 311).

Dentro de los medios masivos, la televisión representa en la actualidad uno de los más importantes y de mayor alcance e impacto en la sociedad, independientemente del grupo o estrato social al que se pertenezca, la edad que se tenga e incluso el sexo (léase género), ya que preferentemente está en los hogares. Las personas no van a la televisión (como sería el caso de asistir a un cine), sino que ésta entra o está en las casas. Las estadísticas reflejan que más de 92% de los habitantes de las tres ciudades más importantes del país (Distrito Federal, Guadalajara y Monterrey) tienen acceso a la televisión.

A su vez, parte importante de la programación televisiva está constituida por las telenovelas. De hecho, durante por lo menos 35 años, la televisión mexicana no ha cesado de fabricar y transmitir teledramas, que no sólo han tenido un alto impacto en nuestro país, sino que de manera creciente han conquistado amplios públicos en prácticamente todo el mundo (desde China hasta el resto de América Latina).

Sin embargo, son serias las críticas a las telenovelas en términos de lo banales que éstas resultan, lo distorsionado, denigrante y fantasioso de las imágenes que presentan, en especial de las mujeres. En fin, que el carácter enajenante de esas imágenes contribuye a reforzar los roles tradicionalmente asignados tanto a mujeres como a hombres (es decir, contribuye a mantener la división de géneros).

Por otra parte, se ha considerado a la telenovela como un campo reservado a las mujeres, en especial amas de casa y preferentemente de niveles socioeconómico y escolar bajos. Sin embargo, lo que se encontró en la investigación mencionada arriba (Bustos, 1989), es que: *a)* los hombres también ven telenovelas (aunque oponen resistencia para aceptarlo y ser entrevistados, en especial los adultos); *b)* que los públicos son variados, *v. gr.*: por el tipo de telenovelas que recientemente se han estado transmitiendo, la cantidad de adolescentes, mujeres y hombres, que las ven es cada vez mayor; así, no únicamente ven telenovelas mujeres amas de casa; *c)* que el nivel socioeconómico y escolar varía también.

El objetivo del presente trabajo fue rescatar las opiniones de adolescentes (mujeres y hombres), así como las de madres de familia que participaron en el estudio antes señalado, específicamente en lo referente a las motivaciones para ver la telenovela *Dulce desafío*, así como sus percepciones en relación con las imágenes proyectadas, para elaborar un análisis cualitativo de las mismas.

Se eligió como objeto de análisis la telenovela *Dulce desafío*, pues ésta es un claro ejemplo del nuevo género de telenovela que en los últimos años ha empezado a transmitir la televisión comercial en México. Se caracteriza porque los protagonistas principales son mujeres y hombres jóvenes, a través de los cuales se intenta abordar temas que hoy por hoy constituyen problemas centrales y complejos vividos cotidianamente por la juventud en su entorno social y familiar. Por supuesto, los temas son tratados de manera muy superficial y en ocasiones de forma "velada".

Debe destacarse que previamente a esta investigación, se llevó a cabo un sondeo preliminar a manera de estudio piloto, para el que, se eligió la telenovela *Quinceañera* (anterior a *Dulce desafío*), la que de hecho marca el inicio del nuevo género de teledramas al que se hizo referencia. En ésta, por primera vez se abordan temas como violación, drogadicción, aborto y otros problemas comunes entre adolescentes, así como de éstas y éstos con sus padres. Por las características antes señaladas, la telenovela captó a un gran público de adolescentes de ambos sexos, así como de madres y padres de familia, que eran las poblaciones de interés en nuestro estudio.

Dulce desafío continuaba la línea establecida por *Quinceañera*, y además de los conflictos de adolescentes tocaba los de los padres y madres de familia. Lo anterior, en cierta forma garantizaba que el público fuera de adolescentes (mujeres y hombres) así como madres y padres de familia, que como se ha dicho nos interesaba estudiar. Otro elemento que se tomó en cuenta fue el horario, de 7 a 8 de la noche, que habían reportado ser cómodo tanto los adolescentes como los adultos, en el estudio piloto.

*G*rosso modo, el tema de la telenovela Dulce desafío se refiere a mujeres adolescentes, pertenecientes a un nivel socioeconómico medio alto o alto, consideradas por sus padres como "niñas problema" (en realidad la relación entre los padres, como pareja, presentaba múltiples problemas, viéndose así alterada la estructura familiar y las relaciones afectivas dentro y fuera de la misma). Por tal razón las niñas asisten a un internado, y salen únicamente los fines de semana para ver a sus familiares. El colegio es rígido ya que las asume como "casos problemáticos", por lo que se decide la contratación de un psicólogo (Enrique, representado por el actor Eduardo Yáñez), para la atención de las estudiantes. Éste y una alumna (la actriz principal, Lucero, que es Adela Noriega) se enamoran. En el internado se generan problemas de rivalidad entre compañeras, formación de grupitos con sus respectivas líderes, etc. El director del colegio, que es alcohólico, mantiene una actitud de autoritarismo, rigidez y aparente "rectitud", pero por otro lado varias veces hostiga sexualmente a una de las alumnas que tiene beca completa en el colegio, pues carece de recursos económicos.

La población entrevistada estuvo constituida por adolescentes de ambos géneros y de madres de familia pertenecientes a clase media alta (de aquí en adelante nos referiremos a ésta como CMA) y clase media baja (en adelante haremos alusión a ella como CMB), con lo que se formaron seis grupos.

Las muestras para cada uno de los grupos fueron no probabilísticas de tipo intencional, por lo que de ninguna manera se pretendió generalizar los resultados. Originalmente el diseño de nuestra investigación contemplaba trabajar también con un grupo de padres de familia, y teníamos detectada ya una muestra, a partir de la información proporcionada por los hijos, en el sentido de que ellos veían la telenovela en compañía del padre. Sin embargo, estos últimos no aceptaron ser entrevistados, lo que refleja los prejuicios que existen entre ellos, acerca de que las telenovelas constituyen un campo "propio de las mujeres".

Por otra parte, dado que la selección de las muestras incluía el nivel socioeconómico CMA y CMB y metodológicamente la delimitación de éste resulta problemática, en nuestra investigación quedó definido para las y los adolescentes a partir del lugar donde se vivía (zona residencial para CMA y colonia popular para CMB), pero también por la escuela a la que se asistía (privada en el caso de CMA y pública tratándose de CMB). De la misma forma, para las dos muestras de madres de familia, se acordó que éstas debían vivir en zona residencial y tener hijas(os) en escuelas privadas (para el grupo de CMA); o bien, vivir en colonia popular y tener hijas(os) en escuelas públicas (tratándose del grupo de CMB). En la medida de lo posible y para mayor control, se procuró que las madres tuvieran hijas o hijos adolescentes (debido a la temática de la telenovela).

Con base en lo expresado, se abordan en este trabajo los siguientes puntos: I) estructura y significado de las telenovelas y en especial de la elegida en este estudio: Dulce desafío, incluyéndose a su vez en este punto lo siguiente: 1) influencia en la socialización e identidad, 2) fantasías y realidades en la solución de problemas, 3) ¿se observan cambios en las telenovelas o permanecen iguales?, 4) a quiénes van dirigidas y quiénes forman los públicos (el entretejido que se da entre clase, género y generación); II) motivaciones de las audiencias estudiadas para ver telenovelas y percepción de los mensajes transmitidos; III) algunas reflexiones a manera de conclusiones sobre la telenovela como un reflejo de la vida cotidiana, funciones que cumple y controversias generadas, espacio en potencia para la transformación de las relaciones entre los géneros.

ESTRUCTURA Y SIGNIFICADO DE LAS TELENOVELAS

Dentro de la televisión, el melodrama, o telenovela, está considerado como el área de difusión más fascinante, pues representa la vida social en una puesta en escena, preparada en forma especial y muy semejante a como ocurre cotidianamente. Tiene la característica de vincularse con la afectividad y la esfera del deseo:

> El mundo social que se muestra en la telenovela no es el mundo real por fuera de ella, es otro mundo y el mismo; mundo representado, mundo imitado, que aporta elementos tan reales como los del mundo real, porque tanto el mundo por fuera como el de dentro adquieren sentido en el mundo imaginario. El mundo de la no-telenovela y la telenovela se componen imaginariamente en un solo registro. Ésta es la importancia del análisis de los elementos que aporta la telenovela, esa forma discursiva particular que se combina con la vida particular de millones de personas para formar sus mundos imaginarios (Galindo, 1988: 100-101).

En este sentido, la construcción de las imágenes en las diversas redes de comunicación se realiza sobre un sustrato vivo y cambiante de lo ya dicho, lo ya visto, y sobre los principios organizadores de los rituales cotidianos. De acuerdo con Piccini (1989), los medios desde este enfoque son una impostura válida, un legítimo abuso de poder: condensan y amplifican los deseos de una comunidad.

La trama del mundo social está formada por las uniones y las desuniones, motivadas por la aparición y desaparición de objetos de acción y de imaginación. En la telenovela, de acuerdo con Galindo (1988) encontramos también los discursos de la unión y la desunión:

> Desaparecen y aparecen objetos en el mundo...que están al centro del deseo y de la acción de la gente. Mirando hacia otras épocas se puede observar cómo la historia es una trama de apariciones y desapariciones; las instituciones, los lugares del poder son y han sido promotores de las imágenes de los objetos y de los mismos objetos; han intervenido en su diseño y su difusión, los han vendido, los han cambiado por algún tipo de valor, los han jerarquizado, los han creado y los han enfatizado. Pero no todo ha salido de los lugares del gran poder, también el pequeño poder es un inventor de objetos. En forma peculiar y concreta se pueden identificar a muchos artífices de la aparición y desaparición de objetos; ésa sería una manera de conocer y mostrar el devenir social (p. 97).

Resulta pertinente destacar lo anterior, ya que como se ha señalado, lo importante es promover y diseñar estrategias y mensajes que a través de la difusión en los medios masivos, contribuyan al cambio y la eliminación de la división de géneros (analizando y considerando planteamientos formulados por diversas feministas, *v.gr.*: Rubin, 1986). Esto es de vital importancia, ya que si desconocemos la influencia del pequeño poder, o el impacto de las "minorías activas" (a que alude Moscovici, 1985) y asumimos una posición fatalista de que es el grupo o la ideología dominante quien decide todo, estaríamos apostando al no cambio y, lo que sería más grave, se estaría subestimando el impacto del trabajo de diferentes grupos y concretamente del feminismo en diferentes niveles de la sociedad. Por el contrario, hay que apostar al potencial del "pequeño poder", para impulsar transformaciones a todos niveles, y por supuesto, los medios masivos representan espacios donde necesariamente debe incidirse.

En términos generales, la estructura de las telenovelas sigue un cierto "formato", en el que siempre se encuentran presentes las "relaciones amorosas", y la "estabilidad familiar", determinantes sobre todo para la mujer pues representan motivo de alegrías y tristezas, encantos y desencantos, encuentros y desencuentros. Así se suceden periodos (que incluyen varios capítulos) de "tensión" y "angustia" (situaciones similares a lo que ocurre en la vida cotidiana), para llegar a un final casi siempre "feliz" en que todo se soluciona. Por supuesto, esto va acorde con las expectativas del público (situación que no necesariamente se da en la vida cotidiana) y que en muchos casos equivale a que la mujer acepte los papeles o roles que la sociedad le ha asignado (roles de género) y todo el mundo termina feliz y contento, incluyendo al teleauditorio, por supuesto. De no ser así, entonces el final es calificado como trágico, dramático o no satisfactorio (pues no se ajustó a las expectativas y, por lo tanto, el goce del prever y del "adivinar", por parte del público, se ve truncado).

Sin embargo, hay países donde la telenovela no necesariamente se ajusta a lo anterior. De acuerdo con Anamaría Fadul (citada en Fuenzalida y Hermosilla, 1989), la telenovela brasileña ha evolucionado aproximándose cada vez más a la vida cotidiana. Por ello, dice Fadul, hay investigadoras, como Ruth Cardoso, que afirman que la telenovela tuvo una función importante en los cambios del papel de la mujer, porque fue la televisión brasileña, al contrario de la prensa escrita, la que permitió dar otra imagen de la mujer. "No hay novela, dice Cardoso, que no muestre conflictos de mujeres que quieren liberarse de la opresión masculina" (p. 32).

En lo que sigue, y tomando en cuenta la información proporcionada por los receptores de nuestra telenovela en cuestión (*Dulce desafío*), se intentará abordar los puntos mencionados con anterioridad, que incluye este apartado.

Influencia en la socialización e identidad

Consideramos que los mensajes e imágenes proyectados, en su gran mayoría, van muy acordes con las normas establecidas, es decir, con aquellas que como señala Izquierdo (*op. cit.*), informan a la persona de lo obligado, lo prohibido y lo permitido, siendo esto distinto para mujeres y hombres. Se observan también repercusiones a nivel de identidad, a pesar de las diferencias entre los grupos que participaron en esta investigación, tanto de nivel socioeconómico como de edad.

Veamos algunos testimonios de mujeres y hombres que vieron la telenovela, que dan cuenta de lo anterior: ante la actitud de intransigencia e inflexibilidad de uno de los padres (que aparece en la telenovela) hacia las hijas, algunas madres de familia de los grupos que participaron lo justifican diciendo: "el papá es rígido, pero es en bien de las hijas", en tanto que las adolescentes juzgan este hecho como "incomprensión hacia las hijas". Un ejemplo más que se ajusta a toda una serie de consignas que forman parte de la socialización de las mujeres en cuanto a normas y roles que debe cumplir, y a ciertas características que debe reunir, se encuentra en el caso del personaje femenino que representa en la telenovela a la esposa del papá de Lucero. La mamá de Lucero murió, y el padre (actuado por Enrique Lizalde, que aparenta unos 50 años) se casa por segunda vez con Rosario (representada por la actriz Olivia Collins). Se trata, pues, de una mujer joven, de no más de 30 años de edad, con cuerpo y cara que se ajustan al modelo promovido por la publicidad; siempre está exageradamente arreglada esperando al marido empresario que llega a su casa cansado de trabajar, a quien por supuesto le guarda completa fidelidad. Ella se esfuerza por agradar y comprender a la hija de su marido (a Lucero). Esto es, representa "todo un ejemplo" de lo que una mujer puede "llegar a ser", en el sentido de ser la esposa de un gran empresario, tener una "posición económica privilegiada", a pesar de proceder de una familia (la madre y el hermano) de "reputación dudosa", sin padre. Pero todo esto se "borra" o pasa a segundo término, ya que como ella es una muchacha "buena", pero sobre todo "bella", con un "muy buen cuerpo", "joven", que ha sabido ser una esposa "comprensiva" con el marido y los problemas que le aquejan a él, ser "cariñosa", en fin olvidarse de tener un proyecto de vida propio, ha obtenido como recompensa esta "posición privilegiada". Respecto a este personaje femenino, el testimonio de una de las madres de familia de los grupos analizados fue: "me impactó mucho Rosario, por elegante, bonita y noble". Es casi al final de la telenovela cuando Rosario se cuestiona el que no "hace nada para sí", que a veces se aburre (pues cuenta con todo el servicio doméstico que una mansión requiere) y tímidamente reacciona comentándole al marido que le gustaría estudiar algo. Evidentemente éste le contesta que cómo se le han "metido a la cabeza" este tipo de ideas, es decir, para qué quiere complicarse la existencia si cuenta con todo cuanto "necesita", en fin si es "feliz". Ninguna de las mujeres entrevistadas recordó esta escena, es decir, no repercutió de ningún modo.

Otro ejemplo más, que en principio podría interpretarse como parte de los cambios, acordes con los tiempos que vivimos, que se están dando en las telenovelas, es la relación que tiene el psicólogo con su novia; mantienen relaciones sexuales y aparentemente esto se maneja a un nivel muy "normal". Pero en el colegio se enamora de Lucero, con quien no tiene relaciones sexuales y en cambio se casa con ella. Moraleja que refuerza la doble moral sexual, todavía ampliamente difundida en nuestra sociedad: "las mujeres que tienen relaciones sexuales prematrimoniales corren el riesgo de que los hombres las tomen como una aventura y no se casen con ellas porque no son chicas buenas". Además, la resistencia de las madres de familia para que se operen cambios a nivel del ejercicio de la sexualidad de las hijas, queda de manifiesto en el testimonio siguiente: "lo que más me disgustó de la telenovela fue lo inmoral, ya que el psicólogo tenía relaciones sexuales con su novia".

Fantasías y realidades en la solución de problemas

Una misma escena puede juzgarse como verosímil o no, ello depende de las expectativas de las personas que la observan. Por ejemplo, la "rapidez" y "asertividad" con que el psicólogo resolvió los problemas de las alumnas del colegio de la telenovela e incluso los relativos a la estructura de las familias (casi por arte de magia), causó "shock" en las adolescentes (sobre todo mujeres y más específicamente de CMA). Así, opinaron que el trabajo de este profesional se veía "super-irrealista", "cursi" y que no caía bien que fuera el "sabelotodo"; en tanto que las madres de familia, especialmente las de clase media baja, consideraban el manejo y solución de los problemas que trataba el psicólogo como toda una cátedra, una asesoría para ellas de cómo abordar los problemas de los hijos(as); pensaban que el personaje representaba a un profesional excelente, serio y que "ojalá se siguieran haciendo telenovelas donde aparecieran los consejos psicológicos".

¿Se observan cambios en las telenovelas o permanecen iguales?

Este aspecto es muy importante, ya que si se comparan los melodramas de ahora con los de hace 10 o 20 años, evidentemente no son lo mismo. Las telenovelas también tienen que adecuarse a los cambios por los que atraviesa la sociedad en general. Hace 15 años hubiera sido inconcebible que se mostraran en este tipo de género televisivo asuntos como la violación, drogadicción o el aborto.

Sin embargo, todavía se observan restricciones y prejuicios serios. Por ejemplo, en la telenovela llamada *Quinceañera*, en la que se abordan los temas mencionados, nunca se nombraron con estos términos; se utilizaron, en lugar de violación, "abuso de una mujer", para hablar de drogadicción se hablaba de "chavos banda" y para referirse al aborto se manejaban frases como "tú decides si quieres tener o no al bebé". Y, por supuesto, en cada caso aparecían estereotipos bien definidos; por ejemplo, la mujer violada resultó ser "la loca", y además "intrigosa", pero no la quinceañera que según varias escenas con las que empezaba cada capítulo había sido violada, lo que resultaba "incomprensible", pues se trataba de una "buena muchacha". Es decir, se refuerza la falsa concepción, que aún sostienen muchas personas, de que una mujer que es violada es porque "se lo buscó", pues debió haber andado de "loca", o se mostró "provocativa"; y, por supuesto, una mujer "seria" o "buena" no puede ser violada. No obstante, recientemente se viene manejando la idea de que la mujer "buena" e ingenua también puede ser violada por el galán que no es correspondido, como ocurrió en la telenovela *Mi pequeña soledad*, donde la protagonista central (Verónica Castro), mujer "buena" y "seria" es violada un día antes de su boda, por otro enamorado que a ella no le gustaba.

Evidentemente, los casos anteriores no dan cuenta cabal de la realidad, pues es bien sabido que cualquier mujer puede ser violada sin importar características físicas, arreglo personal, edad, nivel socioeconómico o educativo, etc. Es decir, corre riesgo la "provocativa", la "ingenua", la intelectual, la que sólo tuvo acceso a un nivel educativo bajo, la casada, la soltera, la joven, la vieja, la citadina, la campesina, la pobre y la rica, el ama de casa, la ejecutiva.

A pesar de lo anterior, hay que señalar que si bien las telenovelas mantienen una estructura tradicional teñida de seudocambios, esporádicamente pueden filtrarse escenas que pudieran estar dando cuenta de cambios que, aun en el presente, sorprende que aparezcan en telenovelas. En la telenovela estudiada, *Dulce desafío*, la escena narrada a continuación, testifica lo dicho: la madre de uno de los adolescentes tiene un amante y el hijo descubre tal relación; por supuesto, se lo reprocha a su madre y, además, lo comenta con el padre, quien ya tenía sospechas al respecto. Después de una escena bastante violenta, en que el padre encuentra a su esposa con el amante en el departamento de éste y lanza varios disparos al aire, la madre decide que se va de la casa, pero la reacción del padre que ya está "más tranquilo" es platicar con ella y decirle que no se vaya. Él asume que en gran parte fue culpable de lo ocurrido pues le dedicaba muy poco tiempo a la relación y vivía "enfrascado" en el trabajo de su empresa. Pero el matiz de contradicciones también está presente cuando le dice: "no te vayas... nunca te voy a perdonar, pero voy a tratar de olvidarlo". Aquí vale la pena mencionar que fueron los adolescentes hombres de nuestro estudio, los que tajantemente desaprobaron la actitud de este personaje. Algunos comentarios fueron: "él fue un estúpido al decirle a su esposa que no se fuera de la casa, después de todo lo que le hizo"; "yo en su lugar hubiera matado a los dos o al menos al amante". En cambio las mujeres adolescentes y madres de familia dijeron: "es todo un señor", "él es muy bueno y le está dando una oportunidad a ella para que cambie".

Público al que se dirigen las telenovelas

Comúnmente se piensa que el melodrama o telenovela es un campo reservado a las mujeres y que son éstas casi exclusivamente las que las ven, pues pasan la mayor parte del tiempo en el hogar y que dado lo "banal" de las historias, pueden incluso estar haciendo otra actividad al tiempo que las ven. Algo hay de verdad en ello. Respecto a esta situación compleja que se da entre las mujeres y la televisión, Edwards, Cortés y Hermosilla (1987) señalan:

> ...entre la mujer y la televisión existe una relación constante y envolvente, íntima. Ahí está el aparato receptor, casi siempre encendido, acompañando a la mujer en su soledad aunque no lo esté viendo; desatando sus fantasías, en algunos casos; despertando sus sueños y anhelos en otros; provocándole frustración, violencia, rabia o dolor, muchas veces... pero, en cualquiera de ellos, cumpliendo una importante función dentro de sus vidas, hoy por hoy con tantas carencias y vacíos y en el marco de la estricta sobrevivencia (p. 6).

Sin embargo, existen otras variables que también es importante analizar, como el nivel socioeconómico. En nuestro estudio se observó que los grupos de CMB –tanto de adolescentes de ambos sexos, como de madres de familia (y en especial estas últimas)– vieron un mayor porcentaje de capítulos de *Dulce desafío* que los grupos de CMA. A su vez, en los grupos de adolescentes de ambos niveles socioeconómicos, las mujeres vieron más capítulos de la telenovela aludida, que los hombres.

Por otra parte, las madres de familia (sobre todo las de CMB) vieron un mayor número de capítulos que las y los adolescentes. El hecho de que las mamás hayan visto con mayor consistencia la telenovela en cuestión parece estar asociada con que para ellas este género televisivo es una de las formas primordiales de entretenimiento. Las y los adolescentes tienen otras formas de esparcimiento y a pesar de que las jóvenes tienen más restricciones que los jóvenes, todavía en las madres la condición de género es más marcada, en cuanto a los roles que debe cumplir (atención de la casa, a los hijos, no andar en la calle de noche, estar en casa a la hora que llegue el marido, etc.). Además, a esto hay que agregar lo relacionado con la "clase" o nivel socioeconómico, pues como se dijo, los tres grupos de CMB (adolescentes -mujeres y hombres- así como madres de familia) vieron más capítulos que los grupos de CMA. Una pregunta que surge aquí es si esta relación se ha incrementado con la crisis económica; es decir, si al ya no ser posible la diversidad en las formas de entretenimiento, pues ello implica gasto, la televisión se pudiera haber convertido en una "fuerte opción".

A pesar de lo anterior, hay que aclarar que si bien el público consumidor de telenovelas sigue siendo un porcentaje alto de mujeres, cada vez va más en aumento la cantidad de hombres que también las ven. Ello se puso de manifiesto en esta investigación, cuando al preguntárseles a los adolescentes de las muestras estudiadas acerca del número de telenovelas vistas (además de *Dulce desafío*), se encontró en promedio que los hombres habían visto la mitad del número de telenovelas en relación con el número visto por las mujeres (en los adolescentes el promedio fue de 4.1, en tanto que para las mujeres fue de 8.2). Asimismo, en estos grupos de adolescentes se observó que tanto las mujeres como los hombres de CMB las veían en promedio más frecuentemente (7.3) que las y los de CMA (5.0).

Por lo que toca a las madres de familia, pudo observarse que hay grandes similitudes entre los dos grupos (de clase media baja y de clase media alta) como público de los melodramas, encontrándose que las de CMB han visto en promedio 12.4, en tanto que a las de CMA corresponde el 13.6. Aunque es poca la diferencia, la relación es inversa en comparación con lo que ocurre en los dos niveles socioeconómicos de adolescentes mujeres y también opuesto a lo que aquí hemos venido manejando en el sentido de que para la madre de familia de CMB, quizás la telenovela representa una de las escasas formas de entretenimiento. Aquí la explicación podría darse a varios niveles. Por ejemplo: la disponibilidad de tiempo (tiene menos tiempo libre la madre de familia de CMB), el grado de identificación con los personajes femeninos y masculinos (la mayoría, o los más importantes corresponden a un nivel socioeconómico medio alto o alto).

Ahora bien, más allá del promedio de telenovelas vistas por estos dos grupos de mujeres, lo que resultó también de interés fue la forma en que pudieron recordar títulos de telenovelas que se transmitieron hace 10, 15, 20 años o más. La pregunta para explorar cuáles telenovelas habían visto fue abierta (con toda intención), para que ellas estuvieran en libertad de enumerar las que recordaran. La lista que se formó registró 51 títulos. Fue impresionante cómo algunas mamás recordaron (y reportaron haber visto) telenovelas antiquísimas como *Gutierritos* o *Corona de lágrimas*, hasta las de los últimos años como *Cuna de lobos, Quinceañera, Pasión y poder, Encadenados*, etc. Como puede verse, si tomamos en cuenta que la edad promedio de las mamás entrevistadas fue de 40 años, esto significa que muchas de ellas iniciaron su gusto por las telenovelas desde su adolescencia. Habría que hacer más investigación específica al respecto.

Así pues, en la actualidad la gente que ve telenovelas (como señala González, 1988) "...son niños, niñas, señores y señoras, jóvenes y señoritas, viejos y viejecitas, los primos, la tía, los vecinos, los amigos, las sirvientas, mujeres quedadas y otras, ejecutivas, amos y amas de casas ricas, otras pobres y otras más, no tan pobres ni tan ricas ni tan amas" (p.14). El hallazgo de este autor coincide con lo que se encontró en el estudio que realizamos. Al preguntárseles a las y los sujetos en compañía de quién o quiénes veían la telenovela, las respuestas abarcaron: madre, padre, hermana/o, abuela/o, tía/o, pareja, hija/o y más esporádicamente con la suegra, cuñada/o, sobrina/o, nieta/o.

Como puede verse, la concepción tan ampliamente difundida de que las telenovelas eran vistas casi exclusivamente por mujeres, además pertenecientes a un nivel socioeconómico y educativo bajo, que en su mayoría eran amas de casa o trabajadoras domésticas, ya no corresponde a la realidad. No obstante, los temas abordados en los melodramas van a tener un efecto en el público, dependiendo de las características específicas de los receptores, del contexto y del momento histórico por el que se atraviese. En este sentido, puede decirse que está proliferando un nuevo género dentro de las telenovelas, que por los temas, personajes y contextos incluidos, también van dirigidas o han captado públicos de diversas edades, niveles socioeconómicos y educativos (niñas/os, adolescentes, madres y padres de familia, abuelas/os). Ejemplos de éstas son: *Quinceañera, Dulce desafío, Cuando llega el amor, Alcanzar una estrella, Mi pequeña soledad*, por citar algunas. En ellas aparecen personajes representados por actores y actrices famosos, muy "de moda", o con una aceptación social muy alta, tanto por el estereotipo al que se ajustan como por otras características socialmente "valiosas" en el medio televisivo y que éste ha sabido "vender", aunque sea en forma relativa, a los receptores. Esto posibilita la empatía o la identificación con los personajes femeninos y masculinos y, por lo tanto, en cierta forma se asegura este auditorio.

Por otra parte, también se han producido ya telenovelas dirigidas (especialmente) a un público de niñas y niños, como fue el caso de *Mundo de juguete* y más recientemente *Carrusel*. Esta última tuvo un *rating* muy alto y en ella las y los portadores y transmisores de roles y estereotipos tradicionales para niñas y niños (tomando como punto de partida la división de géneros, que establece relaciones jerárquicas de poder entre mujeres y hombres) eran actores y actrices que "convencían" (con relativa facilidad) a la audiencia (tanto infantil como de madres de familia y padres o abuelas/os) sobre el papel "educativo" y de "enseñanza" que transmitía la telenovela. Así, había que hacer o comportarse de tal o cual manera en función de si se era niña o niño, porque así lo decía o lo hacía la maestra Jimena. Aquí debe aclararse lo siguiente: los medios masivos no son la única instancia de socialización, pues en este caso concreto muchos de los mensajes y escenas seguramente ya habían sido oídos o vistos por los niños (a través de la familia o la escuela), pero el que alguien con "credibilidad" y simpatía (como la maestra Jimena) lo volviera a decir, pudo funcionar como un factor para reafirmar lo ya transmitido o prescrito por la institución social, familia o escuela.

MOTIVACIONES DE LA POBLACIÓN ESTUDIADA PARA VER TELENOVELAS Y PERCEPCIÓN DE LOS MENSAJES TRANSMITIDOS

Dentro de nuestra investigación, las preguntas para recabar esta información con toda intención fueron abiertas, de manera que los sujetos de los diferentes grupos de adolescentes, hombres y mujeres, así como las madres de familia, estaban en la mayor libertad de contestar, de acuerdo con su experiencia muy personal, ya que como se mencionó al principio de este trabajo, la realidad es percibida de manera distinta, dependiendo de la situación, contexto y características de las personas; esto incluso a pesar de las intenciones del emisor. Así pues, la gama de respuestas fue muy amplia, pero los tres motivos expresados en los que hubo mayor coincidencia fueron:

1. El tema o la trama. Esto se refiere específicamente al argumento central del melodrama que, en este caso fue de mucho interés porque "aborda la problemática actual", "aporta mensajes sobre la relación padres-hijos" en cuanto a "comprensión, amor, comunicación", según opinión de mujeres y hombres entrevistados. Es de hacer notar que esto ha sido muy bien capitalizado por

quienes producen y dirigen telenovelas, ya que si bien la lógica de cualquier telenovela es casi la misma, en el caso de *Dulce desafío*, y ya antes con otras como *Quinceañera*, la trama desarrollada captó públicos de diferentes edades: niñas/os, adolescentes y adultos, y en la actualidad siguen produciéndose y transmitiéndose melodramas con temas muy similares.

Aquí vale la pena retomar lo que señalan Fuenzalida y Hermosilla (*op. cit.*), en términos de que la identificación de las mujeres con la telenovela no es tanto a nivel de su "realidad objetiva", sino más bien de su realidad psíquica y su conciencia emocional.

2. Los actores y las actrices. Se trata de adolescentes y jóvenes "de moda" en este momento, es decir, que están teniendo una alta promoción y éxito o se encuentran en la cima de su carrera, o bien, están en la etapa de la madurez, pero con prestigio desde hace tiempo, de manera que el público los acepta, ya sea por curiosidad, admiración, o porque se identifican con ellos/as; aquí hay que puntualizar que los dos grupos de adolescentes hombres y más persistentemente los de CMA, dijeron que veían la telenovela porque salía Adela Noriega, pues ella "está muy guapa" o también dijeron "está como quiere"; todo esto puede interpretarse de dos maneras: por un lado, como una justificación muy poderosa para ver telenovelas, aunque sean hombres, pero por otra parte lo que nos pueden estar indicando estas respuestas es que, al menos entre estos jóvenes, todavía se sigue valorando a la mujer sobre todo por la belleza y el cuerpo, estereotipo representado por esta actriz.

Sin embargo, para las mujeres adolescentes el actor que más gustó fue Armando Araiza, quien no se ajusta al estereotipo masculino, pues aunque es bien parecido, es de complexión delgada, voz "tierna" y parece ser que las cualidades del personaje que representaba atrajeron mucho a las adolescentes: "me gustó por su forma de ser, por cómo se relacionaba con las 'chavas' y por todo lo que hacía". Lo que todavía asombra más es que estas mismas cualidades fueron rescatadas por adolescentes hombres, señalando que las admiraban en ese personaje y que les gustaría ser como él. Muy pocas mencionaron al psicólogo, representado por Eduardo Yáñez, que se ajusta más al estereotipo masculino, el "galán", etc. Aquí también podría interpretarse de dos maneras: que en las mujeres adolescentes se están dando cambios a nivel del estereotipo masculino tradicional y están tomando en cuenta otros atributos, o bien que ciertas características del "galán" no convencen o no son aceptadas por estas jóvenes, o lo veían como alguien muy lejano para ellas.

En contraste, las madres de familia siguen admirando y aceptando características tradicionales del estereotipo masculino como el representado por Enrique Lizalde (con voz "muy varonil", "serio", "frío" y "casi impositivo"); o Eduardo Yáñez, el psicólogo (por "maduro", "guapo", "serio" y que "ayuda a la gente"). Pero en las madres de CMB fue donde ocurrió más esta respuesta, poniendo énfasis en la "ayuda a la gente". En este grupo parece haber una preocupación constante o "culpabilidad" (mucho mayor que en las madres de CMA) en cuanto a la manera de tratar o solucionar los problemas de las(os) hijas(os). Tal vez esto se encuentra ligado al hecho de que las madres de CMB tienen menos herramientas para hacer frente a esto: menos recursos económicos como para contar con asesoría psicológica; menor educación; reproducción de prácticas (tal y como las vivieron en su adolescencia) y comportamientos poco asertivos para educar o guiar a los hijos(as).

3. Constituyen una distracción o entretenimiento. Abarcan las explicaciones proporcionadas en este punto un amplio espectro, desde "no tener otra cosa que hacer y al menos la telenovela las(os) distrae un rato", señalándose también que "son una forma de descanso" o de "desahogo" (algo así como un mecanismo de catarsis), o de "diversión", hasta valorarla como una fuente de enseñanza, de donde pueden aprender muchas cosas. En relación con esto último, algunas madres de familia, en especial de CMB nos decían: "Me gustaría ser o tener a alguien como el psicólogo para poder resolver los problemas de mis hijas e hijos, de la forma como él lo hizo".

Ahora bien, hubo otros motivos que se expusieron y que merecen la pena citarse. Algunos adolescentes hombres dijeron que la telenovela la veían porque tenían conocidos en el "equipo técnico" de la misma, o porque "conocían o les caía bien el director del melodrama", o porque la veían otros familiares. Nuevamente estas respuestas podrían interpretarse como de "defensa" o de "disculpa" por ver telenovelas, siendo hombres. Otras respuestas que merece la pena comentarse son: "la veo por el vestuario que traen los personajes"; o sea, parece ser que ven en la telenovela un espacio para enterarse de la "moda". Llamó la atención también que mencionaran "porque aparece gente joven" y si bien esta respuesta fue emitida ante todo por adolescentes, también fue dicha por madres de familia de CMB, en quienes también se observó que al preguntárseles sobre qué desearían tener o hacer de los personajes, éstas contestaron que "tener la juventud de las muchachitas" (nada de esto se encontró en el grupo de madres de CMA). Valdría la pena investigar más al respecto.

ALGUNAS REFLEXIONES A MANERA DE CONCLUSIÓN

1. La telenovela objeto de estudio en este trabajo (*Dulce desafío*) se seleccionó como un ejemplo del nuevo género de telenovelas que

se está produciendo, en las que los protagonistas principales son adolescentes mujeres y hombres y uno de los temas principales son las relaciones padres-hijos. Además, se parte de una temática que hasta hace poco tiempo no había sido abordada, que incluye: violación, drogadicción, aborto, entre otros. Por tanto, van dirigidas primordialmente a los adolescentes, madres y padres de familia. Ésta fue la razón por la que los grupos con quienes se trabajó fueron muestras de adolescentes (mujeres y hombres), así como madres de familia, tanto de nivel socioeconómico medio bajo como de medio alto (se había contemplado también incluir dos muestras de padres de familia, pero como se mencionó, ellos no accedieron a ser entrevistados). Sin embargo, al igual que la mayoría de las telenovelas, están orientadas a un mercado urbano. Todavía el medio rural y campesino está lejos de ser considerado.

2. A pesar de que en muchas de las investigaciones sobre el tema, se hacen fuertes críticas a las telenovelas, señalando su carácter enajenante, fantasioso y distorsionado respecto de las imágenes, que presentan a la mujer como la "víctima", en la presente investigación se rescata a la telenovela como un espacio que es reflejo de la vida cotidiana. El análisis cualitativo que a lo largo de este trabajo se realizó, en relación con lo expresado por los diferentes grupos que participaron en nuestro estudio, acerca de las motivaciones y sus percepciones como sujetos sociales activos, que forman parte del público de los melodramas (para este caso específico, el de *Dulce desafío*) parece confirmar esta apreciación. Puesto que la población a la que se entrevistó fue únicamente del medio urbano, sería conveniente incluir en futuras investigaciones muestras con las mismas características de las y los sujetos de este estudio, pero del medio rural.

Los motivos y percepciones expresados, tanto por mujeres como por hombres, respecto de la telenovela en cuestión (*Dulce desafío*), los recuerdos, asociaciones, comparaciones, identificaciones y fantasías que se suscitaron vienen a reforzar lo señalado por Galindo (1988) al referirse a que la telenovela es como la vida social puesta en escena y preparada de forma tal que sea muy semejante a lo que ocurre en la vida cotidiana, aportando elementos tan reales como el mundo real. Ese interjuego entre realidad y fantasía que se presenta en la telenovela, los conflictos y experiencias por los que atraviesan los personajes femeninos y masculinos, hacen que los espectadores se conecten más con su realidad psíquica y su conciencia emocional, que con su realidad objetiva.

Así pues, para muchas personas que forman parte del público, la telenovela está cumpliendo una "función" (más adelante se analiza críticamente esto): representa para la gente una opción de entretenimiento, de distracción, en el sentido de una puerta hacia el olvido, de evasión, de escape. Viene a llenar un vacío (para algunas personas se convierte en un medio para recibir orientación y asesoría, esto es, "enseña"); es percibida como algo que "habla de la vida", que dramatiza "hechos reales", despierta ilusiones de volver a la experiencia de lo ya vivido, de lo conocido, pero también un goce del prever y del adivinar.

Lo anterior viene a corroborarse en otro estudio (de los pocos que existen) realizado en Colombia, por Muñoz (1988), en el que se compara la forma de percibir las telenovelas en adolescentes y mujeres adultas. A pesar de las diferencias encontradas entre estos dos grupos, una constante fue que ninguno de los dos grupos ve a la televisión como un "medio menor", que haya degradado el arte o haya banalizado la vida "...ambos están lejos de Adorno y de su visión del arte; en otras palabras, para estas jóvenes y mujeres, la televisión es tanto goce estético, como fuente de información y entretenimiento" (p. 283).

También esta investigadora encuentra que las mujeres adultas perciben a la telenovela como un testimonio de vida, como un ejemplo a seguir, como el drama que ha vuelto, como la vida, una y otra vez a repetirse. Cabe aquí destacar que, aunque Muñoz (1988) realiza su estudio en Colombia, sus hallazgos tienen grandes coincidencias con los nuestros. Las madres de familia (sobre todo de CMB), aunque también algunas mujeres y hombres adolescentes (de CMB) encuentran en las telenovelas una fuente de enseñanza, de donde pueden tomar consejos, para seguir en sus vidas o revertirlos en la educación de las hijas e hijos. Asimismo, se observa el placer por ir reconstruyendo un pasado matizado de fantasía y de identificación con los personajes. Una mujer madre de CMB nos relataba que lo que más le había gustado de *Dulce desafío* era "...cuando Lucero y Enrique [el psicólogo] se dan el primer beso. Duró como una hora. Todas lo hemos vivido". (Como dato, la duración de cada capítulo diario era de una hora.) Por su parte, uno de los adolescentes nos comentaba que él se identificaba con el psicólogo: "...en carácter y en el físico". Otro adolescente más señalaba que estaba atravesando por un momento tan difícil, por idéntico, como por el que pasaba el personaje representado por Armando Araiza: la madre tenía un amante y él los había descubierto.

3. Como pudo constatarse en este estudio, al presente la telenovela ya no constituye más un campo reservado únicamente a las mujeres. Cada vez más hombres figuran como parte del público. Al menos, en los grupos estudiados se encontró que la proporción de telenovelas vistas por adolescentes mujeres y hombres era de 2 a 1. Sin embargo, estos datos no pueden ser concluyentes, ya

que en este melodrama, aparentemente el móvil para ver *Dulce desafío* fue la actriz Adela Noriega, aunque también se hicieron ya consideraciones al respecto en el sentido de que esta respuesta tan reiterativa en los adolescentes hombres pudiera ser la seudojustificación y en cierta medida estar negando que les guste ver telenovelas. Sería conveniente investigar al público de hombres en telenovelas con temas y artistas distintos.

4. La variable edad (en los grupos de mujeres: madres *vs.* adolescentes) y la variable género (entre adolescentes mujeres y hombres) parecen estar asociadas al cambio en la aceptación de estereotipos femenino y masculino, tal como fue descrito. Mientras que entre las jóvenes de este estudio parece ya no aceptarse el estereotipo masculino tradicional, éste sigue prevaleciendo entre las madres. De igual manera, los adolescentes hombres parecen seguir prefiriendo el estereotipo de belleza femenina convencional, aunque según lo expresado por algunos, ellos ya no aspiran a ser completamente como el estereotipo masculino difundido. En relación con esto, resulta pertinente hacer más investigación para poder identificar si realmente se están operando cambios o si más bien lo expresado por las y los adolescentes está derivado sobre todo del impacto específico de los artistas que actúan en la telenovela analizada. Habría que indagar en otras telenovelas.

5. Si bien los resultados del estudio en que se basa este trabajo aportaron valiosos datos para los objetivos que se perseguían, consideramos que esto constituyó una primera etapa. Se sugiere ahora una siguiente investigación en la que se presenten a las y a los sujetos, escenas e imágenes obtenidas de la telenovela *Dulce desafío*, cuyos capítulos en su gran mayoría fueron videograbados. Esto con la finalidad de que, ante escenas e imágenes específicas y preguntas dirigidas, el espectador opine al respecto (la etapa del libre recuerdo y preferencias de cada sujeto se cubrió, en efecto, en el estudio realizado). Interesa además, en este nuevo estudio, indagar hasta qué grado y cómo perciben las escenas, imágenes y mensajes donde se plasma la división de géneros, así como también aquellos donde se están operando cambios. Trabajando con grupos de similares características a las aquí reportadas, se estaría en posibilidades de, posteriormente, hacer comparaciones entre estos grupos. Esto serviría o llevaría al diseño de programas y estrategias acordes con lo encontrado en los distintos grupos.

6. Aunque los cambios son lentos, y en ocasiones son seudocambios que terminan por reforzar los roles femeninos y masculinos tradicionales, hay que reconocer que sí se están empezando a "filtrar" nuevos mensajes y escenas. De aquí que considero a la telenovela como un espacio en potencia para la transformación de

las relaciones entre los géneros, es decir, lo opuesto a lo que en la actualidad en términos generales se promueve y que son los roles diferenciados de género entre mujeres y hombres. Sin embargo, las transformaciones deberían conservar, por supuesto, esos elementos y tácticas de la programación actual que la convierten en opción llamativa de entretenimiento, diversión, pasatiempo; un espacio más de aprendizaje y toma de conciencia, pero que en ningún momento vaya a ser invadido por el tedio o el aburrimiento, o que los cambios se den tan "bruscos" que se produzca un fenómeno de "reactancia" (percepción de algo como imposición, que produce una reacción de rechazo, en este caso, que se apagara la televisión o se cambiara de canal).

Toca pues a aquellas y aquellos que estamos inmersas e inmersos en el estudio e impacto de los medios masivos de comunicación sobre los roles de género, emprender acciones a corto, mediano y largo plazos, para diseñar y llevar a la práctica estrategias por medio de las cuales podamos incidir tanto en la televisión comercial como estatal. Aunque muchas personas consideran que esto es casi imposible de lograr, puesto que los medios están en manos del "gran poder", conviene aquí remitirnos a lo ya expresado al inicio de este trabajo, donde se señaló que "no todo ha salido de los lugares del gran poder, también el pequeño poder es un inventor de objetos"; es decir, debe reconocerse la influencia del "pequeño poder", o el impacto de las "minorías activas" y en lugar de asumir la posición fatalista de que la "ideología o el grupo dominante" lo decide todo (con lo que se apostaría al no cambio), más bien debemos apostar y rescatar el potencial del "pequeño poder" para promover y llevar a la práctica transformaciones a diferentes niveles (ejemplos los hay y son variados: uno de ellos ha sido el impacto del movimiento feminista en diversos países).

Lo que ahora parece utopía puede convertirse en realidad si no perdemos de vista que la estrategia debe contemplar cambios dosificados, mucha imaginación en su planteamiento, y sobre todo al llevarse al plano de lo concreto, mucho análisis, estudio y discusión al respecto, así como un compromiso feminista y un alto autoconvencimiento de que sí es posible utilizar un espacio tan específico como la telenovela, dentro de la programación televisiva, como una estrategia que contribuya a la transformación de las relaciones entre los géneros.

BIBLIOGRAFÍA

Benería, L. y M. Roldán (1987), *The crossroads of class gender*, The University of Chicago Press, Chicago.

Bustos, O. (1986), "Algunas consideraciones acerca de los papeles y estereotipos femeninos proyectados en los medios de comunicación masiva", en *Universidad*, Universidad de Querétaro, núms. 31/32.

——— (1988), "Socialización, papeles (roles) de género e imagen de la mujer en los medios masivos: ¿quiénes perciben los estereotipos difundidos?, en V. Salles y E. McPhail (comps.), *La investigación sobre la mujer: informes en sus primeras versiones, Documentos de Investigación* núm. 1. PIEM-El Colegio de México, México.

——— (1989), "Impacto y percepción en adolescentes (de ambos sexos) y madres de familia, de los mensajes e imágenes proyectados en telenovelas", en P. Bedolla, O. Bustos, F. Flores y B. García. *Estudios de género y feminismo*, t. 1, UNAM-Fontamara, México.

Charles, M. (1987), "Y la mujer prendió la tele...", en *Fem.*

Edwards, P., S. Cortés y M.E. Hermosilla (1987), *Mujer TV*, Ceneca, Santiago de Chile.

Esteinou, J. (1983), *Los medios de comunicación y la construcción de la hegemonía*, Nueva Imagen, México.

Fleur, M. L. de y S.B. Ball-Rokeach (1988), *Teorías de la comunicación de masas*, Paidós, México.

Fuenzalida, V. y M.E. Hermosilla (1989), *Visiones y ambiciones del televidente. Estudios de recepción televisiva*, Ceneca, Santiago de Chile.

Galindo, J. (1988), "Lo cotidiano y lo social. La telenovela como texto y pretexto", en *Estudios sobre las culturas contemporáneas. Revista de investigación y análisis*, Universidad de Colima, vol. 2, núms. 4-5, pp. 95-135.

González, J. (1988), "La Cofradía de las emociones (in)terminables. (Parte 1a.) Construir las telenovelas mexicanas", en *Estudios sobre las culturas contemporáneas. Revista de investigación y análisis*, Universidad de Colima, vol. 2, núms. 4-5, pp. 13-66.

Iglesias, N. (1990), "Estereotipos de género en el cine comercial. Ponencia presentada en la Reunión Latinoamericana de Antropología de la mujer", PIEM 13-15 de junio, México, D.F.

Izquierdo, M. J. (1985), *Las, los, les (lis, lus). El sistema sexo-género y la mujer como sujeto de transformación social*, La Sal, Madrid.

Moscovici, S. (1985), *La era de las multitudes. Un retrato sobre psicología de las masas*, FCE, México.

Muñoz, S. (1988), "Apuntes sobre dos modos de ver telenovelas", *Estudios sobre las culturas contemporáneas. Revista de investigación y análisis*, Universidad de Colima, vol. 2, núms. 4-5, pp. 277-291.

Nethol, A. y M. Piccini, (1984), *Introducción a la pedagogía de la comunicación*, Universidad Autónoma Metropolitana-Xochimilco, México.

Pascuali, A. (1980), *Comprender la comunicación*, 2a. ed., Monte Ávila, Caracas.

Piccini, M. (1989), "Imágenes y disolvencias: la mujer y los media", en P. Bedolla, O. Bustos, F. Flores y B. García, *Estudios de género y feminismo,* UNAM-Fontamara, México.

Prieto, D. (1981), *Discurso autoritario y comunicación alternativa,* Edicol, México.

Rubin, G. (1986), "El tráfico de mujeres: notas sobre la 'economía política' del sexo", en *Nueva Antropología*, vol. 8, núm. 30.

NUEVAS MIRADAS SOBRE LA FAMILIA[1]

VANIA SALLES
El Colegio de México

No lo saben, pero lo hacen
Marx

I

Este ensayo se organiza en torno a la idea de que existen trabajos recientes sobre la familia que al reconocer su carácter multifacético y cambiante establecen líneas interpretativas caracterizadas por la búsqueda de lo que de nuevo tienen las relaciones familiares contemporáneas. Estas producciones se traducen en acercamientos de diversa índole que sobrepasan los límites disciplinarios de la sociología y de la demografía. Además de propositivas son críticas, y uno de sus blancos son los enfoques que se centraron en visiones unívocas de la realidad familiar. Se sostiene en el primer apartado que son las elaboraciones ancladas en la perspectiva del género las que articulan no sólo una parte de las discusiones, sino también algunas de las nuevas propuestas interpretativas.

El proceso de construcción del género es visto de modo breve en la segunda parte del texto. En ella se destaca el carácter relacional de dicha construcción que se considera irreductible al estudio de la familia porque los procesos formadores del género se ubican en el ámbito de la cultura macrosocialmente producida. Se sostiene esta postura sin restar importancia a la familia como una de las

[1] La primera versión de este texto fue redactada para presentarse en una reunión de trabajo sobre "Familia y mujer", organizada por el CIDHAL en septiembre de 1990, en Cuernavaca. Agradezco a Carola Carbajal Ríos y a Carmen Magallón Cervantes la invitación y los valiosos comentarios que me hicieron. Con base en varias ideas contenidas en esta versión organizamos el programa del curso "Familia y vida cotidiana", impartido en el PIEM-El Colegio de México (octubre de 1990/febrero de 1991), con la colaboración de María Gabriela Hita.

instancias cruciales en la producción/reproducción de símbolos y normas que rigen el deber ser femenino y masculino.

En el tercer apartado hay referencias a algunas tematizaciones que hoy día imperan en distintos acercamientos a la familia, entre los que destaca el feminista.

La variabilidad de los lazos fundadores de la familia y las funciones sociales que cumplen la simbología y los patrones organizadores del parentesco son temas que constantemente se estudian desde diferentes perspectivas teóricas. Los cambios en las relaciones familiares reflejados también en percepciones y vivencias captadas por discursos ajenos a las ciencias sociales -como la literatura y el cine por ejemplo- exigen un repensar que sea, además de actualizador, propositivo de interpretaciones aptas para leer sus contenidos y sus sentidos. Este repensar no puede consistir en un ejercicio meramente abstracto sino más bien debe nutrirse de nuevas maneras de mirar (de examinar) la realidad de las familias contemporáneas.

Entre las nuevas miradas sobre la familia,[2] la feminista cobra hoy día gran relevancia pues está inserta en un contexto que reúne el doble atributo de enfocar la configuración familiar desde una perspectiva crítica y de proponer nuevos temas que cubren un amplio espectro de problemas.

La elaboración de la crítica feminista ha dependido de prácticas diversas que se dirigen hacia la familia y a sus intancias articuladoras no solamente como institución, sino sobre todo como realidad vivida por las personas que protagonizan las relaciones familiares. La conjugación de estas dos dimensiones otorga a los estudios sobre la familia un ingrediente adicional, pues permite hacer el ajuste entre lo que es vivido como experiencia y lo que se debe teorizar y analizar. De allí la emergencia de nuevos temas que al establecer distintas prioridades y al interesarse por sujetos poco estudiados como la mujer, protagonista central de las relaciones familiares, trastoca interpretaciones consagradas sobre los ejes estructurantes de las pautas y funciones de la organización familiar.

El acercamiento a cuestiones anteriormente excluidas, o insuficientemente incorporadas por los estudios de la familia, se da paralelamente a la creación de un marco conceptual original.

En el feminismo contemporáneo, este marco conceptual deriva de la puesta en evidencia de que las diferencias sexuales se

[2] Para una revisión de estos aportes, véase Salles, 1990. Ahí se destacan varias perspectivas que son novedosas sin ser feministas. En el presente trabajo el énfasis es distinto.

traducen en desigualdades sociales entre hombres y mujeres (en términos económicos, políticos y otros), lo que es el fundamento de la subordinación femenina.[3] Las reflexiones sobre las mencionadas desigualdades que han acompañado la historia del feminismo adquieren auge en el periodo reciente, están casi siempre vinculadas a estilos variados de militancia, a formas de resistencia, y se acoplan con las preocupaciones teóricas relativas a la construcción del género[4] y con los esfuerzos desarrollados para captar cómo opera este proceso. Aunque, como lo veremos más adelante, las cuestiones referidas al género tengan una extensa abarcabilidad y puedan ser tomadas como un eje fundante de diversos aspectos de la estructuración de la sociedad, pienso que están en la base misma de los análisis feministas sobre la familia.

Tales preocupaciones sobre la problemática del género, están enmarcadas en lo que podríamos llamar el quiebre de los grandes paradigmas teórico-interpretativos y del valor heurístico de conceptos producidos en forma aislada por algunas disciplinas, procesos que se acompañan de un cierto agotamiento de instancias ordenadoras de la vida social. El mencionado quiebre es advertido por el pensamiento posmoderno en general y su producción, ya que lo vinculan con el feminismo, sobre todo europeo y norteamericano. Scott (1988: 120) al referirse a las historiadoras feministas indica: ellas "sostenían que la investigación sobre las mujeres transformaría fundamentalmente los paradigmas al interior de varias disciplinas".

La alusión al agotamiento recoge la hipótesis sobre el vínculo del feminismo con posturas críticas de la modernidad. Éste derivaría no tanto del hecho de que comparten un momento cronológico, sino de que condensan un cierto malestar proveniente (en una de sus acepciones) del desfase entre las promesas social y culturalmente concebidas y la realidad heredada y vivida en la contemporaneidad. Ésta, pensada desde los contextos del capitalismo subdesarrollado se hace muy compleja por la constatación de una suerte de modernización inconclusa, que tiene impactos distintos sobre la

[3] En Rubin, 1986; De Barbieri y De Oliveira, 1986; Lamas, 1986, encontramos el rescate de los ejes principales de estas reflexiones que cobran auge entre 1960 y 1970.

[4] En Lamas (1986) hay una revisión sustantiva del concepto género y de los distintos saberes que lo produjeron, con énfasis en el antropológico. Véase también Conway, Bourque y Scott (1987) quienes recalcan los aspectos socialmente instituidos que intervienen en la conformación de lo masculino/femenino, remitiendo el tema a una suerte de "autoridad social" que actúa de manera mediada en la conformación de los géneros vía un conjunto complejo de prácticas e instituciones (y entre ellas encontramos la familia, que juega un papel crucial mas no exclusivo).

vivencia de la modernidad y sobre las instituciones que subyacen a estas vivencias. Hay una vasta reflexión sobre este asunto que es también tratado por Habermas, desde el ángulo más general del agotamiento de las energías utópicas, y por pensadoras feministas desde un ángulo más acotado a la crítica feminista (Flax, 1987).

Pero el ambiente que condensa un malestar proveniente del desfase entre promesas pretéritamente formuladas y realidades presentes, más que reflejarse en la familia, encuentra en ella una de sus fuentes, toda vez que la familia sea vista no desde la óptica exclusiva de sus estructuras sino como un ámbito relacional que produce interacciones de naturaleza íntima e intensa, no siempre predefinidas por la cultura y que se presentan en un continuo proceso de construcción y diálogo con las costumbres instituidas.

Los ideales de justicia e igualdad, constituyentes de procesos de cambio profundo en contextos europeos que marcaron con su huella la concepción occidental y moderna de sociedad, ideales *aún por lograr* (que son principios generales subyacentes a la convivencia humana) han influido profundamente en la configuración de diversas instancias sociales y entre ellas las de naturaleza familiar.

Moller Okin (1989) en *Justice, Gender and Family*, a partir de una original crítica de textos clásicos y actuales de filosofía política[5] reflexiona sobre la justicia y las instituciones, con énfasis en las de carácter familiar. Al hacerlo remite varios de sus razonamientos a la normatividad social, traducida en costumbres e ideologías pero sobre todo en leyes, que al favorecer y legitimar determinados tipos de relaciones de familia y de trabajo dejan a la mujer (y en ciertos casos también a hijas e hijos) en estado de vulnerabilidad, lo que se inserta en el tema de la inequidad social. Esta crítica cuestiona justamente la manera en que operan los principios de justicia e igualdad, reportándolos a las diferencias sociales que permean los vínculos de personas de géneros distintos que conviven en espacios familiares.

Kellerhals, Coenen y Modak (1987) caracterizan al ámbito familiar como un espacio de interacción fundador de normas de distribución de justicia. Este fenómeno, siempre vinculado, en términos sustantivos, con la posición socioeconómica del grupo familiar, se remite al entrelazamiento de dos categorías: justicia/injusticia, detectables al nivel de diferentes intercambios de ideas y de prácticas simbólicas, de poder, autoridad, etc., que se dan en el interior de la familia. El acercamiento a la distribución de la justicia se hace en función de las jerarquías existentes entre los diferentes miembros de la familia y en el marco del desplazamiento de las relaciones internas al

[5] Entre estos últimos encontramos un interesante diálogo con John Rawls.

grupo hacia el contexto más amplio. Para indicar la relevancia del tema Kellerhals, Coenen y Modak echan mano de problemas ilustrativos que fundamentan tanto la generalidad de la cuestión justicia/injusticia en términos sociales, como la pertinencia de retrotraerla al ámbito de la familia. En este sentido, sin ser un discurso declaradamente feminista, produce referencias entre las que se encuentran algunas de las grandes banderas del movimiento feminista, y juzgan a la justicia: la doble jornada de trabajo de las mujeres casadas, los derechos patrimoniales desiguales entre marido/mujer/hijos; la inexistencia de compensación económica para el trabajo doméstico; la movilidad social desigual entre marido y mujer.

La racionalización de los ámbitos constitutivos de lo social -proceso que acompaña el desdoblamiento de la concepción moderna de sociedad-[6] ha requerido de un marco legal en innumerables ocasiones. Entre las instancias que han sido reguladas por leyes producidas y constantemente renovadas y ajustadas por el Estado, encontramos a la familia.

La legislación actual, reguladora de las relaciones sociales estructurantes de la familia, como el matrimonio por ejemplo, y las leyes que presiden y establecen los derechos de la pareja en estado de separación -en los casos de divorcio- han recibido un examen más reciente por parte de las mujeres. Desde una óptica combinada, derecho y sociología (Alberdi y Alberdi, 1985: 185), se analiza el tema y se destaca, además de cuestiones generales que interesan a la "familia en conjunto y a cada uno de sus miembros", la inoperancia de las leyes para salvaguardar los derechos de la mujer y los hijos en situaciones de disolución del matrimonio. Se enfatizan también cuestiones referidas a los bienes de la pareja y a las modalidades legales y consuetudinarias que rigen su división, no siempre favorables a la mujer. En este sentido se hace hincapié en el hecho de que hay una impregnación de las ideologías patriarcales en las legislaciones actuales.[7]

Las anteriores acotaciones permiten considerar la coexistencia de prácticas sociales que han cristalizado en códigos, en instituciones con prácticas y vivencias desplegadas en actualidades que aún no consiguen imponerse. Esta coexistencia manifiesta en términos de la familia (instancia articulada en torno a vivencias y a cristali-

[6] Para ideas adicionales que rescatan brevemente formulaciones weberianas sobre este aspecto, véase Salles (1990).

[7] El estudio se circunscribe al examen del caso español, que no obstante reporta situaciones presentes y vigentes en otros contextos.

zaciones) genera inquietudes e incertidumbres, pues muchos de los problemas planteados por la cotidianeidad familiar presentan contradicciones con lo establecido.

Además, la existencia de una gran variedad de modelos familiares en convivencia, ordenados según estilos de vida y prácticas diferentes, unas vinculadas a visiones tradicionales, otras productoras de transformaciones, añade atributos a lo ya dicho sobre el malestar, ya que las familias no existen de manera aislada y sobreviven mejor mediante el establecimiento de redes, tejidas con otras familias y parientes, pero en todos los casos contextualizadas por comunidades, tomadas en su sentido amplio. Y es en el ámbito colectivamente constituido, o sea la comunidad, en donde los arreglos portadores de la tradición y las configuraciones portadoras de las transformaciones se ajustan, mediante un complejo juego de espejos provocando la emergencia de un elenco de malestares.[8]

Los desarrollos anteriores referidos a situaciones contemporáneas fueron trabajados por Horkheimer, quien observa relaciones características de periodos diferentes. En una fundamental reflexión sobre el contexto europeo en periodos de transición hacia el capitalismo (Horkheimer, 1977), se percata de la existencia de una especie de desfase entre los cambios en la familia (que se caracterizaban por ser lentos) y los cambios en otras instancias constitutivas de la sociedad. Mientras las transformaciones de estas últimas se centran en la búsqueda de la racionalidad, del cálculo y del mercado para ordenar la oferta y la demanda, gran parte de las familias siguen organizándose bajo rasgos predominantemente feudales. A este propósito afirma: "los niños para quienes el mundo fue una verdadera cárcel durante toda la Edad Media, siguieron sometidos a la esclavitud durante el siglo XIX. Cuando se completó la separación entre el Estado y la sociedad, entre la vida política y la privada, siguió subsistiendo en el hogar la dependencia personal directa". Tal desfase, que refleja los ritmos desiguales que adoptan las transformaciones sociales, puede ser leído como otra forma de manifestación del malestar.

El tema del malestar, tratado y visto por Freud (1981) de una manera original y a partir de una acepción distinta a las anteriores,

[8] Esta expresión fue tomada de Martínez (1989). Véase sobre este punto igualmente Riquer (1990). Esta circulación de modos de vivir y de maneras de situarse frente a la vida se ancla también y de manera fundamental en la convivencia en la escuela; se da bajo la influencia de los medios modernos y masivos de comunicación que "entran" en la casa y divulgan ideología que en ocasiones provocan conflictos con pautas previas de ordenación del nucleo familiar. Sobre este último punto véase Bustos (1988).

llama la atención exactamente sobre la fuerza de lo instituido –en el caso de la cultura–, sobre la formación de las personas y de sus procesos de identificación. Al establecer elementos que permiten posteriores articulaciones entre los hechos macrosociales y los fenómenos inmediatamente incidentes en la formación de los individuos en términos de su constitución profunda, el aporte de Freud representa un antecedente crucial para pensar la cuestión de la familia como una de las fuentes del malestar. Y esto, no porque la reflexión freudiana sea reductible a las relaciones familiares o a la cultura: creo que es justamente su irreductibilidad a estos fenómenos (o sea los familiares y los culturales) lo que permite, por una parte, visualizar los aspectos críticos de la relación familia/cultura y por consiguiente los cambios en la construcción del género y, por otra, posibilita enmarcarlos en la problemática de la diferencia de los sexos. Es, en efecto, la atención superficial (cuando no inexistente) que se le ha dado a este último aspecto lo que ha producido en el interior del feminismo las versiones culturalistas sobre el género, y también las perspectivas esencialistas sobre la femineidad. (Sobre la femineidad, véase Serret, 1990.)

En este marco complejamente tejido por el psicoanálisis, se abre un espacio para pensar, desde un punto de vista sociológico, el género (que está macrosocialmente programado, pero no puede ser entendido solamente desde la macrosocialidad) y sus funciones organizadoras de las relaciones familiares y de la sexualidad de mujeres y hombres, ya que las cuestiones referidas al género a pesar de tener un espectro más amplio,[9] están vinculadas con la diferencia entre los sexos y con los contenidos que la cultura otorga a estas diferencias. En su reflexión sobre el malestar en la cultura según Freud, Frida Saal (1981: 11) señala: "el tema de la diferencia de los sexos ocupa un lugar central aunque no siempre reconocido y valorado entre las causas del malestar en la cultura".

II

Las cuestiones referidas al género (tomado como una construcción real de la práctica de convivencia humana y de estructuración de instancias sociales básicas y no como una categoría o como una óptica de análisis) son tan antiguas como la humanidad.

Las formas que operan en este proceso de construcción pueden ser analizadas a partir de la historia y en su diacronía, pero

[9] Véanse a este propósito Scott (1988); Conway, Bourque y Scott (1987).

también es posible observarlas en sus diferencias simultáneamente producidas en un periodo determinado.

Esto último se evidencia si pensamos hoy día en los contextos influidos por la concepción moderna y occidental de cultura, en contraposición a otros que han sido irreductibles a tales concepciones, como los contextos árabes, por ejemplo. Rubin (1986) al subrayar la universalidad del sistema de género señala la existencia de grandes variables en estos sistemas vistos en términos comparativos, a pesar de que en cada contexto particular ellos y las categorías que los expresan sean ideológicamente tomados como invariables (o difícilmente cambiables).

Lo añejo de la cuestión no ha impedido que su importancia social cayera en el olvido y que muchas reflexiones sobre la constitución de la sociedad se hicieran sin la referencia al género, que al tiempo que ata y liga las relaciones humanas, funciona como un criterio diferenciador entre lo masculino y lo femenino. La relación de géneros masculino y femenino, por basarse en creaciones de símbolos que registran el vínculo y también las diferencias en ella implicadas, tiene un matiz enigmático, pues refiere a dimensiones tanto materiales como simbólicas.

Más que ligazones y diferenciaciones entre las percepciones subjetivamente elaboradas y manifiestas en conductas, las prácticas ancladas en torno al género logran también otras objetivaciones fundantes que se materializan en un conjunto clave de instituciones y entre ellas destacan (como se mencionó) la familia y las relaciones de parentesco. Pero esto no quiere decir que el género puede dilucidarse a partir exclusivamente de la familia o de las relaciones de parentesco, pues es él el que las estructura.[10]

En este último sentido, la producción de nuevas generaciones, que suele darse en los espacios familiares aunque no se restrinja a ellos, entendida como un acontecimiento que va más allá de la reposición biológica y de la socialización en sus aspectos intencionales, implica procesos de formación de identidades y entre ellas encontramos la de género, adquirida en periodos tempranos de la infancia y reforzada en otras etapas de la vida mediante la escuela, los grupos de amigos y bajo la influencia de los medios masivos de comunicación (y de otras suertes de comunicaciones no masivas). Las identidades de género atadas al homosexualismo, también se

[10] En efecto, el género organiza las relaciones entre los miembros de la pareja (que también están basadas en las diferencias entre los sexos) y las de ésta con la progenie, y en este último aspecto incide sobre las formas que adopta la convivencia intergeneracional. Sobre las posturas juveniles en la contemporaneidad, véase Valenzuela (1991). Sobre las relaciones de pareja, véase Arizpe (1989).

forman en los procesos tempranos y como los anteriores se inscriben en el panorama de las identidades profundas, constituidas por la convivencia con el padre y con la madre, en sus modalidades reales y simbólicas o por la relación con protagonistas alternativos (que también pueden ser reales o simbólicos) que cumplan sus funciones. De ahí que las relaciones familiares estructuradas por el género, funcionan también como instancias estructurantes y por ello mismo reproductoras del género. O sea, el género estructura a la familia y la familia reproduce el género.[11]

Por esta razón las relaciones familiares, que tienen como uno de sus hechos originarios, aunque no exclusivos, la puesta en relación de personas de sexos diferentes, están ineludiblemente ligadas con las normas de convivencia entre los sexos y los símbolos -elaborados por la sociedad vía la construcción del género- que construyen lo que significa ser hombre y ser mujer.

Pero la mencionada liga con la que una sociedad elabora como normas y como símbolos debe ser entendida como una relación dialógica pues también los comportamientos familiares, cotidianamente vividos, que reciben grados variables de legitimación social, producen nuevos hábitos y nuevas costumbres que transforman los macroprocesos que los conforman. En este sentido cabe aventurar que el lado escondido de las estructuras familiares y del parentesco son *las* relaciones que las conforman, entre las cuales encontramos las de género.[12]

Con respecto a las visiones que restringen la construcción del género a ámbitos reducidos, Scott (1988: 35) propone considerar un espectro más amplio de realidades sociales que intervienen en el proceso. Una de sus objeciones reposa en el hecho de que algunas teorías psicoanalíticas, psicológicas y otras, al hacer depender la construcción del género (y la génesis de su cambio) de ámbitos de interacción relativamente restringidos, reducen y aíslan este proceso despojándolo de las múltiples influencias que lo determinan. Indica la necesidad de ampliar la compleja cuestión de la formación del género a otras esferas distintas de la familia y la experiencia doméstica, pues el

[11] Evidentemente, según los argumentos previos, de ello también se ocupan otros espacios de interacción.

[12] La referencia a un elenco de relaciones es necesaria, para evitar un reduccionismo y una asimilación de toda la interacción humana a las acciones y percepciones conducentes a construir culturalmente las diferenciaciones de los géneros masculino y femenino. Fácilmente se ve la ociosidad de tal formulación (a evitarse) si no se pierde de vista la cuestión referida a la diferencia entre los sexos, que en parte está dada y en parte es construida por procesos de identificación.

procedimiento reductivo dificulta la vinculación del concepto de género a otros sistemas socioeconómicos, políticos o de poder. Justamente porque la estructura de la organización familiar está influida por los imperativos sociales que determinan la división sexual del trabajo (lo que lleva a que los padres salgan a trabajar y a que las madres se desempeñen en la crianza de los niños), las relaciones que se dan en su interior son ininteligibles sin una ampliación de los campos de observación. Esta ampliación implica apropiarse analíticamente de los sistemas simbólicos macrosocialmente creados, o sea, de las modalidades por las cuales las sociedades representan el género. Estas modalidades son ejes articuladores de las relaciones sociales en general y entre ellas las de poder entre los géneros.

En efecto Scott (1988: 136) propone una crítica a las visiones que limitan el concepto de género a la esfera de la familia y a la experiencia doméstica. Recalca que esta manera de enfocar el género, limitando el uso de la categoría al sistema de parentesco -procedimiento encontrado con frecuencia entre los antropólogos- resta importancia a la posibilidad de elaborar una visión más amplia. Esta, cuando es referida a sociedades complejas como las modernas, además de los sistemas de familia y de parentesco debe incluir el mercado de trabajo "pues un mercado de trabajo sexualmente segregado forma parte del proceso de construcción del género". La educación y las instituciones que la imparten son igualmente contextos formadores de género en los que opera también el sistema político, pues "el sufragio masculino universal forma parte del proceso de construcción del género" (Scott, 1988:142). Sin negar la importancia de las estructuras de interacción relativamente pequeñas en la construcción del género, queda el énfasis puesto en la necesidad de visualizarlo desde una perspectiva que permita, para el caso de las sociedades complejas, la inclusión "de la economía y de la organización política que operan (...) de manera ampliamente independiente del parentesco".

Esta óptica propuesta apoya justamente la idea antes formulada de que la construcción del género tiene un origen y al mismo tiempo cubre un amplio espectro de instancias y por ello son importantes tanto los acercamientos a instancias organizadas por acciones de naturaleza íntima y privada, como a las organizadas en espacios macrosociales. La cuestión reposa entonces en problemas metodológicos que permitan ver los vínculos entre dimensiones diferentes cuyos entrelazamientos se presentan bajo la figura de las mediaciones.

III

El feminismo que aflora como una posibilidad de estudiar a la familia en el marco de diferentes modalidades del saber (la historia, la sociología, la antropología, el psicoanálisis entre otras) busca un cuadro analítico interdisciplinario para entenderla en su complejidad contemporánea y opera en el contexto de la valorización de una suerte de ámbitos relacionales.

Esto supone una íntima imbricación entre las relaciones contingentemente producidas al nivel familiar y las relaciones sociales en general. Tarrés (1991) en un estudio reciente propone una óptica de observación que construye el campo como una dimensión útil para captar modalidades de acción que cambian lo establecido desde visiones y prácticas femeninas.[13]

El campo puede ser tomado como un ámbito de observación para captar la simbología y las formas culturales transmitidas o producidas por las relaciones familiares. Esta indicación se remite a la refutación de la idea de que la familia funciona sólo como una suerte de cadena de transmisión de cultura. Evidentemente cumple dicha función, no obstante está acompañada por otras que van más allá de la simple transmisión, lo que otorga a las relaciones familiares (y a las personas que las protagonizan) un papel crucial en la producción de cultura y por ello mismo en la producción de los cambios culturales.

El feminismo es uno de los herederos de un sinnúmero de teorizaciones previamente elaboradas por distintos tipos de saberes, de los cuales se apropia de un modo extremadamente crítico, que tiene además el atributo de ser también reconstructor. Su examen privilegia la incidencia de símbolos y culturas sobre la situación/posición de la mujer, lo que constituye su connotación original. Además del interés por el género (tomado como una relación social), se presta una atención especial a las relaciones intergeneracionales en análisis que superan a los anteriores, atados neutralmente a los ciclos familiares y a la sucesión de generaciones, para imponer el rescate de la naturaleza de estas relaciones.

Las últimas indicaciones aluden al hecho de que las familias deben ser tomadas como espacios de interacción, en los cuales se producen relaciones privadas y de carácter íntimo[14] que, sin embargo,

[13] En Bourdieu la construcción del campo obedece a criterios más amplios pero se refiere a fuerzas (y por consiguiente a acciones); véase al respecto García Canclini (1986) y también De Oliveira y Salles (1988).

[14] Estas relaciones privadas y de carácter íntimo sobrepasan las pautas conscientes y echan raíces en las de carácter inconsciente (situación que ha sido y sigue

son ininteligibles si se las considera aisladas de la interacción vista en términos sociales. Los estudios feministas han puesto énfasis en este aspecto destacando el carácter político inherente a la interacción tomada en términos sociales que al influir sobre las relaciones íntimas y privadas le "transmiten" este atributo. Su importancia quedó cristalizada en la conocida afirmación "lo privado es político".[15]

Las personas que conforman el hogar, concebido como un espacio territorial ocupado por individuos de géneros y generaciones distintos que guardan entre sí vínculos de parentesco,[16] lo transforman en un ambiente que produce normas de convivencia, entre las que se encuentran las de consenso y conflicto (De Oliveira y Salles, 1988). En este sentido las relaciones familiares pueden ser tomadas como productoras de la cultura, entendida ésta en una acepción laxa y referida justamente a prácticas generadoras de la convivencia íntima. Pero esta producción de cultura familiar —que tiene un cierto grado de autonomía como ya lo hemos indicado— remite a ciertos rasgos básicos que tienden a normativizar las relaciones familiares y a incidir sobre su estructura (como por ejemplo: la familia conyugal o nuclear, compuesta por padre/madre/hijos/hijas), y sobre la naturaleza de las relaciones, incluso las sexuales.

Estos rasgos básicos, que son históricos, están regidos por órdenes simbólicos producidos y legitimados macrosocialmente. No obstante fungen como elementos normativizadores no sólo de las funciones de la familia, sino también de las relaciones familiares.

Pero sería equivocado afirmar que los arreglos familiares se presentan de modo unívoco y bajo una forma secuencial (o sea por etapas sucesivas); más bien lo que se observa en la realidad es que aparecen de forma simultánea aunque algunos modelos sean hegemónicos. De esta manera hay situaciones como la mexicana, por

---

siendo subrayada por los psicoanalistas cuando estudian a la familia; véase Saal, 1981) que funcionan como atributos escondidos de la convivencia familiar, y como eje estructurante de las identidades que allí se generan (incluso la identidad de género). Por otro lado, existe una misteriosa relación entre estos elementos inconscientemente producidos y los entornos en que se ubican (entre ellos los de naturaleza cultural, y los que rigen la interacción tomada en términos sociales). En otro texto me acerco a estos problemas un poco más detalladamente al hablar de los procesos de formación de hábitos y al poder de sugestión; véase Salles, 1990.

[15] Vale la pena aclarar que esta suerte de política que produce consensos y conflictos en el interior de pequeños grupos no está exenta de impactar también (y de cambiar) ámbitos de naturaleza más amplios.

[16] La definición de hogares en su connotación amplia comprende la convivencia de personas que no guardan entre sí lazos de parentesco e igualmente los espacios habitados por personas solas o por parejas sin hijos. Véanse García, Muñoz y De Oliveira (1980), y De Oliveira y Salles (1988).

ejemplo, en las que modalidades de familia extensa conviven tanto con la familia nuclear, como con las familias monoparentales, articuladas en torno a la figura de uno de los miembros de la pareja (en general la madre) y su prole. Formas patriarcales, en cuanto a esquemas de autoridad, coexisten con arreglos familiares distintos, en los que la producción/distribución de poder no está tan concentrada en torno al "patriarca" (Leñero, 1976; Pitrou, 1980; Salles, 1990).

Con respecto a los planteamientos anteriores es muy importante la reflexión feminista, que recalca el carácter no monolítico de la familia (Thorne y Yalom, 1982), destacando su naturaleza multifacética e irreductible a una visión homogeneizadora. Esta perspectiva encuentra un marco explicativo en la posibilidad de que haya una especie de variabilidad interpretativa y una apropiación diferencial por parte de las familias en cuanto a las reglas y los universos simbólicos producidos macrosocialmente. Este acontecimiento, a su vez, permitirá la existencia de relaciones íntimas y privadas que se establecen desde la lógica de una autonomía relativa.[17]

En efecto Thorne y Yalom (1982: 2) señalan la desmistificación, elaborada por el feminismo, del carácter monolítico de la familia, pues éste se centra exactamente en la glorificación de la familia nuclear que es tomada como "la única forma familiar natural y legítima". Además afirman que "las feministas desafiaron las creencias y plantearon que ningún arreglo familiar específico es natural, biológico o funcional, si está ubicado fuera de los marcos temporales".

Este esfuerzo por apartar los modelos familiares y el parentesco, en general, de los determinantes biológicos lleva a un giro analítico que no es exclusivo del feminismo contemporáneo y que más bien lo antecede. Lacan (1984), por ejemplo, para estudiar a la familia empieza por caracterizarla como un hecho biológico que es ininteligible en sí, aislado de la producción de "relaciones sociales" de "comportamientos adaptativos" de una variedad infinita y de "cultura": "Ésta

[17] A pesar de no poder desarrollar este punto en el presente trabajo, es necesario indicar que puede ser de crucial relevancia trabajar desde la perspectiva de la sociología interpretativa (hermenéutica) para entender las diferentes maneras de interpretación de la cultura heredada (incluso la que da las pautas de la construcción del género) y su impacto sobre la naturaleza y la variabilidad de las relaciones familiares (éstas están permeadas por el género que al mismo tiempo que las organiza es por ellas organizado). Es importante también aludir al hecho de que existe una suerte de influencia determinante que recae sobre las habilidades interpretativas: el contexto previo y el ambiente en que son producidas (Bleicher, 1982), predisponen a los y a las intérpretes a prácticas diferenciadas, entre las cuales encontramos las que componen los estilos de vida y de convivencia familiar. La convivencia familiar es muy variable; a veces se adoptan modos violentos para convivir, a veces se logran modalidades comunicativas de tipo consensual.

introduce una nueva dimensión en la realidad social y en la vida psíquica. Es la mencionada dimensión que da especificidad a la familia humana". Lévi-Strauss (1968: 48), sostiene que "sin duda la familia biológica está presente y se prolonga en la sociedad humana. Pero lo que confiere al parentesco su carácter de hecho social no es lo que debe conservar de la naturaleza: es el movimiento esencial por el cual el parentesco se separa de ésta".

A tales proposiciones, que se inscriben en una labor de revisión crítica, se suman otras respecto de teorizaciones que predominaron en los estudios sobre las relaciones familiares, como el funcionalismo en sus versiones antropológica y sociológica. Collier, Rosaldo y Yanagisako (1982:40), al criticar algunas afirmaciones de Malinowski sobre la familia nuclear y su carácter de institución universal, producen una discusión que repiensa las funciones que cumple la familia, acorde con lo que se denominan las necesidades humanas, enfatizando la naturaleza cultural, y por lo tanto cambiante, de los mencionados aspectos. Su aporte va más allá de la crítica al énfasis en lo biológico y natural incluido en la definición de la familia humana, pues sirve para cuestionar los principios que rigen la división sexual del trabajo, articulada en torno a criterios naturales. El desplazamiento propuesto, que atribuye a los arreglos y a las funciones familiares el carácter de productos culturales, proporciona elementos para aclarar lo que podríamos llamar el peso de la "segunda naturaleza" sobre la construcción de las desigualdades entre los géneros masculino y femenino.

De igual manera, la crítica feminista a la sociología funcionalista de la familia proporciona elementos para apoyar las recientes teorizaciones sobre lo que de cultural e histórico tiene la "programación" del deber ser masculino y femenino. Para los fines de este texto, me centro brevemente en el aspecto vinculado con la justificación funcional de la división sexual del trabajo.[18] Esta división se hace derivar de varios elementos entre los cuales destacan las formas en que opera el mercado de trabajo en las sociedades

[18] Es muy importante asumir que las críticas a la sociología funcionalista de la familia cubren un amplio espectro. Fueron (y están siendo) elaboradas por un sinnúmero de investigadores ligados a diferentes disciplinas y enfoques, entre los cuales destaca el feminista. Por mi parte creo que, en el marco de las críticas, se deben recuperar aportes valiosos producidos por este paradigma, gracias a los cuales se puede repensar la familia, siendo que muchos de ellos tienen un grado elevado de aplicabilidad actual. La tematización feminista rescata aspectos subyacentes a estas formulaciones, destacando no solamente los elementos que organizan la dominación femenina, sino también los que apuntan a formas de resistencia en el marco familiar (proposiciones que escapan a las formulaciones parsonianas, por ejemplo).

industrializadas como la norteamericana. Dichas formas (*cf.* Anderson, 1980), inciden no solamente en las cuestiones referidas a la movilidad social, por lo tanto, en la fijación de las clases sociales y en las posibilidades de construir las bases del prestigio tanto individual como familiar, sino también en los ejes organizadores de las relaciones internas de la familia. Es decir, ante determinados imperativos sociales, en el caso ilustrado, bajo la lógica de funcionamiento del mercado de trabajo, se estructuran en lo privado modalidades de convivencia entre géneros, que se cristalizan en el interior de la familia en una rigurosa división sexual del trabajo. En este sentido el papel de "líder instrumental" es desempeñado por el esposo (que proporcionará a su familia determinados estilos de vida que variarán sobre todo, conforme a la posición lograda en la estructura ocupacional, los niveles de salario, etc.), y el papel de la mujer es de naturaleza "expresiva", circunscrito a las labores de socialización realizadas en el interior del nucleo familiar. Estos roles parecerían no ser intercambiables justamente porque obedecen a imperativos derivados de la lógica de funcionamiento del sistema (en el caso bajo examen, del mercado de trabajo), lo que da a las relaciones familiares una connotación de estructuras cristalizadas. De este modo se reproduce, en términos sociales, la separación entre un supuesto ámbito privado protagonizado por mujeres y uno público, cuyos principales actores son los hombres, lo que sienta las bases para la generación de gratificaciones (sociales) diferenciales según la localización de los sujetos en un ámbito u otro.

La labor de examinar lo ya dicho (y lo ya estudiado desde ópticas diferentes) se acompaña, en los análisis feministas sobre la familia, de una renovación teórica/metodológica (ya mencionada) y de una renovación temática.

Algunos ejemplos puntuales de esta renovación son los estudios sobre la naturaleza de la convivencia familiar y el interés por deslindar aspectos subyacentes a las relaciones de los cónyuges entre sí y de ellos con su prole. En este marco se da visibilidad a la violencia familiar que, a pesar de encontrar una de sus fuentes en la subordinación de la mujer, representa casos que son además de extremos, muy generalizados en la actualidad.

Hay igualmente un giro conceptual, pues la percepción de las relaciones familiares deja de privilegiar el enfoque de los roles domésticos para acentuar cuestiones referidas a los procesos de identificación y de formación de identidades (entre ellas las de naturaleza profunda) que estructuran las personalidades de los individuos. En este sentido, las acciones de violencia física desplegadas en el interior de las relaciones familiares son vistas no en el marco de los roles (socialmente asignados e individualmente aceptados o rechazados) sino como patologías relacionales.

Los análisis sobre las funciones simbólicas diferenciadas otorgadas a la maternidad y a la paternidad detectan algunas de las formas en que opera la mística de la femineidad para reducir la condición de la mujer a la reproducción y a los trabajos para la crianza de la prole. Tal reducción, no obstante, más que una interpretación sociológica es una realidad vivida, pues gran parte de las mujeres en verdad dedican a la maternidad (y a los trabajos a ella vinculados) gran parte de su existencia. El feminismo, al dar visibilidad a esta situación con estudios sociodemográficos e históricos, también llama la atención sobre la paternidad y los cambios contemporáneos experimentados por los hombres-esposos-padres de familia. Entre varios elementos se destacan los condicionamientos sociales, económicos, políticos y culturales que influyen en la condición/posición de los hombres y en el desdoblamiento de su situación de padres.

Las reelaboraciones sobre lo público y lo privado que encuentran antecedentes originales en los aportes de Hanna Arendt también encuentran en el feminismo una veta importante de reflexión que a veces se vincula con el replanteamiento de las pautas analíticas del trabajo doméstico. Pero en la actualidad esta discusión sobrepasa los ámbitos familiares y sus articulaciones hacia afuera, para fundamentarse en un replanteamiento de lo público y lo privado en términos de su connotación política.

Las investigaciones sobre el trabajo femenino, en general, son importantes y se ocupan también de sus consecuencias no económicas. Como ejemplo están las preocupaciones sobre la entrada de la mujer al mercado de trabajo, su impacto sobre las relaciones familiares y la formación cultural de mujeres adultas y jóvenes bajo la lógica de la ampliación de las redes de relación hacia ambientes extradomésticos.

Ha ameritado atención el examen de nuevas pautas que rigen la moral sexual, las instituciones que intervienen en la dinámica familiar (matrimonios, divorcios, etcétera) y las prácticas reproductivas incluyendo las tematizaciones relativas a los métodos anticonceptivos y a los problemas éticos y políticos que impiden la legalización del aborto.

La producción de algunos ejes analíticos sobre la familia como espacio cotidiano de generación de formas de resistencia y lucha, con poder transformador de estructuras más amplias que las familiares, también forma parte de la preocupación feminista. Estas consideraciones reposan en diferentes enfoques, pero uno de ellos está dado por la observación de acciones que surgen a partir del mundo-de-vida y se dirigen hacia el mundo sistémico a instancias de sujetos actuantes en el mundo de vida (Habermas).

Esta tematización feminista se construye desde múltiples espacios -no todos ocupados por mujeres- en los que los hombres tienen un papel protagónico. Además de la producción en ciencias sociales, hay un conjunto importante de obras de cine, de literatura, especialmente en la dramaturgia, que extienden nuevas miradas sobre la familia y sobre los protagonistas de la vida familiar: mujeres, hombres y su progenie; y al hacerlo acentúan tanto los aspectos solidarios y de convivencia armoniosa como los aspectos críticos de las relaciones familiares contemporáneas.

BIBLIOGRAFÍA

Alberdi, Cristina e Inés Alberdi (1985), "La institución matrimonial: su lugar en la constelación familiar. Aspectos jurídicos y sociales del divorcio", en Rosa Conde (comp.), *Familia y cambio social en España*, Centro de Investigaciones Sociológicas, Madrid.

Anderson, Michael (comp.) (1980), *Sociología de la familia*, FCE, México.

Arizpe, Lourdes (1989), *Cultura y desarrollo: una etnografía de las creencias*, El Colegio de México-UNAM-Porrúa, México.

Barbieri, Teresita de y Orlandina de Oliveira (1986), "Espacios femeninos y el movimiento feminista", en *Nueva Antropología*, núm. 30, México.

Bleicher, Josef (1982), *The Hermeneutic Imagination*, Routledge y Kegan Paul, Londres.

Bourdieu, Pierre (1979), *La distintion, critique sociale du jugement.* Les Éditions de Minuit, París.

Bustos, Olga (1988), "Socialización, papeles de género e imagen de la mujer en los medios masivos: ¿quiénes perciben los estereotipos difundidos?, en Vania Salles y Elsie Mc Phail (coords.), *La investigación sobre la mujer: informes en sus primeras versiones* , PIEM-El Colegio de México, México.

Collier, Jane, Michelle Rosaldo y Sylvia Yanagisako (1982), "Is there a Family? New Anthropological Views", en Barrie Thorne, y Marilyn Yalom (eds.), *Rethinking the Family. Some Feminist Questions*, Longman, Nueva York y Londres.

Conway, Jill, Susan Bourque y Joan Scott (1987), "The concept of gender", en *Daedalus*, núm. 4, Massachussetts.

Flax, Jane (1987), "Postmodernism in gender relations in feminist theory", en *Signs*, núm, 4.

Freud, Sigmund (1981), *El malestar en la cultura*, N. Braunstein (comp.), *A medio siglo de "El malestar en la cultura"*, de Freud, Siglo XXI Editores, México.

García, Brígida, Humberto Muñoz y Orlandina de Oliveira (1980), *Hogares y trabajadores*, El Colegio de México, México.

García Canclini, Néstor (1986), *Las culturas populares en el capitalismo*, Nueva Imagen, México.

Horkheimer, Max (1977), "La familia y el autoritarismo", en Fromm *et al.*, *La familia*, Península, Barcelona.

Kellerhals, Jean *et al.* (1987), "Les sociologues face aux mutations de la famille", en *L'Année sociologique*, núm. 37, París.

Lacan, Jacques (1984), *Les complexes familiaux*, Navarin, Dijon.

Lamas, Martha (1986), "La antropología feminista y la categoría de género", en *Nueva Antropología*, núm. 30, México.

Leñero, Luis (1976), *La familia*, ANUIES, México.

Lévi-Strauss, Claude (1968), *Antropología estructural*, Eudeba, Buenos Aires.

Martínez, Alicia (1989), "Identidad y movilización femenina", ponencia presentada en LASA, Miami.

Moller Okin, Susan (1989), *Justice, gender and the family*, Basic Books, Nueva York.

Oliveira, Orlandina de y Vania Salles (1988), "La reproducción de la fuerza de trabajo: reflexiones teóricas", en *Argumentos*, núm. 4, UAM Xochimilco.

Pitrou, Agnes (1980), "Travail féminin et institution familialle", en *Colloque de la societé française de sociologie*, Nantes.

Riquer, Florinda (1990), "La identidad femenina en la frontera de la conciencia y la interacción", CES-El Colegio de México (mimeo.).

Rubin, Gail (1986), "El tráfico de mujeres: notas sobre la economía política del sexo", en *Nueva Antropología*, núm. 20, México.

Saal, Frida (1986), "La familia", en *Tinta Fresca*, núm. 1, México.

——— (1981), "Consecuencias políticas de la diferencia psíquica entre los sexos", en N. Braunstein (comp.), *A medio siglo de "El malestar en la cultura" de Freud*, Siglo XXI Editores, México.

Salles, Vania (1990), "Cuando hablamos de familia ¿de qué familia estamos hablando?", ponencia preparada para el Coloquio de la revista *Nueva Antropología*, 21-23 de septiembre de 1990, México.

Scott, Joan (1988), "Genre: une catégorie utile d'analyse historique", en *Le genre de l'histoire. Les cahiers du griff*, núm. 37, Tierce, París.

Serret, Estela (1990), "La subjetividad femenina en la cultura occidental moderna", en *Sociológica*, núm. 14, UAM-Azcapotzalco.

Tarrés, María, Luisa (1991), "Acción social y política de la mujer de clase media", en Vania Salles y Elsie Mc Phail (comps.), *Textos y pretextos: once estudios sobre la mujer*, PIEM-El Colegio de México, México.

Thorne, Barrie y Marilyn Yalom (eds.) (1982), *Rethinking the family. Some feminist questions*, Longman, Nueva York y Londres.

Valenzuela, José Manuel (1991), "La posmodernidad y los jóvenes", El Colegio de la Frontera Norte (mimeo.)

Segunda Parte

LA MUJER EN EL MUNDO DEL TRABAJO

EL NUEVO PERFIL DEL MERCADO DE TRABAJO FEMENINO: 1976-1987*

BRÍGIDA GARCÍA
ORLANDINA DE OLIVEIRA
El Colegio de México

INTRODUCCIÓN

El incremento de la participación económica de las mujeres en México en años recientes ha sido documentado en diversos trabajos (Pacheco Gómez Muñoz, 1988; Cruz y Zenteno, 1987; Pedrero, 1989; De Oliveira, 1989, y De Oliveira y García, 1990). No obstante, las pautas de crecimiento establecidas se basan, en parte, en el polémico censo de población de 1980, o en cifras para las principales ciudades del país provenientes de la Encuesta Continua de Ocupación (ECO), y/o de la más reciente Encuesta Nacional de Empleo Urbano (ENEU). Se hace necesario examinar otras fuentes de información para obtener un panorama global de lo ocurrido en los años ochenta.

En este trabajo analizamos las encuestas de fecundidad, de las cuales existe en México una importante serie. La Encuesta Mundial de Fecundidad (EMF) de 1976, la Encuesta Nacional Demográfica (END) de 1982, y la Encuesta Nacional de Fecundidad y Salud (Enfes) de 1987, que incluyeron una importante cantidad de información sobre la actividad económica de las entrevistadas, sus compañeros o padres. Asimismo, desde el punto de vista social, económico y político, se encuentran estratégicamente situadas para un estudio de mercado de trabajo: entre 1976 y 1982 ocurrió

* Documento presentado en la IV Reunión Nacional de Investigación Demográfica en México, en la sesión Población, empleo y mercados laborales. El extenso trabajo de programación de la información utilizada en esta ponencia estuvo a cargo de Virginia Levin; agradecemos su apoyo. Nuestro reconocimiento también a Verónica Montes de Oca por su ayuda en la elaboración de los cuadros y la lectura cuidadosa de este trabajo.

el último repunte de crecimiento económico en el país, y entre 1982 y 1987 se profundizó probablemente la más importante recesión del México moderno.

Nuestro propósito es conocer los cambios en la participación económica femenina entre 1976 y 1987 en el nivel nacional según algunos aspectos básicos como son la edad, el estado civil, el número y edad de los hijos y la escolaridad. El análisis hace hincapié en las variaciones en el tiempo, y siempre que contamos con la información correspondiente tratamos de comparar las tendencias encontradas en el país con lo ocurrido con otras realidades.

En la interpretación de los resultados reciben atención destacada el descenso de la fecundidad mexicana y el agravamiento de la crisis económica que trajo consigo una fuerte reducción de los niveles salariales, y por consiguiente una mayor presión hacia el incremento del número de trabajadores por familia.

PARTICIPACIÓN ECONÓMICA Y EDAD

Hasta principios de los años setenta, la mayoría de las mujeres mexicanas que trabajaban fuera de su casa lo hacían en edades jóvenes, es decir, antes de unirse o tener hijos. Durante las dos décadas siguientes, esta situación se ha visto sustancialmente modificada: de 1976 a 1987 las mujeres de 20 a 49 años han incrementado en forma considerable su participación en el mercado de trabajo, sobre todo en las edades 25-44 años (cuadro 1).[1]

En la gráfica 1 se presentan las tasas de participación económica femenina para 1976, 1982 y 1987 derivadas de las encuestas de fecundidad con otras provenientes de distintas fuentes para años cercanos con el fin de comparar las tendencias encontradas. Este conjunto de indicadores muestra algunos puntos discordantes, situación previsible porque provienen de fuentes diferentes -censos, encuestas de ocupación y encuestas de fecundidad- donde las definiciones de participación económica, los problemas de cobertura poblacional y el tiempo y espacio dedicado a la captación de información sobre trabajo femenino son distintos.[2]

[1] Los grupos de edad comprendidos entre los 20 y los 49 años son los que nos permiten una comparabilidad básica entre las tres encuestas. El tramo de edad 15-19 es comparable para la END y la Enfes, pero no así para la EMF, pues en esta encuesta no se incluyeron en ese grupo de edad las solteras sin hijos nacidos vivos. Entre las edades 20-49 años estaban comprendidas 60.6% de las mujeres activas entre 1970 y 65% en 1980 según los respectivos censos de población.

[2] Todas las fuentes analizadas en la gráfica 1 son para el conjunto de la República

CUADRO 1
Tasas específicas de participación femenina por edad (mujeres de 20 a 49 años, 1976, 1982, 1987)

	Tasas de participación femenina		
Edad	*1976*	*1982*	*1987*
20-49	26.9 (6826)[a]	31.5 (7786)[a]	37.4 (7017)[a]
20-24	28.7 (1701)	38.6 (2022)	35.0 (1657)
25-29	24.2 (1415)	33.5 (1602)	37.5 (1595)
30-34	26.2 (1148)	29.0 (1343)	41.6 (1296)
35-39	28.8 (1054)	28.0 (1109)	41.5 (1018)
40-44	26.1 (820)	25.9 (950)	37.0 (814)
45-49	27.1 (682)	25.5 (759)	29.3 (636)

[a] Los números entre paréntesis corresponden al número absoluto de mujeres en cada casilla.

Fuentes: 1976, Encuesta Mundial de Fecundidad (EMF); 1982, Encuesta Nacional Demográfica (END), muestra ponderada; 1987, Encuesta Nacional de Fecundidad y Salud (Enfes), muestra ponderada.

GRÁFICA 1

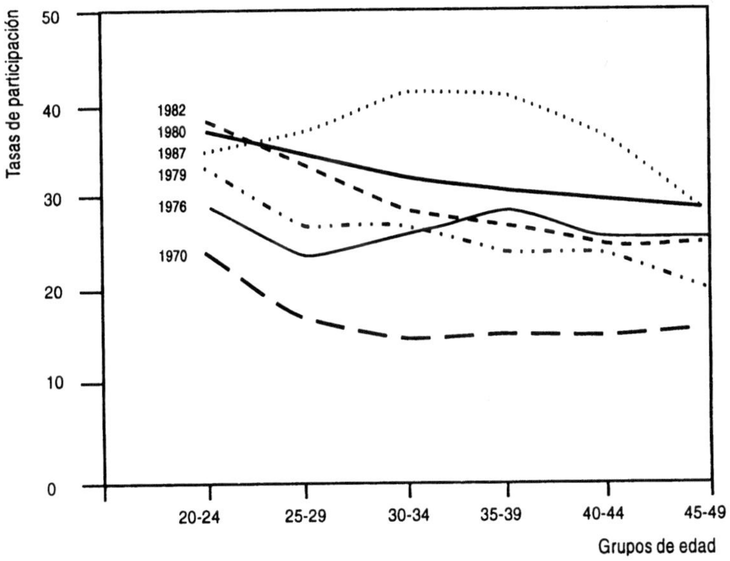

el mismo grado de precisión por estar más o menos alejados de las fechas censales, entre otros aspectos (véanse García y De Oliveira, 1990).

Tasas específicas de participación femenina por edad
(mujeres de 20 a 49 años, 1970, 1976, 1979, 1980, 1982, 1987)

	Tasas de participación femenina					
Edad	*1970*	*1976*	*1979*	*1980*	*1982*	*1987*
20-24	24.1	28.7	33.4	37.3	38.6	35.0
25-29	17.4	24.2	27.3	34.9	33.5	37.5
30-34	15.7	26.2	27.3	32.5	29.0	41.6
35-39	15.8	28.8	24.5	31.3	28.0	41.5
40-44	16.2	26.1	24.5	30.2	25.9	37.0
45-49	16.4	27.1	21.2	29.1	25.5	29.3

Fuentes: 1970, Censo general de población, 1976, Encuesta Mundial de Fecundidad (EMF); 1979, Encuesta Continua de Ocupación (ECO), 1er. trimestre; 1980, Censo General de Población; 1982, Encuesta Nacional Demográfica (END); 1987, Encuesta Nacional de Fecundidad y Salud (Enfes).

A pesar de los problemas de comparabilidad de las distintas fuentes, es claro el incremento en la tasa de participación femenina, que por lo menos se duplicó en el periodo 1970-1987, y es clara además la mayor presencia en el mercado de trabajo de mujeres mayores de 25 años. Aquellas de 20-24 años también aumentan nítidamente su participación económica, por lo menos hasta 1982; después de esa fecha, durante la recesión económica de la década de los ochenta, parecen haber comenzado a tener dificultades para mantener su ritmo de incremento en la entrada al mercado de trabajo.

Según la Enfes, las tasas de participación para las jóvenes de 20-24 años en 1987 caen por debajo del nivel de las de 1982; por su parte, los indicadores correspondientes para las edades 25-44 años en 1987 muestran incrementos muy altos en comparación con los hasta ahora conocidos en el país (cuadro 1). Si se evalúan estos niveles teniendo en consideración la tendencia histórica, y si se los compara con los de la ENEU para 16 de las principales áreas urbanas del país en el mismo año de 1987, existe cierta base para plantear que la Enfes presenta una sobrestimación en ambos sentidos, esto es, del aumento de la participación de las mujeres mayores y del descenso entre las jóvenes. Sin embargo, los datos de la ENEU también apoyan la mayor presencia de la población femenina de más edad en el mercado de trabajo de algunas ciudades (México y Guadalajara, por ejemplo). Asimismo, se observa en esta fuente un descenso en la participación de las jóvenes en ciudades como Monterrey, donde es posible conjeturar que con la recesión económica de los años ochenta se ha contraído el mercado de trabajo asalariado en el que esas mujeres mayormente participan (véase Pedrero, 1989).

Estos cambios cobran mayor relevancia cuando se sitúan en el contexto de lo que ha estado ocurriendo en otras realidades nacionales. En muchos países desarrollados, se registra con claridad una importante participación económica de las mujeres de mayor edad. No obstante, es cierto que no es frecuente que la participación de mujeres maduras supere la encontrada entre las jóvenes, o si se quiere, es más común que el "primer pico" en la curva de las tasas de actividad sea mayor que el segundo (véanse Standing, 1978; Davis, 1984; Ross, 1985, entre otros).

En el caso de América Latina en las décadas de los sesenta y setenta, lo más frecuente era que las tasas de actividad alcanzaran su nivel máximo cerca de los 20 años y después descendieran aceleradamente, aunque en países como Argentina ya comenzaba a delinearse desde la década de los sesenta el crecimiento de la participación económica de las mujeres de mayor edad (Pantelides, 1976; Wainerman y Recchini de Lattes, 1981, entre otros).

Estas transformaciones son de trascendencia, pues las mujeres de más edad, por lo general, se han casado o subsecuentemente separado o divorciado, y por lo tanto, adquirido responsabilidades en torno al cuidado de la casa, el compañero o los hijos. Un incremento en su participación económica implica una reorganización importante en la vida cotidiana al tener que delegar en otras personas las tareas de la casa (parientes o empleadas domésticas en los sectores medios), o realizarlas a la par que las obligaciones ocupacionales, con lo que esto supone en términos de aumento en su carga de trabajo. Para profundizar en el panorama descrito, a continuación analizamos los cambios en la participación económica teniendo en cuenta el estado civil y la presencia de los hijos.

ESTADO CIVIL, FECUNDIDAD Y TRABAJO

Con frecuencia, la mayor carga de trabajo doméstico que involucra el matrimonio o la unión libre y los obstáculos existentes en el mercado de trabajo para la contratación de mujeres casadas o unidas, contribuyen para que éstas tengan menor participación en actividades extradomésticas en comparación con las solteras, viudas, divorciadas y separadas en diferentes países.[3]

[3] Véanse para México, Elú de Leñero, 1975 y 1986; Rendón y Pedrero, 1976; Christenson, García y De Oliveira, 1989. Para otros países de América Latina: Elizaga, 1976; Jelin, 1978; Wainerman y Recchini 1981.

Sin embargo, estudios recientes ponen de manifiesto que la participación económica de las mujeres casadas se ha incrementado en forma marcada en países desarrollados y de América Latina. Una comparación hecha para Estados Unidos señala que la tasa de participación de este sector de mujeres pasó de 35.4% a 51% entre 1966 y 1981 (Blau y Ferber, 1985). En países de América Latina como Argentina, por ejemplo, las cohortes de casadas jóvenes hicieron la mayor contribución al crecimiento del número de mujeres en la fuerza de trabajo entre 1960 y 1970, tanto debido al aumento de sus tasas de participación económica, como a su aportación al número de casadas, porque la mayoría de las mujeres contraen matrimonio en edades jóvenes (Recchini de Lattes, 1983).

México no es una excepción respecto a esta tendencia: las mujeres casadas o unidas (entre 20 y 49 años) presentan un 62% de aumento en su participación en el mercado de trabajo entre 1976 y 1987; este aumento es más importante entre las mujeres de 20 a 34 años (cuadro 2). Por su parte, las separadas, divorciadas y viudas experimentaron incrementos también relevantes, teniendo en cuenta el alto nivel ya alcanzado en 1976 y, por último, las solteras elevaron su nivel de participación de manera mucho más modesta que los otros dos subconjuntos poblacionales.

El aumento en la participación de las mujeres casadas o unidas nos lleva a retomar la amplia y compleja discusión sobre la interrelación entre fecundidad y trabajo. Como sintetizamos en otro texto, muchos de los análisis recientes sobre el tema llegan a la conclusión de que las relaciones encontradas se deben más bien a la posible influencia de la fecundidad sobre la participación económica y se destaca el efecto limitante del número de hijos sobre el tipo de trabajo que las mujeres desempeñan (véanse ONU, 1987; García y De Oliveira, 1989).

El examen del cuadro 3 reafirma, en primer lugar, la influencia inhibidora del número de los hijos sobre el trabajo femenino: en los tres momentos analizados sobresale que las mujeres sin hijos participan más en el mercado de trabajo que las que tienen hijos; además incrementan su presencia en dicho mercado de trabajo a lo largo de todo el periodo, especialmente entre 1976-1982.

No obstante, entre las mujeres con hijos también se observan importantes aumentos en la participación económica, aunque sus niveles permanezcan por debajo de las sin hijos. En un primer momento (1976-1982) se presenta un fuerte incremento en la participación económica de aquellas con uno y dos hijos, donde el menor es de cero a tres años. En el segundo periodo (1982-1987) la elevación más notable tiene lugar entre las mujeres que tienen tres hijos y más, con el menor de cero a tres años.

CUADRO 2
Tasas específicas de participación femenina por edad y estado civil (mujeres de 20 a 49 años, 1976, 1982, 1987)

	Tasas de participación femenina		
Edad y estado civil	*1976*	*1982*	*1987*
Total	26.9 (6826)[a]	31.5 (7775)[a]	37.4 (7017)[a]
Solteras	56.1 (1041)	60.6 (1319)	60.7 (1252)
Unidas	17.4 (5208)	21.3 (5788)	28.2 (5188)
Separadas/viudas/divorciadas	60.0 (577)	63.0 (688)	70.7 (574)
20-34 años	26.5 (4270)	34.3 (4963)	37.8 (4548)
Solteras	55.7 (901)	59.8 (1145)	60.0 (1098)
Unidas	15.1 (3131)	23.2 (3530)	27.1 (3200)
Separadas/viudas/divorciadas	66.0 (238)	68.7 (288)	76.0 (247)
35-49 años	27.5 (2556)	26.6 (2812)	36.9 (2469)
Solteras	58.6 (140)	65.4 (174)	65.3 (153)
Unidas	20.8 (2077)	18.2 (2258)	29.8 (1989)
Separadas/viudas/divorciadas	55.8 (399)	58.7 (380)	66.6 (327)

[a] Los números entre paréntesis corresponden al número absoluto de mujeres en cada casilla.

Fuentes: 1976, Encuesta Mundial de Fecundidad (EMF); 1982, Encuesta Nacional Demográfica (END) muestra ponderada; 1987, Encuesta Nacional de Fecundidad y Salud (Enfes), muestra ponderada.

CUADRO 3
Tasas específicas de participación femenina por número y edad de los hijos (mujeres unidas de 20 a 49 años, 1976, 1982, 1987)

	Tasas de participación femenina		
	1976	*1982*	*1987*
Total	17.4 (5208)[a]	21.3 (5788)[a]	28.2 (5188)[a]
Sin hijos	28.0 (379)	44.3 (379)	41.9 (338)
Con uno y dos hijos, el menor de 0-3 años	15.2 (999)	26.0 (1065)	25.0 (1057)
Con uno y dos hijos, el menor de 4 años y más	24.9 (374)	26.9 (727)	34.4 (799)
Con tres hijos y más, el menor de 0-3 años	14.2 (2332)	13.8 (1806)	24.6 (1458)
Con tres hijos y más, el menor de 4 años y más	19.9 (1124)	18.6 (1802)	27.4 (1536)

[a] Los números entre paréntesis corresponden al número absoluto de mujeres en cada casilla.

Fuentes: 1976, Encuesta Mundial de Fecundidad (EMF); 1982, Encuesta Nacional Demográfica (END), muestra ponderada; 1987, Encuesta Nacional de Fecundidad y Salud (Enfes), muestra ponderada.

En países desarrollados como Estados Unidos resulta claro que las mujeres con hijos pequeños también han incrementado notablemente su participación, pero su entrada al mercado de trabajo ha seguido ritmos distintos del reseñado. Como destacan Frank Fox y Hesse-Biber (1984), inicialmente, de los años cuarenta a los sesenta, entraron al mercado de trabajo las mujeres casadas de mayor edad, mientras que a partir de los sesenta ingresaron las casadas jóvenes con hijos pequeños. Para otros países industrializados se han encontrado tendencias que apuntan en esta misma dirección (Roos, 1985).

Aunque el resultado final en México y en otras realidades nacionales sea un incremento en la participación económica de mujeres con hijos, conviene hacer hincapié en las distintas situaciones sociales que le pueden haber dado origen. A diferencia de lo que sucede en algunos países desarrollados, en el nuestro no existen políticas públicas orientadas explícitamente a reclutar mujeres casadas para actividades específicas –como ha ocurrido en Suecia y Finlandia–; tampoco se han dado modificaciones importantes en la división sexual del trabajo, ni ha habido un incremento considerable en la infraestructura de guarderías (véase Roos, 1985).

En cambio, ocurrió en México un importante descenso de la fecundidad en el periodo señalado, el cual pudo haber liberado tiempo del usualmente dedicado a la crianza de los hijos. Este descenso está bien documentado en la literatura: la reducción fue más marcada al inicio de la baja que en años posteriores. El cambio en la conducta reproductiva ha sido observado entre mujeres de diferentes edades, pero con intensidades distintas. Las de mayor edad (35 a 39 años) fueron las primeras en bajar su fecundidad; las más jóvenes (15-19 años) lo hacen en un segundo momento y las mujeres en las edades de mayor reproducción (20 a 34) han presentado un menor descenso a lo largo del periodo analizado, sobre todo las de 20 a 24 años de edad (Palma, 1988).

Esta información, aunada a los datos analizados en este trabajo, nos permite problematizar la posible influencia de la baja en la fecundidad sobre el incremento en la participación económica de las mujeres casadas o unidas. En primer término tienen lugar aumentos importantes de participación en mujeres casadas jóvenes de 20 a 34 años, entre quienes se ha observado el menor descenso de la fecundidad. Recuérdese, además, que entre 1976-1982 aumenta notablemente la participación económica de mujeres con uno y dos hijos chicos. Estos hallazgos le restarían poder explicativo al posible impacto del control reproductivo sobre el aumento en la participación económica femenina.

Sin embargo, se podría contrargumentar que entre 1982-1987 aumenta la presencia económica de las mujeres con tres hijos y más. Aunque ésta es un agrupación muy gruesa, se podría conjeturar que en ella se ubican las mujeres que controlan su fecundidad, lo que les proporcionaría un apoyo para su entrada al mercado de trabajo. Pero aun contemplando esa situación, la presencia de los hijos ya nacidos, tres por lo menos, puede haber sido un factor más importante para explicar la mayor participación económica de las mujeres involucradas, sobre todo en condiciones económicas tan difíciles como las que se presentaron en el periodo 1982-1987.

La recesión económica de la década de los años ochenta se señala a menudo como factor que ha incidido en el aumento reciente de la participación económica femenina, aunque ciertamente por motivos distintos a los observados en épocas de auge donde se ponía el acento en la modernización de la economía y la ampliación de ocupaciones femeninas no manuales (García y De Oliveira, 1991). Indiscutiblemente, la fuerte contracción del salario ha hecho indispensable la obtención de varios ingresos para mantener la familia, elemento que posiblemente ha movilizado una oferta potencial de mano de obra constituida principalmente por mujeres casadas o unidas, las cuales salen al mercado en busca de un trabajo o crean su propio empleo.

Escolaridad y participación económica

Son suficientemente conocidos los argumentos y evidencias en torno a una mayor participación económica de la mujer con mayor escolaridad, debido a los requisitos cada vez más formales que impone el mercado de trabajo para el desempeño de ocupaciones específicas. Asimismo, por el lado de la oferta, se señala con frecuencia el cambio de valores y actitudes que desencadena el proceso de instrucción formal, el cual contribuye a romper las barreras tradicionales necesarias para la incorporación femenina al mercado de trabajo.

En el país, durante los años analizados, las tasas de participación femenina, de conformidad con la tendencia internacionalmente conocida, aumentan a medida que se incrementa el nivel de escolaridad (cuadro 4). No obstante, se presentan diferencias importantes en la magnitud y dirección de las variaciones en las tasas para cada nivel.

Es relevante el aumento inesperado de la participación económica de las mujeres sin escolaridad o con primaria incompleta en la década de los ochenta. Dicho aumento trae como consecuencia que en 1987 las tasas para este nivel de escolaridad se igualen a las de la primaria completa. Esta tendencia probablemente tenga su origen en el deterioro de los niveles de vida en estos años, que ha hecho cada vez más necesaria para la población de bajos y medianos ingresos, la búsqueda y diversificación de las estrategias para sobrevivir.

CUADRO 4
Tasas específicas de participación femenina por edad y escolaridad (mujeres de 20 a 49 años. 1976, 1982, 1987)

	Tasas de participación femenina		
Edad y escolaridad	*1976*	*1982*	*1987*
Total	26.9 (6826)[a]	31.2 (7654)[a]	37.4 (7017)[a]
Sin escolaridad y primaria incompleta	21.5 (4339)	18.9 (3861)	31.6 (3035)
Al menos primaria completa	27.8 (1456)	30.6 (1659)	30.9 (1865)
Al menos secundaria completa	40.2 (717)	52.5 (1670)	46.7 (1384)
Preparatoria y más	66.2 (314)	59.7 (457)	60.9 (732)
20-34 años	26.5 (4270)	33.9 (4858)	37.8 (4548)
Sin escolaridad y primaria incompleta	18.1 (2354)	18.3 (1982)	31.2 (1571)
Al menos primaria completa	28.1 (1090)	30.8 (1178)	30.3 (1257)
Al menos secundaria completa	40.9 (569)	54.0 (1318)	44.7 (1100)
Preparatoria y más	65.4 (257)	56.4 (373)	57.2 (620)
35-49 años	27.5 (2556)	26.4 (2796)	36.9 (2469)
Sin escolaridad y primaria incompleta	25.6 (1985)	19.5 (1878)	31.9 (1464)
Al menos primaria completa	27.0 (366)	30.0 (481)	32.3 (608)
Al menos secundaria completa	37.2 (148)	46.6 (353)	54.7 (284)
Preparatoria y más	70.2 (57)	74.6 (84)	80.9 (112)

[a] Los números entre paréntesis corresponden al número absoluto de mujeres en cada casilla.

Fuentes: 1976, Encuesta Mundial de Fecundidad (EMF); 1982, Encuesta Nacional Demográfica (END), muestra ponderada; 1987, Encuesta Nacional de Fecundidad y Salud (Enfes), muestra ponderada.

En segunda instancia, las mujeres de mediana escolaridad, con al menos secundaria completa, que probablemente desempeñen las ocupaciones femeninas típicas de secretarias y oficinistas en general, acompañan nítidamente los cambios en las pautas de crecimiento económico en el periodo analizado. Crece su participación económica de manera importante en los años 1976-1982 y experimenta un descenso en 1982, 1987, pero los niveles se mantienen mayores en 1987 que en 1976.[4] Es importante aclarar que esta tendencia la conforman las mujeres más jóvenes (20-34 años con al menos secundaria completa) donde se localizan las nuevas entrantes al mercado de trabajo. Entre las mayores, los indicadores de participación crecen a lo largo del tiempo.

Por último, cabe destacar el descenso y estancamiento a lo largo del periodo en los niveles de participación de los sectores de mayor escolaridad (preparatoria y más), fenómeno que también se debe a lo que sucede entre las edades jóvenes de 20 a 34 años. Para las mujeres de 35 años y más se observa la tendencia contraria, pues los indicadores de participación crecen de manera sostenida entre 1976 y 1987. El dato sobre mayores limitaciones en el ritmo de incremento de las oportunidades de trabajo para las mujeres jóvenes nos aparta visiblemente de otras realidades; allí está suficientemente documentado que un nivel de escolaridad mayor se asocia a un nivel de participación elevado y creciente a lo largo del tiempo (véase Blau y Ferber, 1985, para el caso de los Estados Unidos de América).

CONSIDERACIONES FINALES

El objetivo de este trabajo ha sido documentar las principales características de la participación femenina en el mercado de trabajo en el periodo 1976-1987. Analizamos las encuestas de fecundidad, que ofrecen gran cantidad de información sobre el mercado laboral en el nivel nacional, aunque sólo cubren un segmento específico de la población activa femenina, que son las mujeres en edades reproductivas. El panorama descrito es internamente coherente y presenta puntos de contacto importantes con las demás fuentes de información existentes.

En el aumento reciente de la participación económica femenina en el país han tenido un lugar importante las mujeres de más edad, aquellas unidas o casadas con hijos, y las de más baja escolaridad. Se trata de sectores de mujeres que hasta los años setenta habían tenido escasa presencia en el mercado de trabajo mexicano. La creciente participación económica de mujeres con

[4] Es probable que el aumento de la participación en 1982 para las mujeres de "al menos secundaria completa" esté sobrestimado por los ajustes realizados para lograr una comparabilidad básica entre las tres encuestas (véase García y De Oliveira, 1990).

mayor carga familiar es un fenómeno conocido en los países más desarrollados, pero éste no es el caso para las mujeres menos calificadas. Éste es probablemente un resultado atribuible a la recesión de los años ochenta que ha hecho más visible la pobreza relativa de los hogares mexicanos. La diversificación del uso de la fuerza de trabajo familiar entre las familias menos privilegiadas es un fenómeno documentado en el país, y las múltiples estrategias familiares de sobrevivencia empleadas se basan en una amplia utilización de la mano de obra femenina, que por sus características puede más fácilmente crear su propio empleo.

Justamente por la contracción de las oportunidades de empleo asalariado, entre los grupos que han enfrentado mayores problemas para mantener su ritmo de entrada en el mercado de trabajo en la década de los ochenta, se encuentran las mujeres jóvenes con mediana y alta escolaridad. Por su parte, las mujeres mayores más calificadas, que seguramente han ingresado a la actividad económica en los años de expansión, han mantenido su presencia en el mercado en los años de crisis, tal vez por el reconocimiento de la importancia de su participación económica para mantener sus niveles de vida o el de sus familias.

Para concluir, queremos mencionar en forma breve e ilustrativa algunas posibles consecuencias del incremento del trabajo femenino sobre la condición de las mujeres en México en el nivel individual, familiar y macrosocial. Como hemos documentado en otros trabajos, muchas de estas mujeres han entrado a trabajar en negocios familiares -comerciales, de prestación de servicios o pequeñas empresas de producción-, otras se dedican a la venta ambulante o al trabajo doméstico en casas particulares. Se trata de mujeres que trabajan por necesidad económica; el salario que reciben -por bajo que sea- es fundamental para la manutención de la casa, la educación de los hijos y para satisfacer otras necesidades familiares.

Aunque el hecho de trabajar en sí no repercuta directamente sobre un mayor control de las mujeres sobre sus vidas, el trabajo les ha permitido romper el aislamiento del hogar, incrementar la autoestima y la seguridad personal, y obtener recursos para los gastos personales y familiares.

Sin embargo, en el nivel macrosocial el fuerte incremento de la participación femenina señalado no ha traído cambios importantes en la división sexual del trabajo y la discriminación prevaleciente en el mercado de trabajo en el país: las mujeres siguen desempeñando las ocupaciones típicamente femeninas (secretarias, maestras, enfermeras, meseras), las de más baja calificación (empleadas domésticas, afanadoras, vendedoras ambulantes) y las no remuneradas (trabajadoras familiares).

En el ámbito familiar, en cuanto a la división de las tareas en el hogar, la mayoría de las mujeres que trabajan en actividades de mercado también se hacen cargo de las labores domésticas. La doble jornada de trabajo de las mujeres y la escasa participación de los cónyuges en las labores de la casa son aspectos ampliamente conocidos. Cuando las mujeres reciben alguna forma de ayuda en las tareas del hogar, ésta proviene de empleadas domésticas, de familiares del sexo femenino, de las hijas mayores y en forma menos frecuente del cónyuge. Solamente en situaciones específicas y entre sectores de mujeres de clase media que han asumido un compromiso con el trabajo, como un proyecto familiar o individual, hemos encontrado indicios de cambios en las relaciones de pareja hacia formas más igualitarias de convivencia que permiten un desarrollo más integral de las mujeres como madres y trabajadoras (véase García y De Oliveira, 1991).

BIBLIOGRAFÍA

Blau, Francine D. y Marianne A. Ferber (1985), "Women in the Labor Market: the Last Twenty Years", en Laurie Larwood *et al.*, *Women and Work*, Sage Publications, pp. 19-49.

Christenson, Bruce, Brígida García y Orlandina de Oliveira (1989), "Los múltiples condicionantes del trabajo femenino en México", en *Estudios Sociológicos*, vol. 7, núm. 20, pp. 251-280.

Cruz Piñeiro, Rodolfo y René Zenteno Quintero (1987), "La participación femenina en la actividad económica de la frontera norte: Tijuana, Ciudad Juárez, Nuevo Laredo y Matamoros", en *Memoria de la III Reunión Nacional sobre Investigación Demográfica*, UNAM-Sociedad Mexicana de Demografía, pp. 587-595.

Davis, Kinsley (1984), "Wives and Work: Consequences of the Sex Role Revolution", en *Population and Development Review*, vol. 3, núm. 3, pp. 397-417.

Elizaga, Juan C. (1976), "Participación de la mujer en la mano de obra en América Latina: Fecundidad y otros determinantes", en International Labor Office, *Las trabajadoras y la sociedad*, Ginebra, pp. 147-166.

Elú de Leñero, María del Carmen (1975), *El trabajo de la mujer en México: alternativas para el cambio*, IMES, México.

——— (1986), "Trabajo de la mujer y fecundidad: especial referencia a México", en *La mujer y el trabajo en México*, STPS, México.

Encuesta Continua de Ocupación (ECO) (1979), Dirección General de Estadística, 1er. trimestre, México.

Encuesta Nacional de Empleo Urbano (ENEU) (1987), Instituto Nacional de Estadística, Geografía e Informática (INEGI) (diversos trimestres), México.

Encuesta Nacional Demográfica (END) (1982), Consejo Nacional de Población (Conapo), México.

Encuesta Nacional de Fecundidad y Salud (Enfes) (1987) (1988a), *Memoria de la reunión celebrada el 18 de febrero de 1988,* Dirección General de Planificación Familiar, Secretaría de Salud, México.

——— (1987) (1988b), *Memoria de la reunión celebrada el 18 de febrero de 1988,* Dirección General de Planificación Familiar, Secretaría de Salud, México.

Frank Fox, Mary y Sharlene Hesse-Biber (1984), *Women at Work,* Mayfield Publishing Company.

García, Brígida y Orlandina de Oliveira (1989), "The effect of variation and change in female economic roles upon fertility change in developing countries", *XXI Conference of the International Union for the Scientific Study of Population,* Nueva Delhi.

——— (1991), "Motherhood, Work and Women's Condition in Mexico", informe final presentado a la Fundación Rockefeller, Centro de Estudios Sociológicos, marzo, El Colegio de México, México.

Jelin, Elizabeth (1978), *La mujer y el mercado de trabajo urbano, Estudios CEDES,* vol. 1, núm. 6, Buenos Aires.

Oliveira, Orlandina de (1989), "Empleo femenino en México en tiempos de recesión económica: tendencias recientes", en Jennifer Cooper, Tere-sita de Barbieri, Teresa Rendón, Estela Suárez y Esperanza Tuñón (comps.), *Fuerza de trabajo femenina urbana en México,* Miguel Ángel Porrúa-UNAM, México, pp. 29-66.

——— y Brígida García (1990), "Expansión del trabajo femenino y transformación social en México: 1950-1987", en *La sociedad mexicana en el umbral del milenio,* El Colegio de México, México.

Organización de las Naciones Unidas (ONU) (1987) "Women's Employment and Fertility", *Fertility Behaviour in the Context of Development. Evidence from the World Fertility Survey,* Nueva York.

Pacheco Gómez Muñoz, María Edith (1988), *Población económicamente activa femenina en algunas áreas urbanas de México en 1986,* tesis de maestría en demografía, Centro de Estudios Demográficos y de Desarrollo Urbano, El Colegio de México, México.

Palma, Yolanda (1988), "Niveles de la fecundidad", en *Encuesta Nacional sobre Fecundidad y Salud: 1987, Memoria de la reunión celebrada el 30 de septiembre de 1988,* Dirección General de Planificación Familiar de la Secretaría de Salud, México, pp. 79-92.

Pantelides, Edith A. (1976), *Estudio de la población femenina económicamente activa en América Latina 1950-1970,* CELADE, (serie C, núm. 161, Santiago de Chile.

Pedrero Nieto, Mercedes (1989), "Evolución de la participación económica femenina de los ochenta", Centro Regional de Investigaciones Multidisciplinarias, UNAM, mimeo.

Recchini de Lattes, Zulma (1983), *Dinámica de la fuerza de trabajo femenina en la Argentina,* UNESCO, París.

Rendón, Teresa y Mercedes Pedrero (1976), "Alternativas para la mujer en el mercado de trabajo en México", en *Mercados regionales de trabajo*, INET, México, pp. 205-239.

Roos, Patricia A. (1985), *Gender and Work: A Comparative Analysis of Industrial Societies*, State University of New York Press, Nueva York.

Standing, Guy (1978), *Labor Force and Development*, Organización Internacional del Trabajo, Ginebra.

Wainerman, Catalina y Zulma Recchini de Lattes (1981), *El trabajo femenino en el banquillo de los acusados. La medición censal en América Latina*, Terranova y Population Council, México.

LA MUJER EN EL EMPLEO PÚBLICO EN MÉXICO

MERCEDES BLANCO SÁNCHEZ
El Colegio de México

INTRODUCCIÓN

En este artículo se busca cubrir tres objetivos: el primero es destacar la importancia de un mercado de trabajo poco estudiado en México como lo es el del empleo público; el segundo es dar cuenta de la creciente participación de las mujeres en este ámbito en las últimas décadas; y el tercero es señalar la existencia de la segregación laboral por género en el interior de la administración pública mexicana.

El campo de estudio que abarca la problemática de los mercados y la fuerza de trabajo ha dedicado poca atención al empleo público, o sea, a los diversos tipos y modalidades de trabajo desempeñados en vinculación con el aparato de Estado; es decir, se ha investigado poco en torno al papel del Estado como empleador (Rose, 1987). Es por ello que resulta necesario iniciar el análisis del problema con preguntas que pueden parecer elementales pero que en buena parte de los países de América Latina aún no tienen respuestas claras (Marshall, 1990).

En efecto, cuestiones como la dimensión del empleo público y las características de sus empleados han sido temas poco explorados. Tal situación denota la dificultad de analizar el empleo público ya que existen obstáculos que van desde su vinculación con lo político hasta la creación y el manejo de la información necesaria.

En otro momento[1] he planteado la realización de una investigación que pretende contribuir a dar respuesta a una serie de interrogantes en torno a la evolución y las tendencias que ha presentado

[1] El material utilizado en este artículo proviene de mi tesis de doctorado en ciencias sociales con especialidad en estudios de población –"Empleo público en la administración central mexicana. Evolución y tendencias: 1920-1988"– presentada en el CEDDU de El Colegio de México.

el empleo público en la administración central mexicana para un amplio periodo que abarca desde 1920 hasta el sexenio presidencial que finalizó en 1988; en el presente artículo solamente se hará referencia a las décadas que van de los años sesenta a los ochenta.

Cualquier objeto de estudio contiene tal diversidad de facetas, que siempre es necesario acotar y dar énfasis a ciertos aspectos. En este caso una primera consideración ha sido la de definir qué se entiende por empleo público, lo cual se explicita en el siguiente apartado, para entonces poder seleccionar sólo una parte de ese universo. En México existen dos grandes áreas que generan empleo público y son la administración central, que contiene fundamentalmente a las secretarías de Estado, y el sector paraestatal que abarca a una variedad de empresas. En los últimos periodos sexenales el sector paraestatal ha sido motivo de gran debate porque ha representado el eje de una discusión más amplia en torno a la injerencia del Estado en la economía y a la conveniencia o no del "adelgazamiento" del mismo (Ruiz Dueñas, 1988; Ayala Espino, 1988). Sin embargo, resulta de suma importancia considerar dentro de esta discusión al sector central puesto que genera una parte significativa del empleo público.[2]

Para poder dar cuenta de la dimensión y del funcionamiento del empleo público es necesario tener siempre presente la distinción de estos dos grandes sectores que lo conforman. Esto responde al planteamiento de que, si bien como conjunto se rigen por lineamientos generales comunes, tales como su vinculación con el Estado, cada sector presenta a su vez características propias.

De esta manera, el sector paraestatal por contener fundamentalmente entidades productoras de bienes y prestadoras de servicios para el mercado, se identifica sobre todo con la intervención directa y activa del Estado en la producción y la distribución. En cambio, el sector central en realidad representa un aparato burocrático que hace posible la injerencia del Estado; su existencia, de hecho, resulta condición necesaria -aunque no suficiente- para la intervención estatal.

Dado que ambos sectores mantienen estrecha relación con el Estado, la orientación política y económica de cada régimen presidencial incidirá de alguna manera en el funcionamiento y organización de las diversas entidades públicas (sean éstas secretarías de Estado o empresas) y, finalmente, en el volumen del empleo público. Sin embargo, en el caso de la administración central los

[2] Para 1987 el número de trabajadores empleados por la administración pública centralizada representaba 60.8% del empleo público mexicano (incluyendo a las secretarías de Estado, al DDF y a los gobiernos estatales y municipales), y el sector paraestatal contenía al 39.2% restante (INAP, 1988).

cambios y movimientos serán de diferente índole respecto de aquellos que se presenten en el sector paraestatal. Este último se convierte en una especie de escenario donde se representa la lucha política que implica la adopción de decisiones y acciones que combinan objetivos económicos y políticos planteados por el Estado. De ahí que el sector paraestatal se haya convertido en un termómetro que indica la orientación político-económica de los regímenes presidenciales.

Por su parte, el sector central también va experimentando modificaciones que atañen directamente a la organización de la estructura orgánica del aparato administrativo con la idea de adecuarlo mejor para el cumplimiento de los objetivos trazados por la política económica del régimen en turno. Tales cambios también inciden en la dimensión y la dinámica de este sector por lo que la atención de este trabajo se centrará en la administración central con la idea de rescatar esta parte del empleo público que ha sido relativamente menos estudiada.

UNA APROXIMACIÓN EMPÍRICA AL EMPLEO PÚBLICO

En los estudios sobre el tema, tanto en los países del llamado primer mundo como en los subdesarrollados, se manejan varias definiciones operacionales, cuyas diferencias se centran en los criterios que emplean y en los universos que abarcan. Así, una definición de empleo público de máxima cobertura, que no toma en cuenta las delimitaciones existentes entre las diversas organizaciones públicas, es aquella que contempla al "...conjunto de la fuerza de trabajo contratada por el Estado, independientemente del tipo de funciones que se desempeñan" (Echeverría, 1985: 38).

Otras perspectivas sí buscan distinguir diferentes tipos de actividades en el interior del propio empleo público. Así, algunos autores (Rose, 1987) desagregan el empleo público en grupos diferentes siguiendo, por ejemplo, una perspectiva denominada "por programas":[3]

a) programas sociales, que contienen principalmente a la educación y la salud;

b) programas económicos que, de manera muy simplificada, se llevan a cabo a través de las empresas públicas;

[3] La perspectiva por programas considera que "el empleo público agregado es el subproducto de decisiones tomadas en relación con muchos diferentes tipos de programas por muchas organizaciones gubernamentales diferentes" (Rose, 1985: p. xii).

c) actividades propiamente gubernamentales, son aquellas que todo gobierno tiene que llevar a cabo, como las administrativas y también las de defensa.

Otra línea de aproximación empírica al empleo público es la manejada por los organismos internacionales, como la Organización de Cooperación y Desarrollo Económico (OCDE) y el Fondo Monetario Internacional (FMI), que definen al empleo público a partir de lo que las estadísticas oficiales de cada país consideran como actividades del gobierno. Esto conlleva el problema de que cada país maneja fuentes de datos elaboradas de diferente manera y, por lo tanto, consideran a diferentes tipos de actividades como parte de su gobierno lo cual se hace patente, sobre todo, en el caso de las empresas -que incluso reciben diferentes nombres- públicas, nacionalizadas, estatales o paraestatales.

La consideración de una mayor o menor cantidad de entidades que conformen el empleo público, por supuesto, hará variar la magnitud de este tipo de empleo. De ahí que la OCDE y el FMI hayan optado por restringirse a aquellas actividades de gobierno llevadas a cabo por organismos de nivel central, estatal, provincial y local, que producen bienes y servicios no mercantiles, con lo cual se excluye a las empresas que venden bienes y servicios en el mercado (las paraestatales). Es a esta perspectiva a la que se adscribe la investigación que realicé sobre el tema.

En el caso de México, por un lado, se tiene conciencia de que el primer problema que hay que resolver al estudiar el tamaño y la composición del sector público es el de la definición y delimitación del mismo ya que existen diferentes criterios al respecto (INAP, 1988; Zapata, 1990). Por otro lado, el propio aparato gubernamental elaboró en 1977 un esquema de su estructura orgánica contemplando las entidades que la conforman, que quedó plasmado en la Ley Orgánica de la Administración Pública Federal, y que es el siguiente:

1. Gobierno Federal, que a su vez incluye:

1.1. Administración pública centralizada, formada por la Presidencia de la República, las secretarías de Estado, los departamentos administrativos y la Procuraduría General de la República.

1.2. Administración pública paraestatal, formada por organismos descentralizados, empresas de participación estatal, instituciones nacionales de crédito, instituciones nacionales de seguros y los fideicomisos.[4]

[4] En el presente trabajo no se incluye el sexenio iniciado en 1989, durante el cual la banca nacionalizada en 1982 ha sido sometida a un proceso de reprivatización total.

2. Gobiernos estatales.
3. Gobiernos municipales.

Si bien, entonces, dentro de la administración pública se contempla tanto al sector central como al paraestatal, como se ha señalado en la introducción, el objeto del análisis lo constituye sólo aquella parte del empleo público que comprende a las secretarías de Estado (ver anexo I. Fuentes de información).

EL EMPLEO PÚBLICO EN MÉXICO Y EL SECTOR SERVICIOS

México se apega bastante a las tendencias generales presentadas en América Latina por lo que respecta al desarrollo de sus sectores económicos. Entre 1950 y fines de la década de los ochenta el sector agrícola ha sido el que más ha disminuido su peso relativo en cuanto a absorción de mano de obra, por lo que es en el sector secundario y en el terciario donde se han dado situaciones variables a lo largo del tiempo (Rendón y Salas, 1987).

Sin querer entrar aquí a hacer un recuento del desarrollo económico de México, puesto que no es parte de los objetivos del artículo y, además, existe una amplia gama de estudios al respecto, lo que nos interesa es situar al empleo público en un contexto general, para poder dar cuenta de la situación de la mujer en este mercado de trabajo.

Para ello se han elegido dos indicadores que, aunque sencillos, permiten apreciar la creciente expansión tanto del empleo público en general como de la participación de la Población Económicamente Activa (PEA) femenina.[5] Se trata de las proporciones porcentuales, que hacen referencia a la magnitud relativa, y de las tasas de crecimiento, que señalan la velocidad con que se da dicho cambio.

El empleo público en México ha presentado una tendencia de constante crecimiento prácticamente desde la década de los veinte hasta fines de la de los ochenta. Un punto de referencia importante que nos da idea del incremento del empleo público es su ubicación respecto al sector terciario o de servicios, ya que el generado por la administración central pertenece a dicho sector.

[5] La PEA hace referencia al total de personas de 12 años y más que en la semana de referencia (al levantarse el censo o encuesta) se encontraba ocupada, o sea, que realizó cualquier actividad económica a cambio de un sueldo, salario, jornal u otro tipo de pago en dinero o especie (*X Censo General de Población y Vivienda*, 1980).

Es un fenómeno ampliamente estudiado la rápida expansión que ha experimentado el terciario a nivel mundial (Katzman, 1984; Muñoz, 1985) y también un aspecto muy destacado para muchos países es la numerosa participación de la mano de obra femenina (Stanback, 1984; Joekes, 1987).

El caso de México se apega a estas tendencias, como puede apreciarse en el cuadro 1.

CUADRO 1
Proporciones y tasas anuales de crecimiento de la PEA femenina

	PEA total femenina		*PEA femenina servicios*		*Mujeres afiliadas al ISSSTE*		
Año	*Porcentaje respecto del total*	*Tasa de creci-miento*	*Porcentaje respecto PEA T. Fem.*	*Tasa de creci-miento*	*Porcentaje respecto PEA T. fem.*	*Porcentaje respecto P. Fem Ser*	*Tasa de creci-miento*
1970	19.04		46.40		6.89	14.84	
1980	24.08	6.47	49.90	7.25	12.50	25.04	13.01

Fuentes: Cálculos propios basados en datos de Rendón y Salas, 1987; García, 1988; Anuarios Estadísticos del ISSSTE.

Varios puntos merecen destacarse; el primero es corroborar la importancia de la magnitud relativa -prácticamente el 50% en 1980- que representa la mano de obra femenina que se concentra en el sector servicios y que es la más alta de entre los varios sectores económicos. Así, por ejemplo, para el año de 1979 el 21.7% de la PEA femenina se encontraba en la rama de "minería, energía e industria", dentro de la cual a su vez una buena proporción de las mujeres estaba colocada en diversos tipos de maquiladoras (De Oliveira, 1989).

Un segundo punto a destacar es que en 1980 las mujeres (afiliadas al ISSSTE) que contaban con un puesto de trabajo en alguna de las dependencias de la administración central representaban alrededor del 25% de aquéllas incluidas en el terciario.

Entrando ahora a la velocidad con que a lo largo de los años se ha dado la expansión de la participación femenina en el mercado de trabajo , vemos la importante diferencia que se da entre la tasa de crecimiento de la PEA femenina total y la de los servicios con respecto a las mujeres dentro del empleo público. La velocidad de crecimiento de las mujeres afiliadas al ISSSTE es del doble de la que se presenta entre la PEA total femenina, lo cual nos habla del dinamismo de este segmento laboral en cuanto a su capacidad de absorción relativa de mano de obra femenina. Hasta aquí, entonces, queda asentado que el empleo público se ha ido convirtiendo en las últimas décadas en una fuente de trabajo importante para las mujeres mexicanas.

EL EMPLEO PÚBLICO EN LA ADMINISTRACIÓN CENTRAL MEXICANA: EVOLUCIÓN Y TENDENCIAS EN LAS ÚLTIMAS DÉCADAS

Se ha considerado un periodo que abarca cuatro sexenios presidenciales, de 1965 a 1988, y aunque éstos presentan una multitud de situaciones pueden enmarcarse -como algunos autores lo han precisado recientemente (Basáñez, 1990)- en un proceso de cambio que contiene un encadenamiento de eventos.

El sexenio de Díaz Ordaz se inició en 1965 con una situación económica sin serios problemas; entre otros indicadores esto se reflejaba en el crecimiento más o menos continuo y sostenido del PIB. Esta tendencia provenía desde el régimen de López Mateos (1959-1964) (veáse cuadro 1 del anexo II). Es decir, lo que Díaz Ordaz hizo fue continuar con la política general del llamado desarrollo estabilizador que tuvo como uno de sus ejes el proceso de industrialización.

De igual manera, por lo que toca ya específicamente al ámbito de la administración pública, en este mandato presidencial se continuó por la vía de la reorganización de la administración pública federal, que se había iniciado en el sexenio anterior, durante el cual se llevaron a cabo acciones muy importantes tanto en la restructuración del sector central como en las condiciones jurídico-laborales de los empleados públicos.

Como ejemplo de ello tenemos la relación entre el Estado y sus empleados ya que fue bajo el mandato del presidente López Mateos cuando se dieron importantes cambios al respecto. Así, el año de 1960 representó un momento especialmente significativo puesto que se creó el Instituto de Seguridad y Servicios Sociales de los Trabajadores del Estado (ISSSTE) y entró en vigor lo que se denomina el apartado "B" del artículo 123 constitucional.

La inclusión de un apartado "B" en el artículo 123 de la Constitución dedicado al derecho laboral significaba modificar la Carta Magna para elevar a rango constitucional los derechos y garantías específicamente de los "trabajadores del Estado". De esta manera, el antiguo "Estatuto Jurídico", promulgado durante el régimen del general Lázaro Cárdenas,[6] adquiría el carácter de norma

[6] En 1938, durante el mandato del general Lázaro Cárdenas, se da la promulgación del "Estatuto Jurídico de los Trabajadores al Servicio de los Poderes de la Unión", con lo cual se reconocían los derechos de los trabajadores y las obligaciones del Estado. Los principales aspectos que se reglamentaron con el estatuto jurídico tenían que ver con la fijación de horarios, salarios, promociones, capacitación y el derecho a la organización y sindicalización e incluso a la huelga; estos dos últimos puntos fueron motivo de gran polémica. Otro de los aspectos a destacar, asentado en esta legislación, es la distinción entre dos tipos básicos de empleados públicos, los llamados desde entonces "de base" y "de confianza". En el estatuto de 1938 se

constitucional, y quedaban aún más claramente establecidos los derechos y deberes de los empleados públicos en la denominada "Ley Federal de los Trabajadores al Servicio del Estado, Reglamentaria del Apartado 'B' del Artículo 123 Constitucional", promulgada en 1963.

Los puntos principales que dicha ley protegía y garantizaba, algunos de los cuales ya existían en el Estatuto Jurídico, fueron los siguientes:

a) Jornada máxima de trabajo.
b) Periodo de vacaciones.
c) Respeto a los salarios mínimos vigentes.
d) Reglamentos de escalafón para regular los ascensos.
e) Derecho a la huelga.
f) Derecho a la asociación para la defensa de los intereses de los trabajadores.
g) Inamovilidad en el empleo.

Si bien en términos legislativos la creación del apartado "B" y de la Ley Federal de los Trabajadores del Estado puede haber representado un avance laboral, hay algunos estudios que señalan las limitaciones y desventajas que conllevaron dichas medidas (Freyre Rubio, 1983). Entre otras, el que en una dependencia no pudiera haber más que un sindicato y éste sólo pudiera agruparse en una única central: la Federación de Sindicatos de Trabajadores al Servicio del Estado (FSTSE). También el que los denominados "empleados de confianza" no pudieran ni crear ni pertenecer a un sindicato. De igual manera, aunque el derecho a huelga estaba reconocido contaba con algunas especificaciones que lo condicionaban y limitaban (como sigue siendo hasta el momento actual).

Después de años de crecimiento económico sostenido y una estabilidad política, a veces fuertemente cuestionada, como en el ya histórico movimiento estudiantil de 1968, la década de los setenta se iniciaría con síntomas que apuntaban hacia profundas transformaciones. Como ejemplo de ello, en el tránsito de 1970 a 1971, correspondiente al cambio sexenal de Díaz Ordaz a Echeverría, la economía mexicana se vio frenada en su desarrollo como lo indica la tasa de crecimiento del PIB que pasó de 7.64 % a 3.47%. (veáse cuadro 1 del

especifica que el personal "de confianza" se refiere a los funcionarios más altos en cada secretaría, por lo que se trata de una verdadera minoría; mientras la mayoría, los trabajadores "de base", serían los que se regirían por las normas del estatuto jurídico. Uno de los puntos que diferenciaba a estos dos tipos de trabajadores era que los "de confianza" quedaban expresamente excluidos de la posibilidad de formar o pertenecer a alguno de los sindicatos. Por su parte, los "de base" sí tenían el derecho de crear sus sindicatos pero, como contrapartida, existía la obligación de tales organizaciones de adherirse a la FSTSE.

anexo II). En los años que siguieron —1972 a 1975— se logró una recuperación, lapso durante el cual se volvió a adquirir un ritmo más acelerado de crecimiento, aunque hacia el final del sexenio de Echeverría la economía cayó en la recesión de 1976.

A pesar de la situación económica un tanto errática que caracterizó sobre todo al régimen de Echeverría, por lo que respecta específicamente al empleo público en la administración central, fue precisamente en el lapso que este mercado de trabajo experimentó un crecimiento acelerado. Esto queda claro al comparar las tasas de crecimiento anual del total de trabajadores afiliados al ISSSTE correspondientes a cada sexenio:

1965-1970 (Díaz Ordaz): 8.67%
1971-1976 (Echeverría): 15.05%
1977-1982 (López Portillo): 4.05%
1983-1988 (De la Madrid): 4.08%

Este indicador está mostrando las variaciones sexenales; así, entre el régimen de Díaz Ordaz y el que le siguió con Echeverría casi se duplicó la tasa de crecimiento del empleo público. Con esto sólo se quiere señalar que en la comparación entre estos dos sexenios es la orientación político-económica del régimen la que puede explicar tal diferencia. Es decir, la tendencia, que durante el régimen de Echeverría se afirmó, hacia una mayor intervención del Estado en diversos ámbitos, tanto en su sector central como en el paraestatal, se ve reflejada en el crecimiento de esta parte del empleo público.

Después de la alta tasa anual de crecimiento del empleo público que se dio en el periodo 1971-1976, al pasar al siguiente sexenio el decrecimiento fue de casi cuatro veces para luego mantener su ritmo a lo largo de dos sexenios (1977-1988).

Es decir, después de la recesión económica, 1976-1977, al presidente López Portillo le toca administrar el periodo del auge petrolero -1978-1981-, con lo que se logran ritmos de crecimiento muy altos, por ejemplo, el PIB alcanza tasas de entre 8 y 9%. El petróleo se convierte en la palanca que reinicia el desarrollo económico, sin embargo, poco duró la euforia ya que a mediados de 1981 se inicia el derrumbe del mercado petrolero al caer los precios del crudo. Hacia el final del sexenio la situación financiera era verdaderamente grave: déficit en la balanza de pagos, suspensión de los créditos extranjeros, fuga de capitales, dolarización, devaluación de la moneda.

En el ámbito de la administración pública, y a diferencia de los dos sexenios anteriores, durante el periodo correspondiente a

López Portillo se llevaron a cabo una serie de restructuraciones en el interior del aparato gubernamental. La necesidad de esta restructuración surgió de la idea de "organizar al gobierno para organizar al país", y para ello se implementó una reforma administrativa y se expidió la Ley Orgánica de la Administración Pública Federal de 1977.

A diferencia de los regímenes anteriores, De la Madrid inició su periodo presidencial en medio de una situación que él mismo calificó como "de emergencia". El verdadero problema era de gran magnitud ya que se trataba de la inviabilidad de un modelo global de desarrollo económico por lo que había que implementar transformaciones estructurales.

De esta manera, ante la crítica situación en la que el país se encontraba, al inicio de este sexenio se propuso como una de las medidas principales para enfrentar la crisis el dejar claramente establecida la rectoría del Estado en materia económica con una modalidad de "economía mixta"; para esto se hicieron modificaciones a la Constitución, que entraron en vigor en 1983.

Por lo que respecta específicamente a la situación jurídico-laboral de los empleados públicos, la tónica que guiaba el encuadramiento legal de las relaciones entre el Estado y sus trabajadores era la de la modernización y la optimización del aparato administrativo, lo cual en los hechos se tradujo, desde recién iniciado el sexenio del presidente De la Madrid, en la intención de rediseñar (al igual que en el sector paraestatal) la administración central.

A mediados del sexenio (1985) las autoridades argumentaban explícitamente en torno a la necesidad -ante la situación de crisis económica- de reducir los gastos del gobierno, entre otras cosas, recortando al personal de la administración pública. En relación con el número de trabajadores afectados se dieron a conocer diferentes datos, los cuales variaban según el grupo del que provenían, así, la parte oficial tendía a disminuir la magnitud de la medida y la parte afectada la sobrestimaba.[7]

Sin embargo, si nos atenemos a las tasas de crecimiento del empleo público, generado por la administración central, una situación que resulta digna de destacarse es que precisamente en el momento en que a través del llamado "boom" petrolero (1978-1981) el país obtiene un fuerte flujo de recursos de diversa índole -lo cual se refleja en un indicador como el PIB que alcanzó tasas de crecimiento muy altas- el empleo público crece a ritmos bastan-

[7] Para un seguimiento más detallado de los acontecimientos y las cifras, veáse Dogart (1985) y una cronología elaborada por Llorens (1985).

te inferiores que los del sexenio anterior e incluso experimenta un decrecimiento en 1979 (veáse cuadro 1 del anexo II).

En contrapartida, resulta que en el siguiente sexenio (1983-1988), cuando se entra de lleno a una situación de crisis económica, la tasa de crecimiento anual del empleo público se mantiene al mismo nivel que la del sexenio anterior cuando, de hecho, muchos indicadores tanto de la economía nacional como los del empleo se vieron deprimidos.[8]

Esto apoya la hipótesis (que aquí sólo se menciona ya que se analiza con cierto detenimiento en la investigación más amplia) de que el empleo público, en determinados momentos, actúa de manera anticíclica respecto de otros mercados de trabajo; este fenómeno ha sido señalado para algunos países de América Latina (Marshall, 1990). En el caso de México, en los últimos dos sexenios pareciera que ante el auge económico el empleo público se contrajo y ante la crisis, si bien no creció aceleradamente, sí se mantuvo en niveles más altos que los de muchos mercados de trabajo que se vieron francamente deprimidos.

LA MUJER EN EL EMPLEO PÚBLICO EN LA ADMINISTRACIÓN CENTRAL MEXICANA

En el segundo apartado se ha hecho referencia a la expansión del sector servicios y, como una parte de este fenómeno, a la creciente participación de la mujer en el empleo público. Ahora bien, en el interior del propio empleo público correspondiente a la administración central mexicana, ya en 1965 las mujeres representaban alrededor del 40% de las personas en este tipo de empleo.

Esta proporción se ha ido elevando paulatina pero constantemente a lo largo de los sexenios al pasar de un promedio de 40.10% en el de Díaz Ordaz, 43.34% en el de Echeverría, 44.88 % en el de López Portillo y 44.21% en el de De la Madrid.

Si bien las proporciones relativas entre hombres y mujeres han sido de esta manera, las tasas anuales de crecimiento (en porcentajes) han variado por sexo según del sexenio que se trate:

[8] Para el periodo 1981-1984, Jusidman (1986: 14) presenta información proveniente de las Cuentas Nacionales según las cuales las tasas anuales de crecimiento para algunos sectores fueron las siguientes: industria manufacturera, -2.4%; minería, 1.0%; transporte, almacenamiento y comunicaciones, 1.2%; servicios financieros, seguros y bienes inmuebles, 4.1%, y en general la ocupación remunerada en el sector formal, -0.7 por ciento.

Sexo	*Díaz Ordaz*	*Echeverría*	*L. Portillo*	*De la Madrid*
Hombres	9.58	11.82	5.44	5.45
Mujeres	7.37	19.16	3.49	4.19

Como puede observarse, también en el desglose por sexo destaca un ritmo de crecimiento más acelerado sobre todo para el periodo de Echeverría, siendo el caso de las mujeres más notorio ya que incluso fue ahí -de 1974 a 1975- que se llegó casi al 50% de mujeres entre los trabajadores afiliados al ISSSTE.

Después se observa la baja tan fuerte en el ritmo de crecimiento respecto del sexenio de López Portillo para, en el periodo 1983-1988, lograr una ligera aceleración. Este hecho, aunado a la idea de la posibilidad de que el empleo público se mueva con una dinámica propia y diferente a la de otros mercados de trabajo, permitiría formular hipótesis en la siguiente vertiente de análisis: en los periodos de crisis no sólo el empleo público actúa de manera anticíclica, expandiéndose para crear puestos de trabajo que en otros mercados han sido suprimidos sino, además, parece que las mujeres juegan ahí también un papel importante.

Así, en épocas de auge económico tal vez como los hombres sí tienen trabajo y además su salario tiene cierto poder adquisitivo la mujer no "tiene" que salir al mercado de trabajo; en cambio en épocas de crisis, ante la pérdida del trabajo por parte de los hombres y la pérdida del poder adquisitivo del salario, la mujer se incorpora a este mercado de trabajo para paliar la situación.

Si bien este fenómeno se presentará a nivel general (De Oliveira y García, 1990), algunos estudios parecen situarlo preferentemente en los sectores de bajos ingresos ante la apremiante necesidad económica que los afecta. Sin embargo, para el caso de los sectores medios el empleo público (entre otros) puede representar una importante fuente de trabajo para un conjunto de mujeres que tiene ciertas características específicas.

A propósito de esto último, sería deseable poder dar cuenta del comportamiento de ciertas variables para conformar un perfil sociodemográfico de la mujer empleada en el sector público, pero desafortunadamente existe muy poca información al respecto, como ha sido señalado también para otros países latinoamericanos, entre ellos Argentina (García de Fanelli, 1988). En el caso de México sólo se cuenta con información de este tipo proporcionada por el Censo de Recursos Humanos del sector público federal que se efectuó en 1975, y hasta la fecha no se ha hecho una actualización de los datos.

Ateniéndonos a dicho censo, en primer lugar, encontramos que, al igual que en prácticamente todos los ámbitos laborales, en el empleo público también existe una segregación ocupacional basada en el género. Es así que, como bien señalan los estudiosos del tema,

...la verdadera magnitud de la segregación por género sexual en el mercado laboral se oculta tras la estadística agregada. La mujer no está concentrada sólo en ciertos sectores de la economía, sino también en ocupaciones específicas y con frecuencia en secciones y tareas determinadas en su lugar de trabajo (MacEwen Scott, 1987: 72).

En el caso de la administración central mexicana un primer acercamiento a este tema partiría de considerar la distribución porcentual entre hombres y mujeres por secretarías de Estado. Como puede observarse en el cuadro 2 del anexo II, las dos dependencias que cuentan con una mayor proporción de mujeres -alrededor del 50% en 1975- son la Secretaría de Salubridad y Asistencia y la de Educación Pública, tendencia ya tradicional y registrada por lo menos desde la década de los treinta en nuestro país.[9]

Esta concentración de mujeres en cierto tipo de secretarías de Estado, comparadas con otras dependencias "eminentemente" masculinas como las dedicadas al desarrollo agropecuario o a las obras públicas (ver cuadro 2), está a su vez revelando o conteniendo una relación con los tipos diferenciales de escolaridad y con una segregación ocupacional concreta.

Así, por lo que respecta a los niveles de escolaridad, para 1975 más del 50% de las mujeres que laboraban como empleadas en la administración central contaban con un grado de escolaridad calificado como "carreras de nivel medio", es decir, con estudios que requieren por lo menos la secundaria, tales como las secretariales, auxiliares de contabilidad y las sanitario-asistenciales (veáse cuadro 3 del anexo II). Le sigue el rubro de "carreras cortas" (casi 14%) que en realidad son las mismas que las anteriores con la diferencia de que sólo requieren como antecedente los seis años de primaria.

Si comparamos la situación de las mujeres con la de los hombres que laboraban en la administración central, en 1975, destacan los siguientes puntos: entre los hombres se dan situaciones más polares ya que, por un lado, casi un 38% sólo tiene la primaria, un 22% las "carreras de nivel medio" y, por otro lado, aproximadamente un 13.5% tiene estudios superiores (frente a un 6% de las mujeres).

De lo anterior se desprende que, en términos generales, las mujeres presentaban niveles de escolaridad algo superiores a los de los hombres, aunque situadas en una franja intermedia que comprende la secundaria más alguna carrera corta técnica. En cambio entre los hombres más del 40% se situaba sólo con la primaria

[9] Según el *Anuario Estadístico de los Estados Unidos Mexicanos* de 1940, en el año de 1935 había un 53.18% de mujeres en la SEP y un 30.74% en Salubridad Pública.

(y aun "sin instrucción") aunque, como se mencionó, a diferencia de las mujeres, en el caso específico de los "estudios superiores" contaban con mayores proporciones relativas.

Cuando entramos al tipo de ocupación desempeñada (cuadro 4), vemos que, nuevamente, es claro que las mujeres se concentran en segmentos laborales como el del magisterio (43.5%), las actividades correlativas a las "carreras cortas" y de "nivel medio" (alrededor de un 25% en conjunto), y en el rubro de "médicos y técnicos afines", aunque hay que hacer notar que si bien la información no presenta este dato, seguramente la mayoría de las mujeres ahí clasificadas son enfermeras.

Entre los hombres, en principio, el magisterio también agrupa la proporción relativa más alta (18%), aunque es bastante inferior comparada con la de las mujeres, sin contar el rubro de "no declaración" de la ocupación (que sería el siguiente con 16%). Las labores "de oficina" tendrían un 12%, la mitad que entre las mujeres; en cambio los jefes de unidades y los profesionales hombres representan el doble (16.5%) que entre las mujeres (8.5%). El contingente de hombres sólo con la primaria seguramente se sitúa en ocupaciones como las agropecuarias, los oficios, servicios varios y protección y vigilancia, que en conjunto representarían un 21.5%. Es decir, en la distribución porcentual por tipo de ocupación se reflejan en parte los niveles de escolaridad diferentes entre hombres y mujeres.

Esta misma situación ha sido analizada para el caso del sector público nacional de Argentina (García de Fanelli, Gogna y Jelin, 1990), donde se presenta esta relación entre un nivel promedio de escolaridad superior entre las mujeres, pero éstas ocupan en mayor proporción puestos en la base de la pirámide organizacional.

De esta manera, si bien la mujer se ha ido incorporando de manera constante al mercado de trabajo en general y al del empleo público en particular, los cambios que se han dado en este sentido apuntan al surgimiento de nuevas ocupaciones, como las llamadas "de oficina", por lo que las mujeres ya no sólo se concentran en el magisterio, el área sanitario-asistencial y el servicio doméstico. Sin embargo, en esencia se sigue tratando de ocupaciones consideradas "femeninas" lo cual conlleva características tales como las de menores requisitos de educación formal, sueldos más bajos y menor reconocimiento social.

Consideraciones finales

La creciente participación de la mujer en el mercado de trabajo constituye un hecho ampliamente señalado a nivel internacional, es por ello por lo que el análisis de sectores ocupacionales acotados contribuye a dar cuenta del fenómeno global, ya que sólo así pueden descubrirse las características y especificidades tanto de los propios segmentos laborales como de la población que se inserta en ellos.

En el caso de México existe una variedad de estudios que abordan la expansión del sector terciario o de los servicios, pero se ha visto la necesidad de desglosar dicho sector para saber cómo está conformado y cuál es el funcionamiento de sus diversas partes. El empleo público generado por la administración central forma parte de este conjunto y a lo largo del presente trabajo se ha pretendido dar cuenta de algunos de los elementos que lo caracterizan.

En primer lugar, destaca la tendencia general de constante crecimiento, así como la importante participación de las mujeres, tanto en términos relativos como en la velocidad de su incorporación. Después de este primer acercamiento nos hemos adentrado en algunas vertientes de análisis, como la dimensión temporal, para ver las variaciones de la tendencia general en determinados momentos. Es ahí donde surge la hipótesis en torno a la existencia de una dinámica de funcionamiento propia del empleo público frente a otros mercados de trabajo y frente a la economía nacional.

En cuanto a este tema, y a otras interrogantes aún sin despejar, queda un buen trecho por recorrer. Por ejemplo, si tomamos los dos niveles de análisis "tradicionalmente" manejados en las ciencias sociales, veríamos que en el nivel "macro" uno de los problemas centrales es la falta de información. En México existen muy pocas fuentes de datos que den cuenta específicamente del empleo público y, sobre todo, con desgloses tales como los de los grandes sectores, sus divisiones internas, por organismos y todo esto por sexo. Tal información es necesaria para poder hacer análisis más precisos y que además permitan hacer comparaciones tanto a lo largo del tiempo, dentro del país, como internacionalmente.

En relación con el desglose por sexo, la situación es aún de mayor escasez ya que los datos existentes al respecto sólo permiten hacer señalamientos muy generales, como el de la creciente participación de la mujer en el empleo público, o localizados para ciertos momentos en el tiempo y sólo en algunos ámbitos, como los datos presentados para 1975.

De aquí se desprende la necesidad de investigar otro aspecto prácticamente ignorado, se trata de la elaboración de un perfil sociodemográfico a través del cual se pudieran conocer las características básicas de la población que conforma el contingente de los empleados públicos. Así, variables como las de sexo, edad, escolaridad, estado civil, número de hijos, etc., podrían contrastarse con el comportamiento de las mismas a nivel nacional y de otros mercados de trabajo para dar cuenta de las especificidades de cada uno.

La otra dimensión que habría que analizar para vincularla con la primera es la del ámbito de lo "micro", tomando como guía preguntas como ¿por qué el empleo público se ha constituido en una fuente de trabajo importante para las mujeres?, es decir, ¿qué ventajas y desventajas representa para aquellas que se insertan de alguna manera en este mercado de trabajo?

Habría entonces que proponer hipótesis e investigar en torno de aspectos tales como el reclutamiento, que tiene que ver a su vez con los canales de acceso, las características que deben presentar las aspirantes a ingresar al empleo público, los criterios de selección, etcétera.

Entre otras muchas facetas, para el caso de las mujeres, una de las dimensiones importantes que habría que considerar es la que se refiere a los elementos que influyen en los costos de la mano de obra femenina, especialmente en relación con la maternidad y el cuidado de los hijos. El sector público, por su mismo carácter de institución no lucrativa al servicio de la comunidad, tiene la obligación de otorgar en la práctica derechos y prestaciones que, si bien están contemplados en la ley para todas las mujeres trabajadoras, que no siempre se cumplen, como se sabe, sobre todo en las empresas privadas. Estas últimas muchas veces prefieren contratar hombres, porque se tiene la seguridad de que no se incurrirá en gastos tales como el pago de licencias por maternidad, ni la demanda de guarderías. De ahí que para la mujer la menor presión en torno a sus actividades como madre pueda constituir un aliciente para buscar un empleo "en el gobierno", en vez de hacerlo en una empresa privada que ejerce ciertas políticas desde la contratación (aun si son ilegales, como el comprometer a la futura empleada a no embarazarse y a renunciar al trabajo si así lo hiciere) hasta las etapas posteriores.

También hay otros aspectos que no se encuentran en la legislación, pero que pueden verse en el mismo sentido. Tenemos, por ejemplo, la relativa flexibilidad de horarios y salidas del lugar de trabajo; es decir, si bien hay un horario fijo se da la situación del "llegar y checar tarjeta" y luego tomarse tiempo para actividades personales que pueden realizarse dentro de la oficina o aun fuera de ella.

Esto se combina con la existencia de una relativa permisividad en torno a ciertas labores maternales que "tiene" que realizar la mujer trabajadora como el ir a dejar y recoger a sus hijos a la escuela dentro de los horarios de oficina o el permitir que los niños estén durante algún tiempo en la propia oficina mientras la madre cubre su horario de trabajo. Estas situaciones por lo general no son toleradas en las empresas privadas y tal vez en el sector público se permiten como una manera de cubrir las deficiencias del servicio de guardería.

Todo lo anterior llevaría también a considerar el ámbito del hogar-unidad doméstica ya que las ventajas relativas que pudieran atraer a la mujer hacia un mercado de trabajo de este tipo repercutirían también en su familia. Por ejemplo, las prestaciones sociales de las cuales se beneficia la mujer son extensivas también a algunos miembros de su familia (servicio médico, préstamos financieros, descuentos en la adquisición de bienes y servicios, etcétera).

Por otro lado, el empleo de la mujer en estos tiempos de crisis económica puede representar un ingreso necesario para conjuntarse con otras entradas de los demás miembros del hogar. Pero en el caso del empleo público, si se ha obtenido la base o plaza esto puede representar la seguridad de que la familia cuenta, por lo menos, con un ingreso fijo cada quincena lo cual puede significar un apoyo para las entradas y salidas del mercado de trabajo de los otros miembros del hogar. En fin, que aún queda una variedad de aspectos por investigar en torno a la mujer en el empleo público, con lo cual se contribuirá a ampliar el conocimiento no sólo de los "estudios de la mujer" sino de los mercados y la fuerza de trabajo.

ANEXO I. FUENTES DE INFORMACIÓN

Uno de los aspectos centrales de cualquier investigación está constituido por la base empírica que, finalmente, es la que da sustento a los planteamientos teóricos. En el caso del empleo público mexicano la información que se ha generado y está disponible puede considerarse como escasa y de calidad y cobertura variables para diferentes momentos del tiempo.

Hay que decir que esta situación prevalece en la gran mayoría de los países en vías de desarrollo y aun en algunos del "primer mundo". De hecho, no existen acuerdos y convenciones internacionales que sirvan como guía a los organismos que pudieran recolectar información al respecto para hacerlo de una manera sistemática que permitiera la comparación internacional (Heller y Tait, 1983).

Algunos autores (Echeverría, 1985) han considerado que las principales fuentes de datos que pueden contener información sobre el empleo público son los censos y encuestas de hogares, documentos sobre presupuestos, anuarios estadísticos, los sistemas de seguridad social, las propias instituciones gubernamentales que fungen como empleadoras y algunos estudios ocasionales al respecto. Sin embargo, en cada uno de estos casos, sobre todo en los países en vías de desarrollo, la información proporcionada por estas instancias presenta grados variables de deficiencias y sesgos.

En el caso de México se cuenta con fuentes como los Censos de Población, las Cuentas Nacionales y los Informes de Gobierno, que si bien contienen información de una u otra manera referida al empleo público, ésta generalmente consiste en datos elaborados o estimados con finalidades específicas y para periodos diversos.

No existe una institución encargada de compilar, concentrar y generar información específica sobre el empleo público, pero a falta de ello se puede recurrir a los datos existentes sobre los afiliados activos al sistema de seguridad social. En el caso de México a través del Instituto de Seguridad y Servicios Sociales de los Trabajadores del Estado (ISSSTE) se tiene acceso a cierto tipo de información referida a esta población e incluso publicada sistemáticamente en sus Anuarios Estadísticos. Más específicamente, y sobre todo en función de la parte del empleo público objeto de este análisis, resulta que los afiliados al ISSSTE laboran mayoritariamente en la administración central y no en el sector paraestatal.

Esta fuente de datos resulta muy importante para el logro de los objetivos planteados ya que con los datos de los Anuarios Estadísticos publicados por el ISSSTE es posible obtener una visión panorámica a lo largo de más de 20 años –de 1965 a 1988– respecto del número de trabajadores, hombres y mujeres, que se han ido incorporando como asegurados y, por lo tanto, como "trabajadores al servicio del Estado". También se puede constatar, aunque sin la distinción por sexo, cómo las dependencias de la administración central han ido variando su número de empleados afiliados al ISSSTE, con lo cual se pueden observar las diferencias entre las secretarías de Estado.

ANEXO II. CUADROS

CUADRO 1

Variaciones porcentuales de los trabajadores afiliados al ISSSTE y tasas de crecimiento del PIB, 1965-1988

Años	*Variación porcentual*	*Tasas PIB*
1965		6.48
1966	15.03	6.93
1967	22.37	6.24
1968	6.24	8.16
1969	7.55	6.32
1970	2.38	7.64

Años	*Variación porcentual*	*Tasas PIB*
1971	8.88	3.47
1972	13.31	8.49
1973	16.06	8.41
1974	38.89	6.11
1975	18.28	5.61
1976	7.33	4.24
1977	11.58	3.44
1978	18.58	8.25
1979	-2.12	9.15
1980	1.97	8.32
1981	6.73	7.95
1982	3.39	-0.54
1983	4.21	-5,27
1984	10.76	3.68
1985	1.60	2.78
1986	7.89	-3.75
1987	4.56	1.43
1988	0.15	2.00

Fuentes: Anuarios Estadísticos del ISSSTE de 1965 a 1988. Para las tasas del PIB, hasta 1982, Ayala (1988); de 1983 en adelante, Basáñez (1990).

CUADRO 2
Distribución por sexo de los empleados en algunas secretarías de Estado

Secretarías	*H (%)*	*M (%)*
Salubridad y Asistencia	49.53	50.47
Educación Pública	50.10	49.90
Trabajo y Previsión Social	58.12	41.88
Relaciones Exteriores	61.21	38.79
Industria y Comercio	62.46	37.54
Patrimonio Nacional	62.72	37.28
Reforma Agraria	66.92	33.08
Hacienda y Crédito Público	67.34	32.66
Gobernación	69.04	30.96
Comunicaciones y Transportes	83.06	16.94
Agricultura	84.47	15.53
Obras Públicas	89.02	10.98
Recursos Hidráulicos	90.35	9.65

Fuente: *Censo de Recursos Humanos del Sector Público Federal*, Administración Central, 1975.

CUADRO 3
Niveles de escolaridad por sexo
entre los empleados de la Administración Central, 1975

Niveles	*Hombres %*	*Mujeres %*
Sin instrucción	3.12	0.87
Primaria	37.64	11.01
Carreras cortas	3.24	13.73
Secundaria	12.64	7.63
Nivel medio	22.16	56.85
Preparatoria	6.94	3.43
Nivel superior	11.81	5.30
Posgrado	1.72	0.70
No especificado	0.73	0.48
Total	100.00	100.00

Fuente: *Censo de Recursos Humanos del Sector Público Federal*, Administración Central, 1975.

CUADRO 4
Tipos de ocupación por sexo, entre los empleados
de la Administración Central, 1975

Ocupación	*Hombres %*	*Mujeres %*
Funcionarios	1.69	0.26
Jefes de unidades	8.79	4.32
Profesionales diversos	7.76	4.33
Médicos-técnicos afines	3.32	7.30
Maestros	18.06	43.53
Empleados contabilidad	1.61	1.89
Taquimecanógrafos	1.58	15.93
Telefonistas, telegrafistas	1.00	0.44
Carteros, mensajeros	4.97	1.88
Personal administrativo	8.83	6.70
Servicios personales	0.97	1.80
Conductores vehículos	4.81	0.07
Protección y vigilancia	7.47	0.75
Conserjes, limpieza	6.13	5.74
Otros servicios	1.54	0.45
Actividades agropecuarias	2.20	0.08
Oficios varios	3.24	0.27
No declaración ocupación	16.03	4.24
Totales	100.00	100.00

Fuente: *Censo de Recursos Humanos del Sector Público Federal*, Administración Central, 1975.

BIBLIOGRAFÍA

Aguilar Camín, Héctor y Lorenzo Meyer (1989), *A la sombra de la Revolución Mexicana*, Cal y Arena, México.

Anker, R. y C. Hein (1987a), *Medición de las actividades económicas de la mujer*, Oficina Internacional del Trabajo.

——— (1987b), *Desigualdades entre hombres y mujeres en los mercados de trabajo urbanos del tercer mundo*, OIT.

Anuarios Estadísticos de los Estados Unidos Mexicanos.

Ayala Espino, José (1988), *Estado y desarrollo. La formación de la economía mixta mexicana (1920-1982)*, FCE, México.

Basáñez, Miguel (1990), *El pulso de los sexenios*, Siglo XXI Editores, México.

Comisión de Recursos Humanos del Gobierno Federal, *Censo de Recursos Humanos del Sector Público Federal* (1975), Administración Central.

Dogart, Alberto (1985), "El impacto del recorte sobre el empleo", en *El Cotidiano*, vol. 2, núm. 7.

Echeverría, Rafael (1985), *Empleo público en América Latina*, Oficina Internacional del Trabajo-PREALC.

Flores Caballero, Romeo R. (1988), *Administración y política en la historia de México.*, FCE/INAP, México.

Freyre Rubio, Javier (1983), *Las organizaciones sindicales, obreras y burocráticas contemporáneas en México*, UAM-Azcapotzalco, México.

FSTSE (1983), *Documentos Básicos*, México.

García, Brígida (1988), *Desarrollo económico y absorción de fuerza de trabajo en México*, El Colegio de México, México.

García de Fanelli, Ana M. (1988), *Mujeres y empleo público: el caso de las empresas estatales*, documento CEDES 1, Buenos Aires.

Gogna M. y E. Jelin (1990), *El empleo femenino en el sector público nacional*, CEDES, Buenos Aires.

Heller, Peter y A. Tait (1983), *Government Employment and Pay: Some International Comparisons*, International Monetary Fund, Washington, D.C. (Ocassional Paper No. 24).

Instituto Nacional de Administración Pública-Secretaría de la Contraloría General de la Federación (1988), *Tamaño y composición de la administración pública mexicana*, México.

Instituto de Seguridad y Servicios Sociales de los Trabajadores del Estado (ISSSTE) (1965-1988), *Anuarios Estadísticos.*

Joekes, Susan (1987), *La mujer y la economía mundial*, Siglo XXI Editores, México.

Jusidman, Clara (1986), "Evolución del empleo y los mercados de trabajo en México", ponencia presentada en la reunión de la Somede, México.

Katzman, Rubén (1984), "Notas sobre las transformaciones sectoriales del empleo en América Latina", en *Memorias del Congreso Latinoamericano de Población y Desarrollo*, UNAM-El Colegio de México, México.

Ley Orgánica de la Administración Pública Federal (1977).

"Ley Federal de los Trabajadores al Servicio del Estado" (1986), *Legislación Federal del Trabajo Burocrático*, Porrúa, México.

Llorens, Carmen (1985), "Cronología del FIDES", *en El Cotidiano*, vol. 2, núm. 7.

Mac Ewen Scott, Alison (1987), "Desarrollo económico y trabajo urbano de la mujer: el caso de Lima Perú", en R. Anker y C. Hein (comps.), *Desigualdades entre hombres y mujeres en los mercados de trabajo urbanos del tercer mundo*, OIT.

Marshall, Adriana (comp.) (1990), *El empleo público frente a la crisis. Estudios sobre América Latina*, Instituto Internacional de Estudios Laborales - OIT, Ginebra.

Muñoz, Humberto (1985), "Algunas contribuciones empíricas y reflexiones sobre el estudio del sector terciario", en *Ciencia*, núm. 36.

Oliveira, Orlandina de (1989), "Empleo femenino en México en tiempos de recesión económica: tendencias recientes", en Cooper *et al.*, *Fuerza de trabajo femenina urbana en México*, t. 1: *Características y tendencias*, Miguel Ángel Porrúa-UNAM, México.

——— y Brígida García (1990), "Trabajo, fecundidad y condición femenina en México", documento para discusión (versión preliminar), El Colegio de México, mayo.

Pedrero, Mercedes y N. Saavedra (1987), *La industria maquiladora en México*, OIT (documento de trabajo núm. 49), Ginebra.

Pichardo Pagaza, Ignacio (1984), *Introducción a la Administración Pública de México. 1. Bases y Estructura. 2. Funciones y Especialidades*, INAP-Conacyt, México.

Rendón, T. y C. Salas (1987), "Evolución del empleo en México: 1895-1980", en *Estudios Demográficos y Urbanos*, vol. 2, núm. 2.

Rose, Richard (1987), *Public Employment in Western Nations*, Cambridge University Press.

Ruiz Dueñas, Jorge (1988), *Empresa pública. Elementos para el examen comparado*, FCE, México.

Stanback, Thomas *et al.* (1984), *Servicios. La Nueva Economía*, Publigrafics, México.

Zapata, Francisco (1990), "El empleo en el Estado en México", en A. Marshall (comp.), *El empleo público frente a la crisis. Estudios sobre América Latina*, Instituto Internacional de Estudios Laborales-OIT, Ginebra.

INCORPORACIÓN DE LA MUJER A LA CIENCIA A COMIENZOS DE LOS NOVENTA

NORMA BLÁZQUEZ GRAF
Universidad Nacional Autónoma de México

INTRODUCCIÓN

Al abordar la relación del género y la ciencia, se pueden encontrar convergencias entre los estudios sobre la ciencia y la teoría feminista, ya que ambos campos del conocimiento empiezan a considerar la investigación sistemática sobre el tema.

Para fundamentar esta discusión en México, uno de los puntos de partida es conocer con precisión cuáles son las características de la relación entre el género y la ciencia, así como las posibilidades que se desprenden de esta asociación para el desarrollo del conocimiento y de la mujer.

A continuación se describen en primer término algunas de estas características, en seguida se analizan brevemente los indicadores utilizados en los estudios de la ciencia, para después hacer la evaluación de los efectos de la crisis sobre estos indicadores y sobre la situación de la mujer dentro de las actividades científicas en los últimos diez años, finalizando con una reflexión sobre algunas de las consecuencias que pueden derivarse de su incorporación a este campo.

RELACIÓN ENTRE EL GÉNERO Y LA CIENCIA

Aunque se pueden encontrar algunos trabajos que muestran las raíces históricas de la relación género-ciencia (Mozans, 1974; Keller, 1985; Lemoine, 1986; Gavillán Suárez, 1989),[1] su consideración como un campo específico de estudio es reciente.

[1] En estos trabajos se proporciona un panorama de la evolución histórica del

Entre los elementos que han contribuido en esta relación, se puede contar, por un lado, el movimiento feminista que ha fomentado, especialmente en las dos últimas décadas, la incorporación de las mujeres a los estudios superiores, así como la selección y práctica de carreras distintas a las asignadas socialmente conforme a un rol de género. En nuestro país, aunque todavía no existe una distribución homogénea por áreas del conocimiento, la población femenina en educación superior y posgrado ha crecido notablemente en los últimos diez años.

Un segundo elemento importante es el surgimiento de estudios sobre la mujer y el género (Hunter College Women's Studies Collective, 1983), que han ubicado a la mujer en el centro de la atención. Algunos trabajos han contribuido con la crítica de supuestos y conceptos fundamentales de las distintas ciencias, generando nuevas áreas de investigación y proponiendo el análisis sobre el modo en que hasta hoy se ha definido la naturaleza de los géneros; otros han elaborado la crítica a estos elementos de definición (Keller, 1982, 1985; Fausto Sterling, 1985; Harding, 1986).[2] En México, distintos grupos de mujeres interesadas en la investigación y los estudios de la mujer, han impulsado a nivel institucional, diversos programas, seminarios, cursos y talleres, así como investigaciones que desde distintas disciplinas abordan el estudio de la mujer y de los géneros.[3] Asimismo, existen algunos datos (Proyectos de las Ciencias Sociales en México,

---

concepto sobre la mujer, y cómo las distintas concepciones han frenado su participación en el quehacer científico. Muestran cómo desde la filosofía griega, la escolástica y la ciencia moderna, se impide el acceso del sexo femenino al conocimiento al justificar su confinamiento al mundo doméstico y al negar la capacidad de creación intelectual de las mujeres.

[2] Las autoras muestran los prejuicios y la discriminación hacia la mujer en la ciencia en lo que se refiere a la conceptualización en el proceso de generación del conocimiento, que destaca como modelo la presencia de lo masculino y define lo femenino por su ausencia. Asimismo, hacen un recuento sobre las distintas posiciones y críticas que desde la teoría feminista se han hecho al modo de hacer la ciencia moderna occidental.

[3] En la UNAM, en la Facultad de Ciencias Políticas y Sociales se organizó un curso sobre mujer y política; en la Facultad de Filosofía y Letras se ha iniciado la cátedra sobre filosofía contemporánea: estudios de la mujer, y en la Facultad de Psicología se constituyó el Centro de Estudios de la Mujer; actualmente estos cursos y seminarios se han coordinado para proponer un programa universitario de investigación sobre los géneros que ya ha iniciado un seminario permanente sobre el tema. En otras instituciones como las unidades Xochimilco e Iztapalapa de la Universidad Autónoma Metropolitana (UAM), se han organizado también departamentos de Estudios de la Mujer, y en El Colegio de México, surgió el Programa Interdisciplinario de Estudios de la Mujer (PIEM). Véanse Urrutia, 1986; Bustos, 1989 y Carreras, 1989a, 1989b.

1987) que muestran que del total de las investigaciones que se desarrollan dentro del campo de las ciencias sociales, el 1.8% son estudios sobre la mujer (Blázquez Graf, 1989b).

Otra característica importante de la relación entre el género y la ciencia es que ambas son categorías sociales. Puede decirse que la ciencia es el concepto que se deriva de un conjunto de prácticas y de un cuerpo de conocimientos definido por una comunidad. El género es el conjunto de expectativas y roles culturales que se asocian a cada sexo según la cultura o sociedad que se trate (Mead, 1978; Rubin, 1986; Lamas, 1986).[4]

Al igual que en muchas otras actividades, el panorama general de la ciencia en el mundo[5] y en nuestro país,[6] revela que la ciencia es una actividad fundamentalmente masculina, en la que predomina la orientación de un solo género en el proceso de producción de conocimiento, en la definición de sus finalidades y criterios de valoración, así como en su planificación y organización, por lo que es necesario conocer si existe una participación de las mujeres en la ciencia de México, cómo se puede estimular o apoyar, y cuáles son sus aportaciones.

Para la ciencia, la presencia femenina representa la incorporación de un sector que tiene roles asignados con especificidad y otra manera de ver la realidad. De ahí que este nuevo elemento puede proceder de un modo distinto al que ha definido el desarrollo del conocimiento, y tiene la capacidad potencial para transformar la

[4] Margaret Mead fue una de las primeras investigadoras que dieron nuevas interpretaciones al porqué de las diferencias conductuales y de temperamento entre los sexos. Propuso que son creaciones culturales que muestran la maleabilidad de la naturaleza humana. A partir de concepciones como las descritas por Gayle Rubin, Marta Lamas hace una revisión del concepto de género, que a partir de la década de los setenta empezó a ser utilizado en las ciencias sociales como categoría que se introduce en el análisis antropológico de las diferencias entre los sexos y en la polémica sobre lo que es determinante en el comportamiento humano: los aspectos biológicos o los socioculturales.

[5] El panorama general de la ciencia en el mundo muestra que tanto en la academia como en la industria, las mujeres tienen escasas opciones para elegir y desarrollar el área de su formación, que existen pocas posibilidades de promoción, y que en algunos casos se encuentran subempleadas, desempleadas o reciben salarios más bajos que los de sus compañeros que ocupan los mismos puestos. Véanse por ejemplo: Shuchman, 1984; Kahle, 1985; Gurnani *et al.*, 1986.

[6] En México se han realizado diversos trabajos que muestran la situación de la mujer en las actividades científicas y tecnológicas, desde la etapa formativa a la productiva, y cómo tienen que enfrentar dificultades para reconciliar la actividad científica con las responsabilidades familiares y los roles de género impuestos socialmente. Véanse por ejemplo: Gall, 1976; Tovar, 1980; Blázquez Graf *et al.*, 1984; Carreras, 1989; Barrientos, 1989; Garro, 1989; Blázquez Graf, 1991).

base estructural de la ciencia moderna y por lo tanto de la sociedad, ya que las consecuencias de la división cultural por géneros que ha existido y sigue existiendo hasta nuestros días, también se manifiestan en el ámbito científico (Durán, 1982; Keller, 1985; Lemoine, 1986).

DESARROLLO CIENTÍFICO: INDICADORES

Cuando se estudia el desarrollo de la ciencia y la tecnología, tradicionalmente se utilizan algunos indicadores que permiten comparar el avance y las características de estas actividades a lo largo del tiempo y en distintos países. Entre ellos se consideran los recursos económicos destinados a la ciencia, el número de investigadores y su relación con el número de habitantes, su productividad, y la formación de nuevos recursos humanos (Price, 1963a, 1963b; National Science Board, 1985). Estos indicadores no han sido analizados a la luz de la incorporación reciente de las mujeres en la vida académica y productiva y cada uno de ellos tiene aspectos particulares que se manifiestan de modo distinto según el país de que se trate. El caso particular de México puede proporcionar aspectos originales de los que podrían desprenderse caminos alternativos para el avance de la ciencia y la tecnología, que tomen en cuenta el proceso de incorporación de las mujeres a las tareas científicas.

Indicadores del desarrollo científico en los ochenta

En trabajos anteriores (Blázquez Graf, 1989a, 1989b; Blázquez Graf y González Gómez, 1990; Blázquez Graf, 1991) se han analizado las características del proceso de formación de la mujer para llegar a ser una investigadora independiente, productiva y reconocida, y se han examinado las características de la evolución del gasto nacional en ciencia y tecnología (Flores *et al.*, 1991), se estimó el impacto de las transformaciones económicas, políticas y sociales ocurridas en los últimos diez años, en algunos de los indicadores del desarrollo científico del país.

Adicionalmente, se realizó la búsqueda y revisión de datos. La información fue obtenida considerando tanto a las disciplinas tradicionalmente ubicadas dentro de las ciencias naturales, exactas e ingenierías, como a las clasificadas dentro de las ciencias sociales y las humanidades. En la selección de los datos se recurrió a las siguientes fuentes e instituciones: Consejo Nacional de Ciencia y Tecnología (Conacyt), Dirección de Planeación de la Universidad Nacional Autónoma de México (UNAM), Departamento de Control Escolar del Centro de Investigación y de Estudios Avanzados del IPN (Cinvestav), y los resultados de las convocatorias del Sistema Nacional de Investigadores (SNI).

Recursos económicos destinados a la ciencia

Cuando se examina la evolución del gasto nacional en ciencia y tecnología, se observa que está definido por una participación mayoritaria del gobierno federal, que representa 90% del total (Conacyt, 1986). Considerando las limitaciones que presentan las fuentes de información y los distintos criterios que existen para la interpretación sobre la asignación de recursos en estos rubros (Lustig *et al.*, 1989), en 1989, Flores y colaboradores realizaron el estudio de la evolución del gasto del gobierno en ciencia durante los años de la crisis, a partir de datos obtenidos en los anexos de los informes de gobierno. El trabajo muestra que el impacto real de la crisis económica para la investigación científica y tecnológica, pese a su incorporación normativa dentro de la política económica, significó la reducción del peso del gasto del gobierno federal en ciencia y tecnología como una expresión no sólo de la crisis, sino como resultado del nivel de prioridad que se le asignó dentro de la estructura del gasto público y, por tanto, de la política económica. Asimismo, se señala que los sectores más afectados por estas políticas, fueron la investigación básica, las instituciones de educación superior e investigación, la agricultura, ganadería y pesca, así como la formación de recursos humanos. En la figura 1, tomada del trabajo citado, se muestra, en millones de pesos, el gasto del gobierno federal en ciencia y tecnología durante el periodo 1983-1988. Los círculos llenos representan precios corrientes y muestran un crecimiento sostenido durante todo el periodo analizado. En círculos vacíos se muestra el gasto en precios constantes y se observa una imagen distinta, ya que a pesar de las fluctuaciones en su evolución, el gasto desarrolló una tendencia decreciente que produjo una reducción del 40%, colocando al gasto nacional en ciencia y tecnología durante 1988, en niveles comparables a los observados 13 años atrás, por lo que puede hablarse, para este periodo, de una regresión (Flores, 1989c, Flores *et al.*, 1991).

Instancias de administración y apoyo para la ciencia

En la década que se analiza, es interesante destacar la aparición de organismos para el fomento de la ciencia. En 1984 se creó el Sistema Nacional de Investigadores (SNI) para:

FIGURA 1
Gasto del gobierno federal en ciencia y tecnología.
Periodo 1983 a 1988 (en millones de pesos)

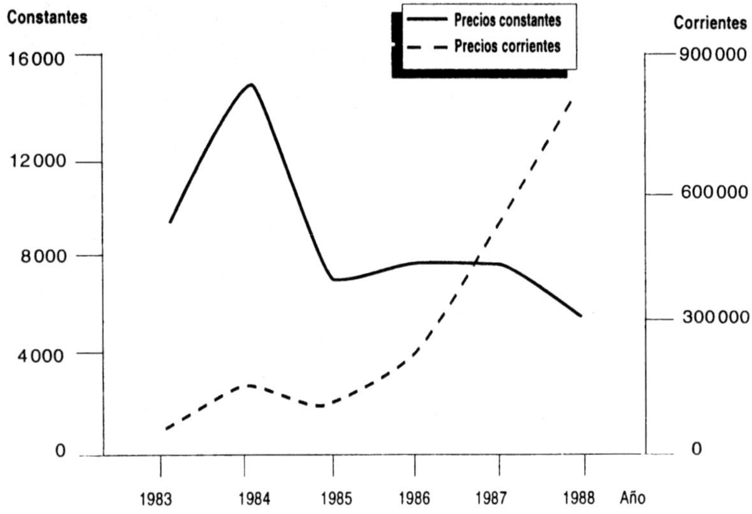

Fuente: Anexos de los informes de gobierno (tomada de Flores *et al.*, 1991).

> ... fomentar el desarrollo científico y tecnológico del país fortaleciendo la investigación en cualesquiera de sus ramas y especialidades, a través del apoyo a los investigadores de las instituciones de educación superior y de investigación en México, así como (...) para incrementar el número de investigadores en activo con que cuenta el país, elevando su nivel profesional (Sistema Nacional de Investigadores, 1984).

En marzo de 1989 se formó el Consejo Consultivo de Ciencia con la incorporación de destacados miembros de la comunidad científica, y en mayo de ese mismo año, se inició un nuevo programa de liderazgo académico en la Universidad Nacional Autónoma de México (UNAM), cuya primera etapa fue la creación de estímulos de iniciación a la investigación, con el fin de fomentar el desarrollo de la carrera académica en profesores e investigadores jóvenes recién graduados o incorporados a la UNAM (*Gaceta UNAM*, 1989). Estas instancias y programas deberán probar su eficacia, a través de estudios de seguimiento que muestren sus logros.

Participación de la comunidad científica

En el establecimiento de estos organismos de apoyo a la investigación, la participación de la comunidad científica ha sido muy importante. Ha mostrado la movilidad y la capacidad de expresión de un sector de la sociedad que defiende la necesidad de desarrollo y consolidación del sistema de ciencia y tecnología en nuestro país, y ha sido crucial para enfrentar el problema de la fuga de cerebros que se manifestó de manera aguda durante los primeros meses de 1989 (Flores, 1989a, 1989b).

Formación de recursos humanos

Respecto de la formación de recursos humanos en ciencia y tecnología, que también se ha visto muy afectada en el periodo estudiado (Esquivel Esquivel et al., 1990), resulta interesante el análisis de los datos separados por género. Considerando como punto de partida formal para la educación científica en nuestro país, a la licenciatura -ya que este nivel es la fuente más directa de personal para el posgrado y la investigación-, durante los años ochenta se observó que la proporción de hombres y mujeres ha ido cambiando. A nivel nacional, la matrícula de educación superior creció 4.19 veces, la población masculina a razón de 3.3 y la femenina en 9.4 (Morales, 1989). La figura 2-A presenta el crecimiento de la matrícula nacional de educación superior por género en el periodo de 1969 a 1985, y se observa que para 1969 del total de alumnos, 82.7% estaba constituido por hombres y 17.3% por mujeres; para 1977, la distribución porcentual pasó a 73.7% y 27.3% respectivamente; de 1977 a 1985, que es el periodo que está ubicado dentro de la década estudiada en este trabajo, la distribución porcentual fue de 65.5% y 34.5%, respectivamente. Tomando a la Universidad Nacional Autónoma de México (UNAM), una de las más importantes instituciones de educación superior e investigación del país (Villa Soto et al., 1988), se observa que en 1980, 65% del total de la población escolar estaba constituida por hombres y 35% por mujeres, mientras que en la actualidad, esta proporción es de 56 y 44%, respectivamente, y la presencia femenina ha llegado a equilibrarse e incluso a invertirse en algunas disciplinas (Blázquez Graf y González Gómez, 1990; Blázquez Graf, 1991).

Esto sugiere que a nivel de la licenciatura se ha producido un notable avance y que el estímulo social y familiar hacia las mujeres que deciden estudiar una profesión y ejercerla puede ser un factor muy importante que debe contemplarse.

La distribución de becas nacionales para estudios de especialización, maestría y doctorado otorgadas por el Consejo Nacional de

FIGURA 2
Formación de recursos humanos

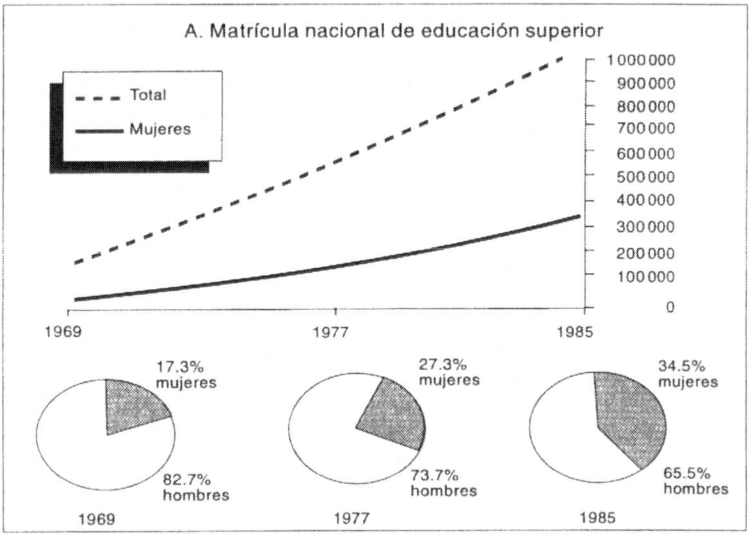

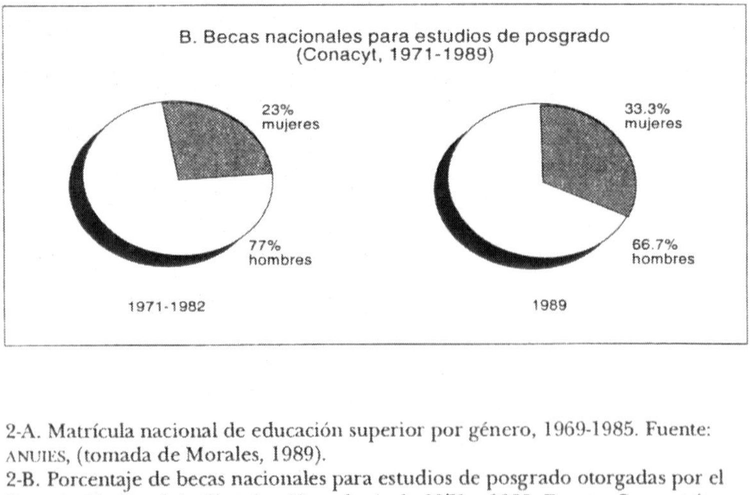

2-A. Matrícula nacional de educación superior por género, 1969-1985. Fuente: ANUIES, (tomada de Morales, 1989).
2-B. Porcentaje de becas nacionales para estudios de posgrado otorgadas por el Consejo Nacional de Ciencia y Tecnología de 1971 a 1989. Fuente: Conacyt (tomada de Blázquez Graf, 1991).

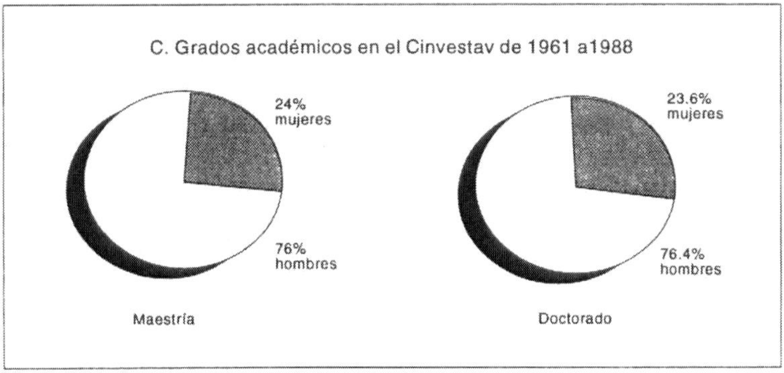

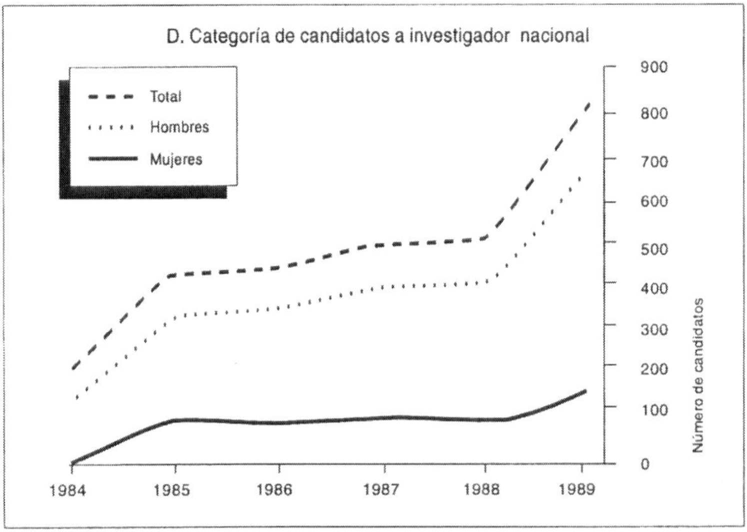

2-C. Porcentaje de grados académicos otorgados en el Centro de Investigación y de Estudios Avanzados de 1961 a 1988. Fuente: Control Escolar del Cinvestav (tomada de Blázquez Graf, en prensa).

2-D. Resultados de las convocatorias del Sistema Nacional de Investigadores de 1984 a 1989. Categoría de Candidato a Investigador Nacional. Fuente: SNI.*

*La autora agradece la colaboración de Corinne Blázquez Graf en la preparación del material gráfico.

Ciencia y Tecnología (Conacyt), que financia la mayor parte de las becas para estudios de posgrado, se muestra en la figura 2-B, donde se observa que entre 1971 y 1982, del número total, 23% correspondió a mujeres; en 1983 fue de 26% y para el primer semestre de 1989 aumentó a 33.3% (Blázquez Graf, en prensa).

El análisis del número de estudiantes egresados de maestría y doctorado de las dos instituciones que tienen el mayor número de graduados al año, muestra que, por un lado, la participación femenina ha aumentado en la década estudiada y, por otro, que crece de manera distinta a la masculina (Blázquez Graf , 1989b, 1991). Para el caso del Centro de Investigación y de Estudios Avanzados (Cinvestav), del total de egresados en 1980, el 20.3% correspondió a las mujeres y para 1989, fue de 24%. La figura 2-C muestra los grados académicos otorgados en el Cinvestav de 1961 a 1988, donde se observa que no hay una disminución en el porcentaje femenino al aumentar el nivel de formación, ya que en el doctorado (23.6%), la proporción con respecto al total, es similar a la de maestría (24 por ciento).

En la UNAM, la proporción de egresadas de posgrado para 1986 y 1987, obtuvo un porcentaje de 40% respecto al total, y en 1989, aunque la proporción se mantuvo en el mismo valor, la eficiencia terminal de las mujeres fue mayor que la de los hombres (Blázquez Graf y González Gómez, 1990). Aunque existe una disminución entre la proporción femenina encontrada a nivel licenciatura y la que se observa en posgrado, los datos muestran que en la década analizada, ha ocurrido un incremento en la presencia de las mujeres en el posgrado (Blázquez Graf, en prensa), lo cual sugiere que la enseñanza superior es un escenario de contacto significativo con las disciplinas científicas y de definición vocacional que puede estimular el interés de continuar la formación para obtener otros grados. De ahí que sea importante analizar cómo ha sido la evolución de la incorporación femenina al posgrado y cuáles son las causas de esta inclusión. La reducción en la proporción femenina entre la educación profesional y el posgrado, así como en las actividades de investigación, es indicador de la existencia de una problemática compleja en la que intervienen varios factores como el ciclo vital,[7] la falta de modelos, la carencia de estímulos y motivación ante los problemas que se investigan en la ciencia, o las

[7] Debido al ciclo vital de la mujer, durante la formación científica, principalmente en las áreas experimentales, la reproducción se contrapone con la producción científica, e impide una mayor participación de la mujer en la generación de conocimientos, ya que no existe una organización dentro de la estructura de la ciencia que contemple la presencia femenina y todo ocurre para mantener estable la trayectoria profesional del hombre, mientras que múltiples razones interrumpen la de la mujer: maternidad,

posibles diferencias en el valor que dan hombres y mujeres a su profesión.

A partir del examen de los resultados de las convocatorias del SNI de 1989 (SNI, 1989), se obtiene que en la categoría de candidatos a investigador nacional, 20% son mujeres, y que existe el mismo porcentaje en la categoría de investigadoras nacionales con respecto al total observado en ese nivel. Desde el año de su creación hasta 1989, el número de hombres y mujeres en esos dos niveles crece de manera distinta, no hay una distribución homogénea por áreas del conocimiento y conforme aumenta el nivel en las categorías del sistema, se reduce la participación femenina (Blázquez Graf, en prensa). Debido a que la categoría de candidatos a investigador puede dar mayor información sobre el proceso de incorporación de jóvenes a la investigación y elimina la posibilidad de error al diferenciarse claramente la reclasificación de la incorporación, se analizó el número de hombres y mujeres que se encuentran en esa categoría desde 1984 hasta 1989. Los datos se muestran en la figura 2-D, donde se observa que tanto el número de hombres como de mujeres ha ido creciendo desde el inicio del sistema, presentando los mayores valores en los dos últimos años. Esto indica la necesidad de realizar el seguimiento de los candidatos del SNI en el camino hacia niveles superiores, con el fin de detectar las posibles convergencias respecto del paso de licenciatura a posgrado o si tienen características diferentes y particulares por representar tiempos distintos en el ciclo de vida de las mujeres. Este tipo de estudios permitiría también establecer la relación que puede haber entre la disminución en el gasto en ciencia y en el número de becas para posgrado, y la repercusión que pueda tener en los próximos años sobre el número de investigadores jóvenes.

Consideraciones finales

De los datos anteriores, se puede decir que los daños evaluados desde la óptica de la política nacional de ciencia y tecnología, se produjeron preferentemente en áreas que son indispensables para el desarrollo de la ciencia y del país, sobre todo si se dirige la mirada hacia el futuro, y de modo particularmente grave, hacia la formación de recursos humanos. Sin embargo, al analizar este último indicador por género, existe una incorporación gradual de

---

cuidado de los hijos, o desplazamientos en seguimiento del compañero. Véanse Blázquez Graf *et al.*, 1984 y Blázquez Graf y González Gómez, 1990.

mujeres en la ciencia durante la década de los ochenta que alcanza un valor de alrededor del 20% (Blázquez Graf, 1989b, 1991). Éste es un hecho que por sí mismo tiene gran relevancia, ya que muestra que algunas barreras para alcanzar la formación científica han ido cediendo, y que se empieza a manifestar un nuevo sector dentro de la comunidad científica con características, necesidades y demandas específicas que deben incorporarse a los futuros estudios, planes y políticas en ciencia y tecnología, tomando en cuenta que todavía existen áreas del conocimiento y regiones en el país en las que la participación femenina no se ha expresado de manera suficiente y que, por tanto, es necesario impulsar programas que lleven a aumentar su participación, a través del apoyo a la actividad científica en todas las áreas del conocimiento y como una opción vocacional para las jóvenes.

Si se analizan los cambios observados en relación con otros indicadores del desarrollo científico nacional, la incorporación femenina sugiere que la crisis puede producir vías alternativas de participación para las mujeres, como cuando sucede una catástrofe natural, una emergencia, o una guerra. Tampoco se puede descartar, que al mismo tiempo, los cambios que ahora vemos dentro de la ciencia mexicana -en particular, la incorporación de la población femenina a estas actividades- se puedan deber también a un proceso histórico de varios siglos de transformación de la mujer que se empieza a manifestar y que coincide con la década que termina, permitiendo la posibilidad de que las mujeres contribuyan a la generación del conocimiento y de que potencialmente la ciencia evolucione también bajo la influencia del ideal femenino. Según la visión optimista que se comparte en este estudio con otras autoras (Rossiter, 1978, 1982; Morales, 1989), la incorporación de las mujeres a la educación superior muestra un proceso significativo de movilidad escolar. Sin embargo, el proceso también se puede observar desde la óptica del retraso, la distorsión, con un futuro incierto que puede quedarse estancado sin cambiar de signo, si no se pone a discusión la calidad y la orientación productiva de la educación y el tipo de investigación a la que realmente tiene acceso la mujer. Asimismo, la información nos muestra la necesidad de profundizar más en los riesgos y peligros de la incorporación de la mujer a la ciencia, así como en descubrir los mecanismos de exclusión que existen hacia ella y que se tienen que reconocer para superarlos y evitarlos.[8] Entre éstos se encuentra la exclusión de los

[8] Rossiter, 1982 y Schuman, 1984, muestran los riesgos y peligros en la incorporación de la mujer a la ciencia y a la tecnología, mencionando casos como

puestos de dirección dentro de la comunidad científica, así como la discriminación jerárquica, que limita a mujeres capaces y brillantes a los rangos "invisibles" y mal remunerados de asistentes, cuando en realidad ellas tienen la responsabilidad y toman decisiones en los proyectos de investigación en que intervienen (Blázquez Graf, en prensa).

La importancia de la presencia femenina en la ciencia se manifiesta, tanto en las ciencias sociales y las humanidades, como en las ciencias naturales y exactas, ya que comienzan a cambiar algunos conceptos a partir de la incorporación de las mujeres, que desde sus propias disciplinas, han contribuido aclarando, aumentando o corrigiendo diversos aspectos que tienen relación con la definición que se tenía del hombre, de la mujer y de la realidad.[9]

Para que eso suceda y continúe, es fundamental eliminar la generalización que ha existido y que todavía se observa, de que la mujer no puede hacer ciencia tan bien como el hombre, es decir, que algo en su composición física, psicológica e intelectual le prohíbe realizar contribuciones científicas, y destacar que en estos momentos de fines del siglo XX, la ausencia de la mujer en la ciencia se debe principalmente a un problema de acceso a la educación y a los centros de trabajo, problema que requiere ser estudiado para superarse.

Es muy importante resaltar que no es suficiente para una mujer ser científica, si la actividad que va a llevar a cabo continúa el curso actual. Es necesario que la tarea de aumentar las oportunidades de la mujer en las actividades científicas y tecnológicas esté ligada a la tarea de transformar a la ciencia. La alternativa que sugiere Evelyn Fox Keller (1982, 1985), es utilizar las diferencias de género definidas culturalmente para la crítica de las formas actuales de generación de

---

la canalización de la mujer en lo que llaman "trabajo de la mujer" o trabajo tipificado por sexo, como el realizar cómputos tediosos de datos astronómicos o de encuestas demográficas así como la clasificación y catalogación de colecciones de historia natural, entre otros.

[9] Entre las aportaciones de las científicas a las ciencias sociales y a las humanidades, se encuentra la crítica a la metodología y epistemología de la ciencia occidental, donde destacan que las líneas de investigación están definidas por la cultura, la clase, el género y el momento histórico, y resaltan la necesidad de describir y considerar el contexto social, histórico, político y cultural en que se realiza la actividad científica. Véanse:Keller, 1982, 1985; Harding, 1986; Tuana, 1989. En el campo de las ciencias naturales y exactas, las científicas han enfocado la atención en estrategias para integrar una perspectiva feminista en las ciencias naturales, planteando a la mujer como centro de los estudios, permitiendo un modo distinto de mirar los fenómenos naturales y proponen el desarrollo de análisis multicausales al estudiar los problemas biológicos. Véanse Haraway, 1978; Bleir, 1984; Fausto Sterling, 1985; Rosser, 1988; Tuana, 1989.

conocimiento. Por último, la incorporación gradual de la presencia femenina en las tareas científicas y tecnológicas, deberá seguirse explorando para conocer mejor el fenómeno, haciendo análisis por áreas del conocimiento (Blázquez Graf, en prensa) y por disciplinas de mayor auge o crecimiento (Rossiter, 1978), ya que en el periodo estudiado la mujer aparece como actor importante dentro de estas actividades, manifestándose como un sector diferenciable dentro de la comunidad, que aporta un nuevo indicador del desarrollo y características que presenta la ciencia del país.

Bibliografía

Barrientos, Rosa María (1989), "La doble jornada de la maestra universitaria", en *El Cotidiano*, núm. 32, pp. 61-68.

Blázquez Graf, Norma, Mitla García, Elia Martha Pérez Armendáriz, Ana María Sierra y Rocío Sierra (Grupo por la Mujer en la Ciencia) (1984), "La mujer en la ciencia", en *Nueva Sociedad*, núm. 74, pp. 141-145.

——— (1989a), "Relaciones entre la mujer y la ciencia", en *Seminario sobre la participación de la mujer en la vida nacional*, Dirección General de Intercambio Académico, UNAM, pp. 443-449.

——— (1989b), "Participación de las científicas en México", en *Memorias del Primer Congreso Mexicano de Historia de la Ciencia y la Tecnología*, t. 2, Sociedad Mexicana de Historia de la Ciencia y la Tecnología, México, pp. 745-754.

——— y Hortensia González Gómez (1990), "Acerca de las científicas en la UNAM", Congreso de la UNAM, foros locales, ponencia, febrero-marzo.

——— (1991), "The Role of Women in the Development of Science and Technology in Mexico", en *Proceedings of the Ninth International Conference of Women Engineers and Scientists*, University of Warwick, pp. 15-18D.

——— (en prensa), "La mujer y la ciencia", en *Documentos de investigación* núm. 2. *La investigación sobre la mujer: informes en sus primeras versiones. (Promoción 1988-1989)*, PIEM-El Colegio de México.

Bleir, Ruth (1984), *Science and Gender: A Critique of Biology and Its Theories on Women*, Pergamon Press, Nueva York.

Bustos, Olga (1989), "Los estudios sobre la mujer (y de género) en la UNAM: investigaciones y tesis", en *Estudios de género y feminismo*, t.1, Fontamara-UNAM, pp. 123-147.

Carreras, Mercedes (1989a), "Las profesoras universitarias", en *Seminario sobre la participación de la mujer en la vida nacional*, Dirección de Intercambio Académico, UNAM, pp. 353-378.

——— (comp.) (1989b), *La docencia universitaria sobre la problemática femenina. Posibilidades y obstáculos*, Centro de Investigaciones y Servicios Educativos, UNAM, México.

Consejo Nacional de Ciencia y Tecnología (1986), *Conacyt en cifras*, Conacyt, México.

——— *Diario Oficial* (1984), "Acuerdo de creación del SNI", 26 de julio.

Durán, María Ángeles (1982), *Liberación y utopía*, Akal, Madrid.

Esquivel Esquivel, Irma Estela, Rogelio López Torres, Javier Flores y Juan Carlos Villa Soto (1990), "Evolución del programa de becas del Conacyt", *Resoluciones del II Congreso mexicano de historia de la ciencia y la tecnología.*

Fausto Sterling, Anne (1985), *Myths of Gender: Biological Theories about Women and Men*, Basic Books, Nueva York.

Flores, Javier (1989a), "Fuga de Cerebros: ¿qué pasará?", en *La Jornada*, 10 de abril.

——— (1989b), "¿Movilidad o fuga?", en *La Jornada*, 17 de abril.

——— (1989c), "Ciencia-economía. Reflexiones adicionales", en *La Jornada*, 30 de octubre y 6 de noviembre.

———, Rogelio López Torres y Juan Carlos Villa Soto (1991), "El gasto en Ciencia y Tecnología: puntos de partida de la modernización", en *Ciencia y Desarrollo*, vol. 27, núm. 97, pp. 24-32.

Gaceta UNAM (1989), núm. 2377, mayo 8.

Gall, Ruth (1976), "Acerca de la Ciencia y la Mujer", en *Naturaleza*, vol. 7, pp. 230-238.

Garro, Nora (1989), "La mujer profesionista universitaria", en *El Cotidiano*, núm. 27, pp. 66-70.

Gavillán Suárez, Jannette (1989), "Consideraciones en torno al tema Género y Ciencia", ponencia presentada en el IV Congreso Internacional sobre Pensamiento, San Juan, Puerto Rico, agosto.

Gurnani, Shantoo y Sheth Madhuni (1986), "Woman Scientist in India. Their Position and role", en *The New Millenium: Women facing change. Scientific and Tehcnological Aspects*, UNESCO.

Haraway, Donna (1978), "Animal Sociology and a Natural Economy of the Body Politic", "Part I: A Political Physiology of Dominance", "Part II: The Past is the Contested Zone: Human Nature and Theories of Production and Reproduction in Primate Behavior Studies", en *Signs: Journal of Women in Culture and Society*, vol. 4, núm. 1, pp. 21-60.

Harding, Sandra (1986), *The Science Question in Feminism*, Cornell University Press, Ithaca, Nueva York.

Kahle, Jane B. (1985), "Women Biologists: a View and a Vision", en *Bioscience*, vol. 35, núm. 4, pp. 230-234.

Keller, Evelyn (1982), "Feminism and Science", en *Signs*, vol.7 núm. 3, pp. 589-602.

——— (1985), *Reflections on Gender and Science*, Yale University Press, New Haven, Londres.

Lamas, Marta (1986), "La antropología feminista y la categoría género", en *Nueva Antropología*, vol. 8, núm. 30, pp. 173-198.

Lemoine, Walewska (1986), "La mujer y el conocimiento científico", en *Quipu*, vol. 3, núm. 2, pp. 189-211.

Lustig, Nora, Fernando del Río, Óscar Franco y Esteban Martina (1989), *Evolución del gasto público en ciencia y tecnología 1980-1987*, Academia de la Investigación Científica, México.

Mead, Margaret (1978), *Sexo y temperamento en las sociedades primitivas*, Laia, Barcelona.

Morales Hernández, Liliana (1989), "La mujer en la educación superior en México", en *Universidad Futura*, vol. 1, núm. 1 (UAM-A), pp. 68-77.

Mozans, H. J. (1974), *Women in Science: With an Introductory Chapter on Women's Long Struggle for Things of the Mind*, MIT Press, Cambridge.

National Science Board (1985), *Science Indicators. The 1985 Report*, National Science Foundation, Washington, D.C.

Price, Derek y J. de Solla (1963a), *Science since Babilony*, Yale University Press, Nueva York.

——— (1963b), *Little science, big science*, Columbia University Press, Nueva York.

Rosser, Sue V. (1986), *Teaching Science and Health from a Feminist Perspective*, Pergamon Press.

Rossiter, Margaret (1978), "Sexual Segregation in the Sciences: Some Data and a Model", en *Signs*, vol. 4, núm. 1, pp. 146-151.

——— (1982), *Women Scientists in America: Struggles and Strategies to 1940*, John Hopkins University Press, Baltimore.

Rubin, Gayle (1986), "El tráfico de mujeres: notas sobre la 'economía política' del sexo", en *Nueva Antropología*, vol. 8, núm. 30, pp. 95-145.

Shuchman, Hedvah (1984), "A Science Policy for Woman", en *New Scientist*, núm. 20, pp. 33-36.

"SNI. Resultados de la Convocatoria", en *La Jornada*, agosto, 1989.

Tovar, Aurora (1980), "Las mexicanas en la investigación científica", en *Fem*, vol. 4, núm. 14.

Tuana, Nancy (ed.) (1989), *Feminism and Science*, Indiana University Press, Bloomington.

Urrutia, Elena (1986), "El Programa Interdisciplinario de Estudios de la Mujer (PIEM) en El Colegio de México", *Seminario Regional Latinoamericano y del Caribe. "Desarrollo de Currícula y Preparación de Materiales de Enseñanza en Estudios de la Mujer para la Educación Superior en América Latina y el Caribe"*, UNESCO-Centro de Estudios de la Mujer de la Universidad de Buenos Aires, 4-7 de junio, pp. 5-8.

Villa Soto, Juan Carlos, Javier Flores y Rogelio López Torres (1988), "Gasto y políticas de investigación en la UNAM", en *Ciencia y Desarrollo*, núm. 80, pp. 93-102.

TERCERA PARTE

PROTAGONISMO Y DISCRIMINACIÓN EN EL ÁMBITO DE LA POLÍTICA

IDENTIDAD FEMENINA Y REPRESENTACIÓN POLÍTICA: ALGUNAS CONSIDERACIONES TEÓRICAS

TINE DAVIDS
Universidad de Utrecht

INTRODUCCIÓN

Cuando llegué a México en 1988, para comenzar un periodo de trabajo de campo de la investigación que desarrollaría sobre mujeres y participación política, tenía ciertas preguntas en mente: ¿quiénes son estas mujeres representantes políticas?, ¿cuál es su identidad, y qué diferencia hace el ser mujer en la política?[1]

¿Sería yo capaz de reconocer lo que es la identidad de género por sí misma? Por ejemplo, ¿se parecerían a la "supermadre", esa imagen que Elsa Chaney construye en su importante libro del mismo título, que es uno de los poquísimos que trata de las mujeres y de la política en América Latina? Debido a esto mismo, hay que tomar cierta distancia respecto de su teoría, al tratar el tema.

En un principio no se notaban grandes diferencias entre representantes políticos mujeres y hombres: ambos hacían el mismo trabajo político, como me lo hicieron saber enfáticamente muchas de las entrevistadas.

Al mismo tiempo, las entrevistadas insistían en explicarme y dejar claro que eran tan femeninas como cualquier otra mujer. Esto, relacionado con su interés en hacerme ver que ellas hacían el

[1] La investigación que llevo a cabo se refiere a mujeres en cuanto representantes políticas. Por lo tanto, las entrevistas han sido y son, con diputadas, senadoras y asambleístas de la ciudad de México, y también con mujeres integrantes de los distintos partidos.

Esta investigación ha sido posible gracias a un financiamiento de Wotro (Investigación Científica en los Trópicos), y a la ayuda del Centro de Estudios Latinoamericanos y del Caribe de la Universidad de Utrecht, Holanda, donde trabajo.

mismo trabajo que los hombres, me hizo reflexionar: muchas de estas mujeres también se declaraban como no feministas, y aun más, tomaban decisiones en contra de lo que consideraban el feminismo. Sin embargo, sentían una responsabilidad hacia su propio sexo.

Siempre se definían a sí mismas en relación con todos los posibles aspectos de la vida y de la vida política, a veces aun de manera contradictoria.

Esto me puso alerta y me dio qué pensar acerca de mis propias ideas previas sobre el concepto de identidad de género. Cada vez fue más claro que éste es un concepto relacional. Las mujeres entrevistadas reaccionaban ante valores determinados por la cultura, o por la ideología del partido al que pertenecían, o por ambos.

Pensando en los supuestos teóricos sobre la identidad de género, traté de imaginar el medio político en el que las mujeres han de actuar. Al hacer esto, intenté una descripción de qué mujeres participaron en política y lucharon por el derecho al voto.

En este breve artículo quiero hacer un poco de ambas cosas. Al reflexionar sobre el concepto de identidad de género, inmediatamente surgen otros conceptos como el de *diferencia*, el concepto de *otredad*, el concepto de *sujeto femenino*.

Además retomo algunos ejemplos de la lucha de las mujeres por el voto en México y en otros países de Latinoamérica para ilustrar mi punto de vista al formular algunos comentarios críticos al concepto de *supermadre*.

Todo esto es un esfuerzo por describir y concluir que: "El concepto de mujer se construye a través de diferentes constelaciones de ideas, y de ahí en adelante las mujeres se construyen individualmente a sí mismas a través de definiciones de mujer culturalmente dadas que de ahí emergen, aun si esa construcción surge a partir del conflicto y la contradicción" (Moore, 1989).

Diferencia

En su libro sobre feminismo y antropología, Henrietta L. Moore termina señalando que una revisión crítica del concepto de *diferencia* será cada vez más importante en la antropología feminista al analizar las relaciones de género (Moore, 1989).

Para el feminismo, el concepto de *diferencia* es amenazante, pero también lo es para la antropología. El feminismo y la antropología tienen mucho en común en este sentido: la antropología luchó con fuerza para reconocer –y respetar– las particularidades de todas y cada una de las culturas, mientras identificaba las semejanzas entre ellas, cuestión que forma la base del proyecto comparativo en antropología.

La revisión crítica del concepto de diferencia es una amenaza para los supuestos básicos de la antropología según los cuales se puede comparar una cultura con otra. Pero esta revisión crítica amenaza a la vez las semejanzas reconocidas por las mujeres en todo el mundo, que constituyen la base de su lucha política.

Al igual que la antropología reconoce que la cultura no es la única diferencia, las teóricas feministas reconocen hoy en día que el género no es la única diferencia. Como dice Moore, tenemos que pensar cómo las diferencias raciales están construidas por el género, cómo el racismo divide la identidad y la experiencia de género, y cómo la clase es moldeada por el género y la raza (Moore, 1989).

Esto significa que no podemos tomar en consideración sólo las diferencias entre hombres y mujeres, sino también las diferencias entre mujeres.

El temor de algunas feministas será entonces el de que un análisis crítico del concepto de diferencia ponga en peligro el proyecto feminista. Podemos hacer varias consideraciones al respecto. En primer lugar, es cuestionable la existencia de "el" proyecto feminista en sí mismo.

De hecho, en el interior del grupo feminista se da tanto un conflicto de intereses, como una diferencia entre clase y raza. Autoras como Hazel Carby (1982), Anthias y Yuval-Davis (1983), Leeman y Saharso (1985) y Kempadoo y Loewenthal (1986), señalan que la antropología feminista es etnoespecífica, es decir, que surge de la condición de las mujeres blancas de clase media, y por lo tanto, excluye experiencias de otras mujeres.

En este sentido seguramente existen diferentes feminismos. En segundo lugar, es cuestionable pretender que haya igualdad en todos los aspectos para que tal proyecto se realice. Me refiero a igualdad de identidad en el sentido de que un movimiento sólo pueda desarrollarse formando una identidad colectiva.

¿Cómo debemos definir esta identidad colectiva? Y, si no se adecua en todos los aspectos, entonces ¿hasta qué punto podemos reconocer e identificar otros feminismos?

En tercer lugar, nos preguntamos si esto está relacionado con definir o no, como esencialistas, las diferencias o semejanzas entre mujeres, o entre mujeres y hombres. Más adelante en el artículo desarrollaré esta idea.

Es lógico que las feministas sospechen de los análisis que enfatizan las diferencias en vez de las semejanzas al describir categorías entre hombres y mujeres. De esta manera, la categoría de mujer está vinculada al patriarcado por negación. Como escribe Braidotti: "La paradoja al ser definidas *por* otros, es que las mujeres terminan siendo definidas *como* las otras: son representadas como diferentes de los hombres y a esta diferencia se le da un valor negativo. La diferencia es una marca de inferioridad" (Braidotti, 1990: 4). La dicotomía sexual ha colocado sistemáticamente a las mujeres en el polo de la diferencia en sentido de inferioridad respecto de los hombres. Como ya fue señalado por Simone de Beauvoir, las mujeres comparten la misma experiencia que los hombres han construido para sí mismos como sujetos, a través de la construcción de la mujer como "el otro". Como escriben Lees *et al.*, "construir al 'otro' implica relaciones de dominación, idea que ha recibido constante atención en la teoría feminista durante los últimos cuarenta años" (Lees *et al.*, 1989: 11). Hay una diferencia entre ser hombre o mujer en una sociedad que construye a las mujeres como diferentes de los hombres, para excluirlas de importantes áreas de la vida civil.

En general -dice Ana Macías en su trabajo sobre la historia de la lucha por el sufragio en México- los hombres mexicanos han visto a las mujeres como "otras", no como iguales. Ser mujer es ser reticente, subordinada, autosacrificada. Ser hombre es ser decisivo, dominante y valeroso (Macías, 1982: 158). Nancy Hartsock en su artículo "The Gender of Power" se refiere, en conexión con lo anterior, al trabajo de Albert Memmi, *The Colonizer and the Colonized*. Ella compara a los hombres con el colonizador y a las mujeres con el "otro" artificialmente creado. La cito: "Estoy señalando una manera de percibir el mundo característica de la clase dominante blanca, masculina, eurocéntrica, una manera de dividir el mundo que coloca a un sujeto omnipotente en el centro y construye otros marginales, como conjuntos de cualidades negativas" (Hartsock, 1987: 103). En este proceso, el colonizador enfatiza aquellos elementos que lo mantienen separado, en vez de subrayar los que podrían contribuir a la fundación de una comunidad conjunta. A través de esas diferencias, el colonizado es degradado y el colonizador encuentra justificación para rechazar su subjetividad. Pero tal vez lo más importante sea que una vez que han sido aislados los factores históricos o geográficos que caracterizan al colonizador en contraste con el colonizado, la distancia ha de mantenerse. El colonizador abstrae el elemento de su tiempo histórico y así, de su posible evolución. Lo que es de hecho un fenómeno sociológico se considera como biológico, o aún metafísico. Se le agrega a la naturaleza básica del colonizado. Inmediatamente, la relación colonial entre colonizador y colonizado, fundada en la perspectiva esencial de los dos protagonistas, se convierte en categoría definitiva. Es lo que es, porque son lo que son, y ni uno ni otro cambiarán nunca (Hartsock, 1987: 103-104).

Así, pues, Braidotti afirma: "El momento fundamental de la teoría feminista es la afirmación de un vínculo entre todas las mujeres, una relación entre ellas en la medida en que comparten la misma categoría de diferencia considerada como negativa" (Braidotti, 1990: 5). Según esta autora,

> La cuestión feminista femenina es entonces la de cómo afirmar la diferencia sexual no como la "otra", el otro polo de la oposición binaria convenientemente arreglada para sustentar un sistema de poder, sino como el proceso activo de otorgar poder a la diferencia que las mujeres *representan* en la cultura y en la sociedad. Ya no más *diferente de,* sino diferente *de modo que* aporte nuevos valores ... la diferencia sexual representa lo positivo de múltiples diferencias, en oposición a la idea tradicional de la diferencia como una carencia (Braidotti, 1990: 7).

Hay que criticar la construcción de la feminidad al estilo opresivo y descalificador, característico del patriarcado, y a la vez se deben incorporar las tradiciones culturales de las mujeres y sus modos de aprehensión en el curso de la afirmación positiva de otros valores.

En su argumentación para conseguir esa definición positiva del concepto de diferencia, Braidotti se basa en el trabajo de filósofos franceses como Luce Irigaray, Michel Foucault y J.F. Lyotard, quienes expresan su opinión sobre la deficiencia de la definición tradicional de sujeto como una entidad de la que se espera que coincida con su yo racional consciente.

La discusión posestructural acerca del sujeto nos muestra que una identidad unificada y fija del agente social no existe (Weedon, 1987). Son posibles diferentes posiciones del sujeto, sin que tengan que estar éstas determinadas por una cierta categoría social como la clase o el sexo.

Esto significa que ya no deberíamos pensar en las nociones esencialistas que podrían ser aplicadas a categorías sociales en el sentido de que la relación entre ellas estaría determinada por una realidad "fija", "esencialista" u "objetiva", como por ejemplo, la posición de una persona en el proceso de producción. Clase, raza, sexo y cultura no sólo son diferentes categorías con igual importancia, sino que las relaciones entre ellas son relativas. Relativas en el sentido de que tales relaciones se establecen cada vez dentro de un cierto contexto histórico y una práctica discursiva.

Hasta aquí, esto nos conduce a dos puntos interesantes. El primero es que nos podemos acercar al concepto de diferencia y en particular, de diferencia sexual, con una perspectiva positiva, en vez de acceder a las diferencias con una connotación negativa.

El segundo punto es que estas diferencias no son absolutas en cuanto que no nos referimos a una naturaleza esencialista.

Estos puntos son interesantes porque nos ofrecen posibilidades de reflexión crítica sobre el concepto de diferencia, sin poner en peligro los proyectos feministas. Más bien son elementos que refinan las herramientas del análisis y podrían más adelante aportar nuevas implicaciones sobre la dirección que están tomando los movimientos feministas.

Pero aun cuando este enfoque de la diferencia pueda ser positivo y productivo, el derecho a hablar desde la posición "del otro" todavía deja muchas preguntas abiertas.

Por ejemplo, Marilyn Strathern afirma que el "otro" del feminismo es el "otro" en referencia al "patriarcado", las instituciones y personas que representan la dominación masculina, con frecuencia sólo caracterizadas como "hombres". Este "otro" es el "otro" que según Strathern las feministas deben seguir siendo, en oposición, para la construcción del "yo feminista" (Strathern, 1987). Aun cuando esto sea cierto, debemos percatarnos de que en tanto nos alejamos de las nociones esencialistas en las categorías, y el sujeto no tiene ya una identidad unificada y fija, "el otro" tampoco es fijo o unificado.

Las feministas de Occidente, por ejemplo, están conscientes de una "otra" occidental y una no occidental. Se trata también de diferencias entre "las otras", es decir, mujeres de diferentes clases. Y no todas las luchas de las mujeres contra "los otros" han sido llamadas luchas feministas.

Para ponerlo de otra manera, lo que yo me pregunto es ¿cuándo definimos los valores producidos por la experiencia de las mujeres como nuevos y positivos para promover el cambio? ¿Cuándo llamamos a una identidad femenina sólo *diferente de* y cuándo *diferente de modo que* aporte nuevos valores? ¿Cuándo podemos hablar de una categoría política y teórica "sujeta al cambio", como hace Nancy Miller? ¿O como hace Teresa de Lauretis con un "sujeto feminista mujer"?

Para contestar estas preguntas analizaremos más de cerca los lazos entre la construcción del género, los conceptos del yo, de la persona y por último, aunque no de menor importancia, la experiencia.

Sujeto

La noción central sobre la que se basa el proyecto feminista es la experiencia de las mujeres. Braidotti sostiene que en el pensamiento científico, el proceso no es abstracto, universal, objetivo y separado, sino que es necesariamente un ejercicio parcial (Braidotti, 1990).

Para ella esto no implica un relativismo, sino más bien un acercamiento topológico al discurso, donde la posicionalidad es crucial. Se trata de la defensa feminista del "conocimiento situado", en términos de Donna Haraway (Braidotti, 1990).

Braidotti continúa su argumentación aseverando que el sujeto no es una entidad abstracta, sino una entidad materialmente personificada. El cuerpo no es un elemento natural, sino que al contrario, es una entidad socializada culturalmente codificada. Lejos de expresar una noción esencialista, es el sitio de intersección entre lo biológico, lo social y lo lingüístico, es decir, del lenguaje visto como el sistema simbólico fundamental de una cultura. El cuerpo como interfase, como un umbral, el ámbito de fuerzas que se intersectan, donde se inscribe una multiplicidad de códigos. Gayatri Spivak señala que el sujeto personificado no es ni esencia ni un destino biológico sino, más bien, la ubicación primaria de cada quien en el mundo, la propia situación en la realidad. El énfasis en la personificación, es decir, la naturaleza situada de la subjetividad, le permite a las feministas elaborar estrategias de subversión de los códigos culturales (Braidotti, 1990).

El concepto de *sujeto* no es neutral. La experiencia y el conocimiento se sitúan, el sujeto es un sujeto corpóreo.

Si verdaderamente aceptamos que una está de hecho situada en alguna parte específica, que el sujeto no es una entidad abstracta, entonces tenemos que reconocer diferencias de raza, etnia, clase, de estilos de vida, de preferencia sexual, y así sucesivamente. Múltiples diferencias que nos enseñan a pensar más allá de las dicotomías, o más allá de la dicotomía sexual. Esto, sin embargo, refleja una tensión acerca de si los estudios feministas se refieren sólo a los asuntos de las mujeres. Estoy de acuerdo con Henrietta Moore cuando escribe que:

> la identificación de los asuntos feministas con los asuntos de las mujeres ha sido una de las muchas estrategias empleadas en las ciencias sociales para marginalizar la crítica feminista. La base de la crítica feminista no es el estudio de las mujeres, sino el análisis de las relaciones de género como principio estructurante de todas las sociedades humanas (Moore, 1989).

Siguiendo la desconstrucción posmoderna del sujeto, podemos preguntarnos dónde termina la "esencia" y dónde empieza la "construcción". ¿Debemos entender el género como una construcción puramente discursiva?

Mascia-Lees, Sharpe y Cohen expresan una sospecha comprensible contra las construcciones teóricas que parten de la desconstrucción del sujeto, en un momento en el que las mujeres ("las otras") empiezan a reclamar su subjetividad.

El pensamiento posmoderno ha ayudado a las feministas a demostrar que el estatus inferior de las mujeres es producto de construcciones culturales e históricas, y a resistir los reclamos esencialistas de verdad, pero el peligro para el feminismo es el de que "al desconstruir categorías de significado, desconstruimos no sólo las definiciones patriarcales de 'mujer' y 'verdad', sino también las categorías de nuestro propio análisis: 'mujeres', 'feminismo' y 'opresión'".[2]

En mi opinión, es confuso decir –como lo hacen Lees *et al.*– que el feminismo no estaba amenazado por el peligro posmoderno de la desconstrucción de nuestro propio análisis, porque las teorías feministas se refieren a las mujeres como la categoría central del análisis. Esto es confuso porque no explican lo que entienden por las mujeres como la categoría central del análisis; en particular, cuando usan esta categoría como herramienta para enfrentar los embates posmodernos. Moore señala correctamente que el significado de la categoría "mujeres" u "hombres" tiene que ser investigado en un contexto determinado, y no puede ser supuesto. Por lo tanto, no puede existir significado analítico en conceptos tales como la "posición de las mujeres", o la "dominación masculina", cuando se aplican universalmente.

Como se sabe, mucha de la hostilidad feminista hacia las teorías posestructuralistas de la subjetividad se concentra en el carácter antihumanista de dichas teorías. De lo que se trata aquí es de cómo definimos el sujeto en relación con seres humanos reales.

El rasgo distintivo de los discursos humanistas es el supuesto de que cada mujer u hombre individual posee la esencia única de la naturaleza humana (lo que en el humanismo liberal clásico se denomina la conciencia racional) (Weedon, 1987: 80).

Desde la temprana infancia aprendemos a vernos a nosotros mismos como seres unificados, racionales, capaces de percibir la verdad de la realidad. Aprendemos que como individuos racionales debemos ser no contradictorios, y asumir el control del significado de nuestras vidas. Esta comprensión de la subjetividad está garantizada por el sentido común y por la teoría humanista liberal

[2] Cott, citada en Joanne Frye, "The Politics of Reading Feminism, the Novel and the Coerciousness of Truth", ponencia presentada en la reunión anual de Midwest Modern Language Association, Columbus, Ohio, noviembre, 1987; en especial p. 2.

de los significados, que la sustentan (Weedon, 1987). El sentido común existe a partir de cierta cantidad de significados sociales y de las formas específicas para comprender el mundo que garantizan estos significados sociales. El sentido común se basa en una ficción del lenguaje como transparente y verdadero, sin valores ideológicos. El supuesto común de que el lenguaje es un medio transparente que expresa datos ya existentes, implica que no se dan cambios en el lenguaje. ¡Se afirma que el lenguaje refleja cambios que ya tuvieron lugar "antes del lenguaje" mismo! (Weedon, 1987).

Ampliando esta noción, una concluye que el lenguaje no refleja la experiencia; en la medida en que es significativa, la experiencia se constituye en lenguaje. Éste ofrece una gama de formas de interpretar nuestras vidas, que implican diferentes versiones de la experiencia.

El vínculo entre mujeres y lenguaje puede ser entendido de varias maneras. En la teoría humanista, por ejemplo, el lenguaje es una expresión de la subjetividad del hablante (Weedon, 1987). Como en el liberalismo, el discurso del humanismo marxista sobre la alienación de la naturaleza humana no se refiere específicamente al género, es decir, es ciego a las diferencias de género: la esencia humana es la misma para mujeres y hombres, aunque estructuralmente ocupen diferentes posiciones en la sociedad.

Para las formas feministas de humanismo, el lenguaje es una expresión de las mujeres que hablan ya sea como sujetos femeninos o alienados. Si el sujeto que habla es esencialmente femenino, ella está implícitamente fija, inmutable, y es difícil ver cómo podría ocurrir algún cambio. Y si ella está alienada, no es claro cómo podría escapar de esa alienación (Weedon, 1987).

Desde esta perspectiva del lenguaje, como herramienta pasiva de comunicación, el problema del cambio político se ubica en la naturaleza de la mujer misma, y en la lucha por encontrar su verdadera naturaleza. El feminismo liberal, con su creencia en la soberanía del individuo, es incapaz de tratar satisfactoriamente el asunto de la "complicidad con la opresión". Si la libertad de elección de una mujer se basa en su libre voluntad, entonces debe ser válida. La libre voluntad está garantizada por la conciencia racional individual; no es un asunto relativo en el discurso humanista liberal. La opresión estructural e institucional de las mujeres desaparece detrás de la convicción de que si "yo", como sujeto soberano racional, escojo libremente mi forma de vida, con base en mi conciencia racional individual, que me permite el conocimiento del mundo, entonces no estoy oprimida (Weedon, 1987).

Este supuesto, a menudo implícito, es lo que les dificulta a las feministas encarar las diferencias entre "conciencia de género" y "conciencia feminista", como si sólo hubiera un único camino correcto y verdadero que recorrer.

Las mujeres pueden no estar de acuerdo en ciertos aspectos de su opresión, mientras que sí coinciden en otros. Lo que debemos considerar es lo siguiente:

> Ya sea que las mujeres vivan públicamente valoradas o recluidas en privado; ya sea que controlen la política, una serie de bienes económicos, o simplemente fórmulas mágicas, las mujeres actúan al interior de esa sociedad, no como objetos sino como individuos, con cierto grado de control (Weiner, 1976: 228).

Lees *et al.* tienen razón al afirmar que "las feministas no renunciarán al reclamo de comprender la experiencia genérica de las mujeres en el mundo jerárquico en el que continuamos viviendo" (Lees *et al.*, 1989:27). Pero si el género está a discusión, si el análisis del género y de las relaciones de género es la base de los estudios feministas, esto significa que la categoría central del análisis va más allá de las mujeres solamente como categoría, o de los asuntos de mujeres exclusivamente. El género es un concepto múltiple y relacional. Así pues, Braidotti afirma que en el proyecto de asignar un lugar a la diferencia de las mujeres, no está a discusión el estatus mismo de las mujeres. Lo que se cuestiona, según ella, es la elección de una civilización fundada en el rechazo del sexismo y del racismo, y en la aceptación de diferencias, no sólo dentro de las normas legales formales, sino también en el nivel más profundo del reconocimiento de que sólo la multiplicidad, la complejidad y la diversidad nos pueden proporcionar la fuerza y la inspiración necesarias para enfrentar los retos de nuestro mundo:

> Formular una esencia femenina nueva a través de una serie de nuevas equivalencias entre causa y efecto, atributo y sustancia, superficie y profundidad, otredad y negatividad, no es ni suficiente ni necesario como premisa para la tarea de asignar poder a las mujeres. La diferencia sexual como signo de diferencias múltiples requeriría más bien de una definición abierta del sujeto (Braidotti, 1990).

Como dice De Lauretis:

> Lo que está emergiendo en los escritos feministas es (...) el concepto de una identidad cambiante en múltiples formas que a menudo se contradice a sí misma, un sujeto que no está dividido en, sino más bien enfrentado con, el lenguaje: una identidad elaborada con representaciones heterogéneas y heterónomas del género, la raza y la clase, y con frecuencia a través de lenguajes y culturas; identidad que una decide reclamar de la historia de múltiples asimilaciones y sobre la que una insiste como estrategia (De Lauretis, 1986: 9).

La antropología feminista ha atravesado diferentes fases, según Moore, y es a través de nuevas áreas de investigación teórica que ha llegado a identificar su proyecto no como el "estudio de las mujeres", sino como el estudio del género. El género como principio de la vida social humana, considerado ya como una *construcción simbólica*, ya como una *relación social*, perspectivas que no se excluyen mutuamente.

Según Moore, el valor de analizar al "hombre" y a la "mujer" como categorías o construcciones simbólicas, radica en la identificación de las expectativas y valores que las culturas individuales asocian con el ser macho o hembra.

Tal análisis permite identificar en cierta medida el comportamiento ideal de hombres y mujeres en sus diferentes roles sociales, que pueden entonces compararse con el comportamiento y las responsabilidades reales de los dos sexos. Es con la comprensión de cómo se construye socialmente a hombres y mujeres, que la gente categoriza a unos y otras, y así estructura su mundo social; es con la comprensión de cómo dichas construcciones definen y redefinen las actividades sociales, que el valor del análisis simbólico del género se hace evidente. Y esto, más bien como resultado de ideologías culturales que como cualidades inherentes o como fisiología.

El tema que surge del análisis simbólico del género es cómo usamos todo este conjunto complejo y cambiante de imágenes para llegar a una comprensión de la posición de las mujeres. Moore cita a Drummond al afirmar que la cultura conforma las posibilidades de la experiencia humana, incluyendo aquellas del parto y de la maternidad. En mi opinión debemos tratar, en la medida de lo posible, de estudiar el género como construcción cultural y como relación social.

El significado cultural de "mujeres" no se puede deducir unívocamente de sus posiciones en la sociedad. Generalmente la "cultura" como tal, y en este caso la cultura mexicana en conjunto, es una entidad demasiado compleja para estudiarla y comprenderla científicamente como un todo. Para mí la cultura se construye de muchos discursos encontrados y diversos, entre los que puede haber algunos de carácter hegemónico. En mi investigación, mencionada en la introducción de este trabajo, me dedico particularmente al estudio del área política de los discursos en México. Intento ver, por una parte, cómo la femineidad es construida en estos discursos políticos; y, por otra parte, cómo construyen su propia identidad en estos campos discursivos, comprometiéndose con alguno de los partidos políticos existentes. En realidad, es difícil dividir ambos lados de un mismo proceso.

En el ámbito de este artículo me limitaré sólo a la primera parte mencionada. Al hacerlo, me abocaré en primer término a ver cómo la identidad de las mujeres mexicanas se construye a través de la representación política en el discurso político, mientras luchan por sus derechos civiles.

DISCURSOS POLÍTICOS Y LA IMAGEN DE LA MUJER

En el párrafo anterior intenté explicar que la formación de las posiciones de los sujetos no se determina por una categoría social dada, sino que es resultado de construcciones políticas. En este proceso de formación, la política debe entenderse más como una dimensión de la sociedad que como un nivel de la misma.

Las distintas posiciones del sujeto se constituyen en los diversos campos discursivos que dan significado a la realidad social de los individuos.

Un medio discursivo específico no sólo provee las herramientas para ordenar e interpretar los acontecimientos y desarrollos, sino que también hace actuar a la gente, y por lo tanto produce dichos eventos y desarrollos. Así pues, los discursos –como argumentan Laclau y Mouffe– son un factor constitutivo de las relaciones sociales (Laclau y Mouffe, citados en Pansters, 1990).

Todo discurso debe ser visto como resultado de un proceso de producción que es a la vez de naturaleza material, discursiva y compleja. Aunque eventualmente el lenguaje le da un significado a los acontecimientos en forma de distintos discursos encontrados, ello no implica que este significado sea el reflejo de una realidad fija, sino sólo una versión del significado "verdadero". El sentido común tiende a recurrir a la experiencia como garantía de su verdad.

La experiencia es tal vez el fenómeno crucial de la lucha política sobre el concepto del significado, dado que implica una inversión personal, psicológica y emocional de parte del individuo. Y desempeña un papel importante en la definición del rol del individuo como agente social (Weedon, 1987).

Por ejemplo, una amplia gama de discursos e intereses sociales promueven consistentemente el supuesto de sentido común de que los niños necesitan a sus madres. Pero la experiencia de dos guerras mundiales ha demostrado que depende de factores externos el cómo y hasta qué punto se promueve esta ideología de la maternidad.

La lucha de las mujeres por el voto simplemente hizo resaltar el hecho de que los hombres podían representar a las mujeres en la esfera política, pero no existía ningún precedente aparente de la representación de los hombres por las mujeres.

En contraste con el ámbito político de los hombres, el imperio de las mujeres era la casa. La exclusión de las mujeres del derecho al voto las definía como carentes de derechos políticos y de poder, y como dependientes de los hombres. Las sociedades de finales del siglo XIX y principios del XX construyeron así una *comprensión de los derechos políticos basada en una división sexual.*

La identificación de estos "derechos" diferentes dio origen, a su vez, a la construcción de la comprensión cultural específica de lo que mujeres y hombres deberían ser, tanto dentro de la casa como fuera de ella. Esta construcción constituyó la base para las ideas sobre la maternidad, la paternidad, la familia y la casa.

El proceso que condujo de derecho al voto y eventualmente a la participación de las mujeres en el espacio político, no sólo es resultado de la auténtica lucha de las mujeres por obtener tal derecho, sino que ha sido manipulado por estrategias de políticos de la clase alta para cooptar a las mujeres como categoría, a partir de motivos electorales. Estos aspectos forman parte de un proceso para reivindicar y reproducir las relaciones de poder existentes entre las clases.

Las mujeres, en cuanto tales, han sido y son, en algunos casos confrontadas con rígidos estereotipos sexuales. Se las pone a un lado, como las "otras", ya sea por un supuesto conservadurismo, o a través de imágenes no políticas, de autosacrificio, de reticencia y de "pureza" moral, dependiendo de la coyuntura política.

Al producir imágenes de mujeres, ideas y valores de lo que es o debe ser una mujer, el Estado inscribe la diferencia de género en el proceso político.

En las primeras páginas de este trabajo mencioné la referencia que hace Nancy Hartsock al trabajo de Albert Memmi, *El colonizador y el colonizado*. La metáfora descrita en este trabajo es interesante porque muestra semejanza con lo que algunos autores señalan como características de ciertos sistemas políticos de Latinoamérica y del de México. Es decir, el fenómeno de que estos sistemas políticos, como deja entrever Jaquette, tienden a enfatizar las diferencias, que funcionan como criterios para movilizar y organizar a la gente. Y con esto Jaquette hace referencia a las tendencias corporativistas de algunos sistemas políticos latinoamericanos. Cockcroft describe estas tendencias para México cuando afirma que:

> Una técnica básica utilizada por la clase gobernante y el Estado para mantener la paz social fue la de canalizar las divisiones entre la gente, dondequiera que fuera posible, en "entidades concurrentes" organizadas en la línea corporativista. Esto a su vez estaba legitimado por la ideología del nacionalismo, la "democracia dirigida", la "herencia revolucionaria", "sufragio efectivo, no reelección", las universidades

> estatales "autónomas", el "indigenismo", el "machismo" y así sucesivamente. Trabajadores, campesinos, indígenas, mujeres, estudiantes, y grupos indigentes, fueron mantenidos tan aparte como fuera posible, mientras las divisiones de clase, raza y sexo eran borradas por las ideologías del populismo, la unidad nacional y la armonía entre las clases (1983: 147).

¿Cuáles son las imágenes mediante las cuales se pone a las mujeres a un lado como "las otras"?

Una de las caracterizaciones más frecuentes de las mujeres como participantes políticas se remite a su imagen conservadora. Jaquette (1980) y Zabaleta (1986) señalaron que el comportamiento político de las mujeres muchas veces se define como pasivo y apático. Blough (1972), Chaney (1979) y Morton (1962) llamaron la atención sobre el hecho de que en México, al igual que en Chile, los fuertes vínculos que mantienen las mujeres con la Iglesia católica, y la influencia conservadora que viene con ello, fueron usados para negarles el sufragio. En México existía el temor de que las mujeres "en masa" votarían por el candidato a la presidencia de la oposición conservadora. (El estudio posterior de Blough demostró que el comportamiento político de las mujeres apenas difiere del de los hombres.) Es notable el hecho de que en Colombia las mismas ideas sobre el conservadurismo de las mujeres les hayan significado el logro del sufragio. La expectativa era que el "conservadurismo natural" de las mujeres sería una contribución a la solución de la lucha entre conservadores y liberales, en favor de los conservadores (Jaquette, 1980; Pinzon de Lewin, 1975). En Perú se les concedió el sufragio a las mujeres en 1955, con la esperanza de que votarían "en bloque" por el sucesor conservador de Manuel Odría. En Perú, al igual que en Argentina –en 1947– se concedió el sufragio a las mujeres por regímenes populistas cuyo propósito principal no era tanto el representar los intereses de las mujeres mismas, sino sobre todo establecer alianzas con grupos que apoyarían al régimen (Jaquette, 1980). También durante el régimen de Trujillo en la República Dominicana, y del MNR en Bolivia se aludía al conservadurismo de las mujeres a la vez que se les otorgaban los derechos políticos (Ardaya Salina, 1986; Mota, 1980).

No quiero con esto sugerir que las mujeres sólo se integraron en acciones políticas conservadoras, ni que su imagen conservadora haya desempeñado un papel importante en cuanto a su participación en la política formal.

La imagen conservadora no sólo se refiere a la relación de las mujeres con la Iglesia, sino que a menudo se genera a partir de su definición por el rol de madres. Chaney (1979: 20) afirma que el rol central que como madres tienen las mujeres en la sociedad latinoamericana, y el respeto que obtienen con la maternidad genera un rol para las mujeres, de actividad en el ámbito público y político, que no atenta contra las divisiones o relaciones de género tradicionales. De esta manera, es como si la maternidad fuera extrapolada, del llamado ámbito privado, al espacio público. Cuando las mujeres se incorporan al terreno político, dice Chaney, tiene lugar una extensión de su rol de madres. Asimismo, las mujeres tienden a definir sus responsabilidades políticas en términos de su condición de madres, dedicándose a las llamadas "tareas femeninas".

Chaney utiliza el término de "supermadre" para denotar este fenómeno. Dentro de la estructura política formal las mujeres pueden encontrarse en los campos relacionados con sus características nutricias, con tareas de mujeres, como bienestar social, salud y educación. Áreas que no están, por lo general, asociadas con los centros de poder ni con los de mayor prestigio (Chaney y Schmink, 1980). (A esta conclusión se llegó también en estudios realizados fuera de Latinoamérica: Epstein, 1981; Randall, 1982.) Ejemplo de una mujer que legitimaba sus actividades políticas aprovechando sus características específicamente "femeninas" y "maternales" fue Eva Perón.

La imagen que de sí misma proyectaba Eva Perón es ilustrativa de esta construcción:

> En esta gran casa que es la madre patria, yo soy como cualquier otra mujer en cualquiera de las innumerables casas de mi gente. Como todas ellas, me levanto temprano pensando en mi marido y en mis hijos... y paso una buena parte del día pensando en ellos, y también una buena parte de la noche... Cuando me voy a la cama, cansada, entonces en vez de sueños se me ocurren proyectos maravillosos y trato de dormir antes de estallar... Es que verdaderamente me siento la madre de mi pueblo (cita de Eva Perón en Chaney y Schmink, 1980:173).

Esta imagen "materna" no necesariamente es manipulada, diría yo, en forma conservadora. Molyneux sugiere que en Nicaragua se utilizó en el contexto de un régimen progresista (Molyneux, 1986). Según este autor, la participación de las mujeres en la revolución nicaragüense no significó una pérdida de "identidad de género", pero la representación que se hizo de ellas requirió una extensión de su imagen, lo cual politizó su rol social tradicional.

La transición de trabajadoras de apoyo a participantes activas en la revolución fue experimentada por las mujeres como una extensión natural -aunque en una forma militante- de su rol protector en la familia, como proveedoras y madres. Esta transición a una "maternidad militante" fue apoyada por propaganda del régimen sandinista y de las organizaciones de mujeres del FSLN. La "identidad femenina" tradicional se integró a las metas estratégicas de la revolución, con énfasis en el posible papel que las mujeres tendrían en crear un orden social más justo y humanitario. En este contexto hay que notar una cierta glorificación de la maternidad, por parte del FSLN, a través del movimiento de las "madres de los mártires"; movimiento que formó una parte activa de la base política de los sandinistas (Molyneux, 1986: 234).

La maternidad está en muchos casos relacionada con la idea de que las mujeres, porque son las protectoras de la familia y como "consecuencia natural" de este hecho, defenderán no sólo los intereses de la familia, sino también los intereses de la nación en su conjunto. Y de esta manera se les identifica como defensoras de los derechos democráticos, de la moralidad y las relaciones puras en el interior del sistema político. Así se lee en los postulados del PRI (el partido gobernante) en México: "El partido necesita la colaboración de las mujeres, con su sensibilidad, su decencia y su énfasis en valores espirituales, para luchar contra las prácticas deshonestas y la corrupción (Anfer, 1984). O como lo expresa Mota en su trabajo sobre la historia de cómo las feministas fueron cooptadas por el sistema político en la República Dominicana: "La mujer en la política es la madre que calma en los momentos difíciles, que tranquiliza este mundo tumultuoso y, sobre todo, quien sirve como ejemplo permanente de los principios morales que son la base de nuestra tradición cristiana" (Mota, 1980: 272).

Esta forma de estereotipo de género es poderoso. Y a pesar de que tanto mujeres como hombres saben que tales estereotipos se contradicen con la experiencia, ello no le resta importancia a su continuo y sustancial poder retórico y material.

Para Moore, el poder de los estereotipos de género no está sólo en la mente, sino que tiene una realidad material perfecta, que ayuda a reforzar las condiciones sociales y económicas a partir de las que se desarrollaron y dentro de las cuales se utilizan. Éste es especialmente el caso de México, donde la mistificación de la revolución de 1910 es el elemento central de la ideología oficial del gobierno, así como de la cultura política que lo apoya y que es apoyada por él.

O'Malley argumenta que el autoritarismo patriarcal se construye con la celebración pública de héroes. A través del culto al héroe, las autoridades del régimen fortalecieron su propio rol de clase y obtuvieron un mayor potencial revolucionario de la clase popular, hasta el punto en el que la revolución se convirtió en un mito contrarrevolucionario (O'Malley, 1983: 8).

Zapata, por ejemplo, fue llamado "Padre de los Agraristas"; Carranza, "Gran Padre de la Patria", y así sucesivamente. La conversión de Madero, Zapata y Carranza en objetos de la cultura de masas fue una manera de promover los valores patriarcales. El hecho de usarlos como símbolos del régimen, favoreció una transferencia de los sentimientos que inspiraban, al gobierno mismo, que entonces reclamó simbólicamente el rol de supremo patriarca, y le dio a su creciente autoritarismo, una cara paternal (O'Malley, 1983: 242).

La imagen de la madre consoladora en contraste con el patriarca autoritario simplifica la imagen de las mujeres. Así, uno se imagina a las mujeres por encima de la política o como no políticas, erigiéndose ellas mismas como defensoras de la familia. Tales hechos no tienen, por sí mismos, una connotación política, ni podrían verse a la luz de los intereses de cierta clase. Sin embargo, los significados de la categoría "mujeres" que de esta forma se generan en cierto discurso político son fijados y aceptados como los únicos significados o verdades "reales", pero de hecho representan intereses de ciertos poderes políticos dominantes. Esto se torna particularmente evidente en algunos de los movimientos históricos y políticos por los que han pasado las mujeres en Chile.

Uno de los ejemplos más famosos en este sentido es lo que sucedió en Chile poco antes de la caída de Allende. Se estaban construyendo centros para las madres, donde las mujeres se organizaban alrededor de alguna labor específicamente femenina, bajo la vigilancia de mujeres de clase media y alta ("mamitas"). Estas mujeres de clase media y alta actuaban como "madrinas" para las mujeres de barrios pobres y, a cambio, recibían apoyo electoral para sus candidatos (Mattelart, 1980; Chuchryk, 1984; Kirkwood, 1986). Cuando la distribución de alimentos se convirtió en un problema para todos, las mujeres de los barrios pobres podían contar con sus "madrinas" para comprarles alimentos a precios inferiores a los del mercado negro. Los "centros de madres" empezaron a funcionar como centros de protesta de diverso tipo contra el régimen de Allende, como fue el caso de las manifestaciones de las "cacerolas vacías". En las distintas manifestaciones se unirían mujeres de clase media y un grupo menos numeroso de mujeres de los barrios "populares", alrededor de "mujeres burguesas" y sus empleadas domésticas. De este modo, la movilización femenina se daba a través de una red de clientelismo ya existente. Las mujeres estaban dispuestas a protestar contra el gobierno por la escasez de alimentos, falta de vestido, educación para sus hijos, etc., en resumen, contra la crisis económica que las mujeres eran las primeras en padecer: asuntos que se presentaban como no políticos, surgidos de las necesidades inmediatas. Pero los movimientos políticos de derecha usaron estas demostraciones como elemento contra el régimen socialista de Allende, probando lo equivocado que estaba, al mostrar los errores de su política.

Al movilizar a las mujeres, la derecha –de manera paradójica según Mattelart– fue capaz de abrir aún más una distancia que tradicionalmente existe entre mujeres y política (Mattelart, 1980). Esa distancia, una vez internalizada por las mujeres, les permitió aceptar su manera de hacer campaña como si estuviera desconectada de cualquier contenido político.

Mattelart afirma que:

> La derecha pudo contar con el apoyo de las imágenes y valores tradicionales que fijaban la forma y el estilo del comportamiento de las mujeres, y así legitimó esas manifestaciones y las identificó como la versión espontánea del sector más apolítico de la opinión pública, concentrado y movilizado por el instinto de supervivencia. Las mujeres se convirtieron en un sector "democrático" de la sociedad, habiendo sido inspiradas "naturalmente" para defender el universo de las tradiciones, los valores de "justicia" y de "libertad" que sirven para ocultar la fatalidad opresiva del "orden burgués" (Mattelart, 1980: 287).

Desde que subió al poder el régimen militar de Pinochet en 1973, se ha hecho un uso consciente de la ideología tradicional sobre la maternidad y la familia (Chuchryk, 1984:424). Pinochet les asignó a las mujeres, en cuanto madres, el deber sagrado de defender la integridad de la familia chilena y de la patria. A través del autosacrificio, la dedicación a la familia, el sufrimiento y la lealtad eterna a la patria, Pinochet aseguraba que los hijos e hijas de Chile crecerían como ciudadanos patriotas, lo cual necesitaba para sus planes respecto del país.[3]

Con estos ejemplos no quiero decir que sólo los gobiernos representan a las mujeres de esta manera: las mujeres y los movimientos de mujeres también han sido responsables de esta imagen. Julieta Kirkwood describe la lucha por el voto de distintos movimientos de mujeres en Chile, en su libro *Ser política en Chile* (1986). El periodo entre 1913 y 1949, año en el que se les concedió tal derecho, fue una época de mucha actividad, durante la cual surgieron numerosos movimientos autónomos de mujeres. Kirkwood señala que las mujeres, una vez que su lucha se concentró en obtener el voto, mantuvieron una relación ambigua con la política. En particular, la lucha de las mujeres se orientó contra la doble moral sexual, contra el alcoholismo, por el derecho a la educación,

[3] Es asombroso el parecido con el resultado de la investigación realizada en la Italia nazi y la Alemania nazi, donde se hacía el mismo tipo de referencia a las mujeres como "guardianas" de la nación, madres de la patria.

y a favor de medidas que protegieran a la madre y al niño en defensa de la familia como pilar de la sociedad. Mostraban cierto grado de moralismo, no sólo en cuanto que querían ser mejores esposas y madres, sino que veían la política como una actividad mala y corrupta que ellas podrían purificar, al subrayar la importancia de los valores morales. Esto resultó en un disgusto por la práctica política -corrupta-, o en un deseo de participar en política sobre la base de sus identidades -condiciones- tradicionales del ser mujer y madre. El Partido Femenino Chileno (PFCh) fue, según Kirkwood, la única organización que trató de romper esas relaciones ambiguas, y combinar temas más feministas con la línea populista de Ibáñez. Con un éxito pasajero, la presidenta del PFCh, María de la Cruz, fue escogida como miembro del senado. En esta función se vio forzada a establecer alianzas que llevaron a escisiones internas en el PFCh. Y cayó cuando tuvo un enfrentamiento con autoridades de la justicia en torno a un caso de poca importancia. Las mujeres se convirtieron, según Kirkwood, en víctimas de su propia moralidad; los fracasos fueron imperdonables.

Lo que salta a la vista en el caso chileno, como decía arriba, es que depende de factores externos el cómo y hasta qué punto se promueve la ideología de la maternidad. A las ideas culturales del ser mujer se les da forma en el marco del discurso político de determinado grupo de interés.

Esto se parece a lo que Laclau llama "articulación". Para este autor, articulación es cualquier práctica que establece una relación entre ciertos elementos, de manera que su identidad es modificada en el proceso de dicha práctica. A esta identidad se le llama identidad relacional. Al resultado de este proceso se le llama "discurso" o "formación discursiva" (Laclau, 1985).

A través de esta práctica toman forma o identidad las ideas, valores y nociones del ser mujer, y por lo tanto nunca son apolíticos ni están desvinculados de grupos, clases u otros intereses.

En este caso particular de un momento histórico en Chile, el proceso de articulación fue tal, que se añadieron una serie de características al concepto de ser mujer, como si necesaria y naturalmente coincidieran. "Mujer" se convirtió en equivalente de "madre", "proveedora de alimento", no corruptible, moralmente pura y democrática; semejanzas que no necesariamente tienen que ser "verdaderas", sino que se experimentan así. Se trata de semejanzas con las que no se etiqueta al "otro", al grupo opuesto de interés. El grupo opuesto no es "dueño" de dichas características.

En el caso chileno, los "otros" son el gobierno de Allende y el grupo que lo apoya. En este caso, en el periodo de la historia aquí descrito, "nosotros" se refiere a los hombres y mujeres unidos alrededor de la misma identidad o discurso construido sobre las mencionadas semejanzas unificadoras, prevalecientes en ese momento. Pero tan pronto como se consiguieron los fines que se perseguían, "nosotros" se convirtió en grupo diferente, los hombres, los partidos gobernantes, que pronto se opusieron a los "otros", que eran los partidos no gobernantes, o en general, las mujeres.

En otras palabras, los discursos habían cambiado por completo. Se construyeron, a la caída de Allende, diferentes patrones de factores unificantes de equivalencias y valores, así como una jerarquía distinta en cuanto a las categorías sociales.

El siguiente caso, de México, muestra hasta qué grado se manipula la imagen conservadora de las mujeres, por y dependiendo de las fuerzas políticas gobernantes.

La tradición feminista en México se remonta a 1916, cuando en Yucatán se llevaron a cabo los dos primeros congresos feministas, convocados por el gobernador progresista Alvarado. Por entonces, Alvarado quería que las mujeres aceptaran una reforma que confirmaría que querían tomar parte activa en la política, y que el primer paso para esta participación sería el derecho al voto. En buena medida porque esto significaba que votarían por él para gobernador. Muy a su pesar, Alvarado descubrió que sólo unas cuantas mujeres yucatecas querían votar. Esto no era difícil de comprender, dado que hasta 1910, la política en Yucatán había sido coto de caza de los reyes del henequén. Además, entre 1910 y 1915 -según Macías- la política consistía en conflictos, sobornos, fraude electoral, intentos de asesinato y, finalmente, gobierno militar. Y por último, los principales esfuerzos del feminismo se concentraban entonces en obtener el acceso a la educación y al trabajo.

Y aun más, tras un largo debate, los delegados a Querétaro decidieron ampliar el derecho al voto sólo a los hombres analfabetos. Nunca, de hecho, consideraron seriamente el voto femenino. La Constitución de 1917 no excluía a las mujeres de la ciudadanía, pero la ley electoral de 1918 restringía el voto a los hombres solamente. Los opositores al derecho al voto de las mujeres en México esgrimían argumentos como el de que la política siempre había sido asunto de hombres, y que tomar parte en política mancharía y corrompería a las mujeres, además de interferir en sus deberes como esposas y madres; las agitaría innecesariamente e introduciría la discordia en el hogar. Además argumentaban también que las mujeres eran demasiado emocionales, demasiado ilógicas y demasiado caprichosas, como para votar con sensatez. En el periodo entre 1917 y 1934, cuando se le preguntaba a los voceros gubernamentales por qué se les había concedido el voto a los hombres analfabetos, mientras que se les había negado a las mujeres letradas, en repetidas ocasiones afirmaban que "las mexicanas todavía no están preparadas para votar". Lo que querían decir era que el gobierno temía que las mujeres, con derecho al voto, votarían diferente que los hombres; es decir, que la mayoría de las mujeres seguirían los consejos del clero y votarían por los candidatos antigubernamentales. El papel activo de las mujeres católicas, que apoyaba a la Iglesia cuando era atacada por los anticlericales durante la Revolución y los años veinte, era suficiente prueba de que las mujeres eran más susceptibles que los hombres a la influencia de la Iglesia (Macías, 1982: 154)

En la década de los veinte, las feministas de avanzada, a diferencia de sus antecesoras, consideraron esencial el derecho al voto. Sin embargo, a pesar de cinco congresos feministas, totalmente organizados por y para mujeres de diferentes clases y grupos, el movimiento se fragmentó. Entre ellas había feministas radicales, moderadas y conservadoras y feministas de izquierda y comunistas, que querían vincular la lucha de las mujeres con la lucha más amplia de los trabajadores y los campesinos. Estos congresos pretendieron formar una plataforma, lo que no fue fácil y provocó muchos conflictos internos y hasta escándalos. A final de cuentas, las feministas socialistas y comunistas ganaron en el conflicto y lograron la presidencia de la plataforma que se llamó "Frente Único Pro Derechos de la Mujer" en 1935.

Según Esperanza Tuñón, esta victoria se logró a costa del grupo feminista autodenominado "La República Femenina", que era el grupo feminista más auténtico de ese tiempo. Este grupo protestó contra la concentración del frente exclusivamente en el sufragio, único tema en el que todas coincidían. Hicieron un llamado para atender otros asuntos feministas, en lugar de lo que el Frente trataba de hacer, de subordinar todos los otros temas feministas -aparte del derecho al voto- a la lucha más amplia de trabajadores y campesinos.

No es coincidencia, según Tuñón, que el frente naciera durante la época de auge del cardenismo. No sólo porque Cárdenas -conocido como el presidente más socialista de México- permitía tal organización feminista amplia, sino porque permitió a mujeres del frente vincular sus demandas con la importante lucha popular de los trabajadores, con el propósito de engrosar sus filas con mujeres y así crecer rápidamente. Cárdenas cooptó para el partido gobernante a una buena parte del frente que había empezado como organización feminista autónoma. A cambio, Cárdenas le comunicó a la nación, en 1937, que otorgarles plenos derechos políticos a las mujeres mexicanas era un acto de justicia intrínseca, que no se podía posponer más. El 23 de noviembre de 1937, el secretario de Gobernación envió al Senado la propuesta de reforma al artículo 34 de la Constitución, simplemente añadiendo las palabras "hombres y mujeres" a ese artículo, considerando que eso haría a las mujeres elegibles para todo derecho de ciudadanía, incluyendo el derecho al voto y a ser votadas. Para mayo de 1939 todos los estados de la República habían ratificado la enmienda al artículo 34, y sólo faltaba que el Congreso declarara formalmente que, habiéndola ratificado los estados, entraba en vigor. Esto, sin embargo, no sucedió sino hasta 1953. ¿Qué fue lo que pasó?

Cárdenas cooptó a amplios sectores de la población, tanto hombres como mujeres al tiempo que se daba una creciente polarización de la sociedad mexicana entre derecha e izquierda, principalmente por la actitud anticlerical de la izquierda. Almazán, general derechista, aprovechó esta polarización y emprendió una efectiva campaña que atemorizó al partido oficial (PRM). El presidente Cárdenas, entonces temeroso de que sus reformas ganadas con tanto esfuerzo, se perdieran, escogió para sucederlo a un candidato del centro: el general Manuel Ávila Camacho. Al mismo tiempo tuvo que suspender la reforma a la Constitución que le daría el voto a las mujeres. A pesar de que se contaba con el apoyo del frente y de todas las mujeres feministas y de izquierda, se temía que una gran mayoría de las mujeres adultas mexicanas votaría por Almazán. Súbitamente las mujeres se convirtieron de nuevo en el "otro" conservador.

Ávila Camacho ganó las elecciones, y para tranquilizar los temores de la población religiosa, se declaró creyente. Esta afirmación marcó un vuelco en la Revolución mexicana. Varios autores señalan que a partir de 1940 la Revolución se orientó hacia la derecha. Parte de este proceso incluyó, si no una reconciliación entre la Iglesia y el Estado, por lo menos un cese de hostilidades. Y una vez superado el conflicto religioso que había devastado a la nación, fue posible continuar con la lucha por la igualdad civil de las mujeres mexicanas.

Consideraciones finales

Las imágenes conservadoras de "mujeres", y la imagen de "maternidad" o "supermadre" no son neutras: se articulan en ellas intereses de clase y de grupo. Por esto quiero hacer algunos comentarios críticos al concepto de "supermadre".

Al definir a las mujeres como "supermadres" se describe una identidad estática o fija, que ciertamente no se puede aplicar a las mujeres de todas las clases o grupos étnicos.

Pero además de estático, este concepto se presenta como una "imagen neutra", como una imagen apolítica que no representa ni está estrechamente vinculada con intereses de clase.

Estoy en desacuerdo con la opinión de Chaney de que la imagen de "supermadre" es algo que las mujeres pueden explotar como base de un poder a partir del cual actuar (Chaney, 1979). Esto significa que sería un poder muy conservador, porque son principalmente los partidos de derecha quienes articulan esta imagen de la mujer. En México, por ejemplo, podemos identificar esta imagen, hasta cierto punto, en el discurso del PAN, un partido de derecha.

También significa que si las mujeres utilizaran esta imagen como base de su actuación, sin tomar en cuenta las implicaciones políticas o sin formular nuevas connotaciones a esta identidad, actuarían en los términos que están en gran medida prescritos por los "otros".

Si las mujeres escogen la imagen de "supermadre" como base de su poder, ¿a qué se parece ese poder?

Hoy en día las mujeres a menudo tienen cierto tipo de poder político –por lo menos tienen el derecho al voto– pero con frecuencia carecen de la autoridad para ejercerlo.

¿Se puede asociar la imagen de "supermadre" con la autoridad? En mi opinión es interesante vincular esta falta de autoridad, con la intensidad con la que la imagen de "supermadre" está de hecho presente, aun en medios políticos donde las mujeres ocupan posiciones importantes. Puede ser comprensible, históricamente, que el concepto teórico de esta imagen juegue un papel importante, pero no puede explicar el nivel de autoridad ejercido hoy en día por las mujeres que ocupan puestos políticos. La imagen de "supermadre" -como espero haber explicado suficientemente- es un concepto teórico demasiado estático para dar cuenta de la flexibilidad que tanto hombres como mujeres necesitan para actuar en un medio discursivo político en continuo cambio.

El que las mujeres estén continuamente construyéndose a través de las imágenes aquí descritas -aun si esto sucede en medio de contradicciones- puede explicarse con el siguiente ejemplo:

Una de las integrantes de la Cámara me hizo saber que las mujeres no debían olvidar su esencia femenina, que es el ser madre. Ella misma, en ese momento, era soltera y sin hijos. Me dijo que la nación puede seguir adelante sin mujeres políticas, sin abogadas, sin doctoras, pero nunca sin madres. Según ella, la tarea primordial de las mujeres es la maternidad. Si el ser madre deja lugar para estar activa en otros ámbitos o para tener una ocupación, está bien; pero no debe ser por necesidad, afirmaba, porque el hombre debe ganar lo suficiente para que la mujer se quede en la casa.

En tanto que estos valores culturales tradicionales sobre el ser mujer y la feminidad se articulen en discursos políticos hegemónicos, las mujeres se apresurarán a demostrar –como lo describí en la introducción– que la participación política no les quita lo femenino. A los hombres no les gustaría estar representados por mujeres que no coinciden con los valores aceptados sobre la mujer y la feminidad. Sin embargo, este fenómeno existe, experimentado por los hombres como una "amenaza". Al mismo tiempo, hay mujeres dentro del partido gobernante en México que se representan a sí mismas de manera diferente de lo que la cultura espera de ellas.

Como ejemplo para ilustrar lo anterior, mencionaré un incidente en particular:

Una integrante del partido en el gobierno hizo una propuesta para eliminar el sector "femenil" de ese partido. Sostenía el argumento de que las mujeres deben estar integradas en igualdad de términos con los hombres del partido, y no necesitan de tales espacios femeninos, que las mantienen separadas y ajenas adonde en realidad, según ella, se ejerce el poder.

La iniciativa, que ha suscitado una fuerte crítica en el interior del sector femenino del partido, es creo yo un signo de resistencia. Resistencia, porque precisamente ataca la noción de mujer como el "otro", inscrita en la ideología del partido por largo tiempo. Se trata de una resistencia que no puede ser llamada feminista, pero que debe verse, en mi opinión, como el esfuerzo de una mujer por construir su propia representación política, por su propio derecho, y debe ser reconocida como la diferencia *positiva* que las mujeres significan para la sociedad.

En otras palabras, podemos sobrepasar las diferencias, si aceptamos que las mujeres pueden estar de acuerdo en ciertas posiciones de sujetos mientras que en otras no; esto es, si logramos olvidar la idea de una sola identidad coherente y convertir estas posiciones en espacios de lucha.

Las mujeres son actores sociales, involucradas en estrategias sociales, con propósitos tanto inmediatos como de largo plazo. Algunas de estas estrategias serán intentos conscientes por organizarse, pero otras serán inconscientes o relativamente pensadas *ad hoc*. Creo que el ejemplo descrito aquí arriba es un intento consciente en este sentido, un intento de resistencia consciente. Tanto acceder como resistir deben ser vistos como una estrategia, parte de un proceso de negociación que no tiene principio ni fin, mientras persista la naturaleza explotadora de las relaciones de clase. El saber cuándo ceder es parte integral del saber cómo y cuándo resistir, si se pertenece a los oprimidos.

Si el objetivo del proyecto feminista es la legitimación de la subjetividad femenina, entonces el propósito de la antropología feminista debe ser el de reconocer a los "otros" de modo que no se les nieguen o diluyan sus reclamos de ser sujetos.

Traducción de Mercedes Barquet
PIEM

BIBLIOGRAFÍA

Anfer (1984), *Participación política de la mujer en México,* Siglo XX, México.

Anthias, F. Yuval-Davis (1983), "Contextualizing Feminism, Gender, Ethnic y Class Division", en *Feminist Review,* vol. 5, núm 15.

Ardaya Salina, Gloria (1986), "The Barzolas and Housewives Committee", en Nash y Safa (eds.), *Women and Change in Latin America,* Bergin & Garvey Publishers, Massachusetts.

Blough, William (1972), "Political Attitudes of Mexican Women", en *Journal of Inter-American Studies and World Affairs,* vol. 4, núm. 2.

Braidotti, R. (1990), *Double Trouble, the Subject in Feminism,* Universiteit Utrecht, Utrecht.

Carby, Hazel V. (1982), "White Women Listen! Black Feminism and the Boundaries of Sisterhood", en *The Empires Strikes Back: Race Racism in 70's Britain,* Hutchinson, Londres.

Chaney, Elsa M. (1979), *Supermadre; Women in Politics in Latin America,* University of Texas Press, Austin.

——— y Schmink (1980), "Women and Modernization: Access to Tools", en Nash y Safa (eds.), *Sex and Class in Latin America,* Bergin & Garvey Publishers, Massachusetts.

Chuchryk, Patricia Marie (1984), *Protest, Politics and Personal Life: the Emergence of Feminism in a Military Dictatorship, Chile 1973-1983,* dissertation, York University, Toronto, Ontario.

——— (1986), "*Subversive Mothers: The Women's Opposition to the Military Regime in Chile*", ponencia presentada en el XIII Congreso Internacional de Latin American Studies Association, Boston, 23-25 de octubre.

Cockcroft, James (1983), *Mexico, Class Formation, Capital Accumulation and the State,* Monthly Review Press, Nueva York.

Epstein, Cynthia Fuchs (1981), "Women and Elites: A Cross National Perspective", en Epstein y Coser (eds.), *Access to Power: Cross National Studies of Women and Elites,* George Allen & Unwin, Londres.

Evans, Judith *et al.* (1986), *Feminism and Political Theory,* Sage, Londres.

Hartsock, Nancy M. (1987), "Foucault on Power: A Theory for Women?", en *The Gender of Power.* A Symposium (eds.): Leyenaar, M.; Davis, M.; Helleman, C.; Oldersma, J.; Vos, D.; VENA, Karstens b. v. Leiden.

Jaquette, Jane (1980), "Female Political Participation in Latin America", en Nash y Safa (eds.), *Sex and Class in Latin America*, Bergin & Garvin Publishers, Massachusetts.

——— (1986), "Women, Feminism and the Transition to Democracy in Latin America", ponencia presentada en la XX Reunión de Aniversario de Latin American Studies Association, Boston, 23-26 de octubre.

Kempadoo, K. y Loewenthal (1986), "Verboden verbindingen, een kritiek op een etisch-feministische visie", en *Tijdschrift voor Vrouwenstudies*, núm. 25, pp. 76-85.

Kirkwood, Julieta (1986), *Ser política en Chile. Las feministas y los partidos*, Flacso, Santiago de Chile.

Laclau, Ernesto (1985), "New Social Movements and the Plurality of the Social", en Slater (ed.), *New Social Movements and the State in Latin America*, CEDLA, Amsterdam.

Lauretis, Teresa de (1986), "Feminist Studies/Critical Studies, Terms and Contexts", en De Lauretis (ed.), *Feminist Studies/Critical Studies*, Indiana University Press, Bloomington.

Lees-Mascia, Francis E., P. Sharpe y C. B. Cohen (1989), "The postmodernist turn in Anthropology: Cautions from a Feminist Perspective", en *Signs*, vol. 15, núm. 1.

Leeman, Y. y S. Saharso (1985), "Om de Kleur van Vrouwenstudies", en *Tijdschrift voor Vrouwenstudies*, núm. 23, pp. 280-297.

Macías, Ana (1982), *Against all Odds, the Feminist Movement in Mexico to 1940*, Greenwood Press, Connecticut.

Mattelart, Michele (1980), "Chile: the Feminine Version of the Coup D'etat", en Nash y Safa (eds.), *Sex and Class*, Bergin & Garvey Publishers, Massachusetts.

Molyneux, Maxine (1986), "Mobilization without Emancipation, Womens' Interests, State and Revolution in Nicaragua", en Slater (ed.), *Social Movements and the State*, Foris, Dordrecht.

Moore, Henrietta L. (1989), *Feminism and Anthropology*, Basil Blackwell-Polity Press, Oxford.

Morton, Ward (1962), *Women Suffrage in Mexico*, University of Florida Press, Gainsville.

Mota, Vivian M. (1980), "Politics and Feminism in the Dominican Republic: 1931-1945 and 1966-1974", en Nash y Safa (eds.), *Sex and Class in Latin America*, Bergin & Garvey Publishers, Massachusetts.

O'Malley (1983), *Propaganda, the Myth of the Revolution, and the Institutionalization of the Mexican State, 1920-1940*, dissertation, University of Michigan, Michigan.

Pansters, Will (1990), "Social Movement and Discourse: the Case of the University Reform Movement in 1961 in Puebla, Mexico", en *Bulletin of Latin American Research*, vol. 9, núm. 1, pp. 79-101.

Pinzon de Lewin (1975), "Women, the Vote, and the Party in the Politics of the Colombian National Front", en *Journal of Inter-American Studies*, vol. 17, núm. 4.

Randall, Vicky (1982), *Women and Politics*, MacMillan Press, Londres.

Strathern, Marylin (1987), "An Awkward Relationship: The Case of Feminism and Anthropology", en *Signs*, vol. 12, núm, 2, pp. 276-292.

Tuñón, Esperanza (1983), "El Frente Único Pro Derechos de la Mujer, 1935-1938", ponencia presentada en el Simposio de Estudios e Investigaciones sobre la Mujer en México, Guanajuato, abril.

Weedon, Chris (1987), *Feminist Practice & Postestructuralist Theory*, Basil Blackwell, Oxford.

Weiner, Annette (1976), "Trobiand Kinship From Another View: The Reproductive Power of Women and Men", en *Man*, vol. 14, núm. 2, pp. 328-348.

Zabaleta, Manta (1986), "Research on Latin American Women: in Search of our Political Independence", en *Bulletin of Latin American Research*, vol. 5, núm. 2.

MUJERES EN MOVIMIENTO: SECCIÓN 9 DEL SNTE

María Eugenia Valdés Vega
Universidad Autónoma Metropolitana, Iztapalapa

Introducción

El presente trabajo analiza el movimiento de la sección 9 del Sindicato Nacional de Trabajadores de la Educación que se desarrolló entre enero-julio de 1989 desde un enfoque que, sin desechar la tesis corporativista frecuentemente empleada, intenta abarcar otros elementos de lo social. Además de estudiar al movimiento en sus componentes (fuerzas sociales, formas de lucha, demandas, aliados y enemigos), aquí se centra la atención en el papel desempeñado por las maestras y educadoras, sus principales protagonistas.

Se considera relevante estudiar este movimiento ya que esta sección ha sido clave en la historia del SNTE por varias razones. En primer lugar porque es una de las más numerosas del país y por eso mismo económica y políticamente fuerte,[1] en segundo, porque de ahí surgieron durante mucho tiempo los altos dirigentes del sindicato -incluyendo desde luego a Carlos Jonguitud, líder vitalicio del grupo en el poder hasta hace poco- y, por último, porque desde 1956 se inició la lucha en esta sección por las demandas de mejoramiento salarial y democracia sindical que han sido las recurrentes en el movimiento magisterial nacional.

Además, aquí se encuentra una numerosa población femenina asalariada. De acuerdo con las investigaciones más recientes, son

[1] Cortina (1989) señala que en el año escolar de 1980-1981 había 6 563 docentes de los jardines de niños y en las escuelas primarias 35 850 profesores y 3 792 directores. Falta el dato sobre los maestros de escuelas especiales para niños con problemas de cualquier tipo, que también pertenecen a la sección 9.

mujeres la casi totalidad de las maestras de jardines de niños y en las escuelas primarias se aproximan a 75% (Cortina, 1989; Valdés, 1986).

La finalidad de este trabajo, pues, es tratar de responder a la necesidad de explicar el "ser mujer" en la lucha político-sindical y contribuir con ello al desentrañamiento de esta problemática.

CONSIDERACIONES TEÓRICO-METODOLÓGICAS

La complejidad de la relación Estado-sindicatos en México hace cuestionar la tesis corporativista común en la mayoría de los estudios sobre el movimiento sindical. Es indudable la efectividad conceptual de este enfoque para analizar las dimensiones empíricas que ofrecen los mecanismos de control estatal (cooptación, corrupción, represión) hacia los sindicatos y otras organizaciones sociales. Lo que se pone en duda es que se parta siempre de dicha tesis para plantear y explicar los problemas que presentan las pugnas entre las fuerzas sociales en México. Esta perspectiva ayuda a entender un aspecto vital de la estabilidad política, sin embargo, no explica todos los elementos que conforman esa estabilidad,[2] ni los orígenes y desarrollo de fenómenos de movilización que en más de una ocasión han resultado victoriosos. Siendo muy importantes porque forman parte esencial de la cultura política mexicana, los mecanismos de control estatal como medios de explicación no pueden ser los únicos ya que de esa forma se elude el conocimiento de lo social.

El uso del enfoque corporativista es dominante en los estudios sobre el movimiento magisterial. Quizá el más representativo sea el de Aurora Loyo (1979). Ella parte de la idea de que si el SNTE está incorporado verticalmente a las decisiones estatales, el movimiento magisterial -que comienza por reivindicaciones salariales- necesariamente deviene en político. Al enfrentarse contra los líderes oficialistas, cuya misión es controlar las demandas de los maestros para asegurar de esa manera el modelo de dominación, el movi-

[2] Para Habermas (1976), "Legitimidad significa que una reclamación relacionada con un orden político tiene buenos argumentos para ser reconocida como correcta y justa: un orden legítimo merece reconocimiento. *Legitimidad significa que un orden político es digno de reconocimiento*". En ese sentido, el enfoque corporativista no explica por qué en México todavía muchos sectores de la sociedad otorgan esa legitimidad al sistema político sin que éste tenga que emplear los mecanismos de control y a pesar del incumplimiento de muchos puntos del programa de la Revolución de 1910.

miento se ve involucrado en una lucha política antiestatal. Lo señala explícitamente cuando analiza la etapa del movimiento magisterial en 1958:

> ... la intensidad del tiempo social permitió que se manifestara nítidamente la orientación política del núcleo movilizado, así como los mecanismos ejercidos por el Estado a fin de controlar su acción. De entre estos dos términos del problema, se dio mayor énfasis al segundo: la descripción de los mecanismos de control (Loyo, 1979: 10).

Así, su interés no es tanto el análisis del movimiento como tal, sino conocer cómo funcionan los mecanismos de control sindical en el sistema político mexicano. El movimiento magisterial es sólo un caso donde su aplicación fue efectiva.

Junto a este tipo de análisis, hay una gran cantidad de estudios del movimiento magisterial elaborados sin fines académicos y cuya intención está orientada a difundir el movimiento entre los trabajadores y a elaborar estrategias y tácticas a partir de la descripción de los procesos.[3]

Finalmente, son pocos los trabajos académicos que han tratado de teorizar sobre el movimiento magisterial desde un punto de vista diferente al corporativismo. Uno de ellos es el de Treviño (1984), que partiendo del planteamiento de Alain Touraine hace un análisis del movimiento magisterial en Morelos, y otro es el texto de Ímaz y Salinas (1984), que relaciona un extenso espectro de los componentes del movimiento magisterial entre 1979-1983.

Una característica general en el estudio del movimiento magisterial es el androcentrismo (Cano, 1989). Prácticamente todos los trabajos sobre el tema suelen pasar por alto que el magisterio está compuesto en su mayor parte por mujeres y no consideran este hecho como de significación teórica o metodológica. Esta postura tiene un fondo ciertamente ideológico, sobre todo en el estudio de casos como el de la sección 9, en que el movimiento tuvo como actrices principales a las mujeres. De este modo, con esta primera intención de presentar un nuevo enfoque para el análisis del movimiento magisterial que se saliera del marco puramente corporativista, surge ahora el problema de estudiar sus componentes desde una perspectiva que incorpora a la mujer como un elemento central.

[3] Estos trabajos (Hernández, 1981; Fernández, 1982; Peláez, 1980) y los realizados por los consejos de lucha de Chiapas, Oaxaca, Morelos y otros estados movilizados son muy valiosos para el movimiento, pero también para los investigadores, ya que en ellos se encuentran reflexiones y propuestas emanadas de la acción misma.

Siguiendo las ideas de Marx sobre la unidad existente entre el ser y el pensar,[4] en este trabajo se planteó el supuesto de que "ser mujer" matiza todos los componentes del movimiento en el que ellas actúan. Separadas socialmente de los hombres en una situación desigual, las relaciones que construyen las mujeres tienen una necesaria especificidad que se refleja en el tipo de fuerzas, formas de lucha, demandas, aliados y enemigos del movimiento en el cual participan. Aun cuando no llegaran a asumir posiciones de género, el papel de las mujeres en el movimiento de la sección 9 debe ser analizado porque su peso específico puede dar luz sobre la problemática de la mujer en un plazo más largo y porque ahí es donde se puede encontrar su potencialidad transformadora del sistema sexo-género (Rubin, 1986) o de su contraparte, esto es, que el movimiento responda "a la naturaleza o características propias de un proceso social en el cual el componente 'género' da tonalidades pero no define los hechos" (Martínez, 1989: 97).

ANÁLISIS DE LA PARTICIPACIÓN DE LAS MUJERES EN EL MOVIMIENTO

Antecedentes

El año de 1956, apenas trece después de fundado el sindicato magisterial, en la sección 9 se llevó a cabo un movimiento que involucró a los y las maestras de la capital. Éste tenía como objetivo mejorar sus condiciones de vida y de trabajo, pero ya desde entonces se enfrentó con las trabas del sindicalismo corporativo. Muchos años después, las maestras seguirían recordando la dura represión que desató el gobierno para detener el movimiento.

Después de la derrota de la Sección 9 en 1960 siguió un prolongado reflujo del movimiento que sólo se vio interrumpido de forma parcial durante el movimiento de 1968 y en 1972. En 1968 se organizaron algunos grupos que fundieron sus demandas con la lucha de los estudiantes y maestros de la Escuela Normal Superior. Y en 1972, en medio de la pugna interburocrática que llevó al poder sindical a Carlos Jonguitud, cuando lucharon porque se

[4] "El hombre, por más que sea un individuo *particular* –cuya particularidad lo hace precisamente individuo y ente común real e *individual*– es igualmente la *totalidad*, la totalidad ideal, la existencia subjetiva de la sociedad pensada y sentida para sí...Pensar y ser son, pues, *distintos* pero al mismo tiempo *en unidad* uno con otro" (Marx, 1983: 134).

hiciera efectiva una demanda económica enarbolada por la también oficialista dirección sustituida por los vanguardistas.[5]

En la década de los setenta, y como resultado de que la camarilla vanguardista provenía en gran parte de la sección 9, se incorporaron a ese grupo cientos de maestros de base, formándose de hecho una estructura paralela a la formal en el sindicato y en la sección. Se instituyeron una bandera, un himno y un programa vanguardista que ofrecía a las y los maestros la posibilidad de participar de los beneficios económicos y políticos que Vanguardia Revolucionaria negoció con el gobierno de Echeverría, a cambio de una nueva política de alianzas de la que ese grupo obtuvo un gran provecho.

Así, para las y los maestros del Distrito Federal se abrió un horizonte más amplio en el campo laboral. Muchos pudieron acceder a doble turno en el trabajo y los líderes manejaron el argumento de que tal medida los beneficiaba, profesionalizándolos. Además se empezó el proyecto de la Universidad Pedagógica Nacional como vía de mejoramiento profesional y académico y se inició de acuerdo con el gobierno una política de aumentos salariales escalonados. Por último, Vanguardia Revolucionaria ejerció una táctica de premios y castigos relacionados con el otorgamiento de prestaciones sociales (créditos de vivienda, préstamos, compra de automóviles, acceso a guarderías, etc.), la cual privilegió a aquellos maestros o maestras allegados al grupo vanguardista.

A lo largo de este periodo de reflujo del movimiento, la oposición a Vanguardia Revolucionaria se organizó fundamentalmente en pequeños grupos izquierdistas formados a partir de 1968 y en el Movimiento Revolucionario del Magisterio, surgido en la lucha de 1956-1960. La influencia de estos grupos era muy limitada y su pelea por ganar espacios en las instancias formales del sindicato (los comités delegacionales, congresos, etc.), casi siempre era asfixiada por la apatía de la base o por el fraude.

Esta situación prevaleció aun después de la constitución de la Coordinadora Nacional de Trabajadores de la Educación (CNTE) en 1979. En general, las maestras y educadoras del DF apoyaron las movilizaciones de los maestros de provincia que venían a la capital a exigir cumplimiento de sus demandas salariales y democráticas, pero no constituyeron un movimiento propio sino hasta 1989. En ese año ganaron en poco tiempo lo que a otras secciones les llevó años conseguir: el rescate de la dirección seccional, la caída de Jonguitud

[5] Los autores que más han profundizado en el estudio del periodo 1956-1960 en el SNTE son Loyo (1979), Peláez (1984) y Ontiveros (1989). En cuanto al vanguardismo, entre otros está el trabajo de Peláez (1982).

y sus vanguardistas y aumentos salariales que sin ser muy altos, rebasaron el tope fijado por la política neoliberal del gobierno.

Fuerzas sociales

Para analizar las fuerzas sociales que intervinieron en la etapa del movimiento magisterial que va de enero a julio de 1989 en el DF, se tiene que tomar en cuenta forzosamente a la CNTE, constituida diez años atrás.

El 18 de diciembre de 1979 fundaron la CNTE las organizaciones emergentes de varias secciones (consejos centrales de lucha de Chiapas, Tabasco, La Laguna y Guerrero) y las corrientes magisteriales de izquierda. La CNTE fue creada sin pretender erigirla en sustituto del sindicato, sino más bien como organismo transitorio de lucha al que se encomendaron funciones de coordinación de los movimientos regionales, en un principio, y como negociador ante la dirección del sindicato y las autoridades de la Secretaría de Educación Pública (SEP), más avanzada la insurgencia.

Una década después, la CNTE siguió cumpliendo esas funciones y desempeñó un papel central al inicio de este periodo del movimiento, cuando impulsó las movilizaciones conjuntas con la Coordinadora de Trabajadores al Servicio del Estado (Cotrase) por la obtención del pago del bono sexenal ofrecido y no entregado por el gobierno, y por las reivindicaciones nacionales del magisterio. En todo el periodo su presencia fue muy importante para evitar negociaciones aisladas de la dirección del SNTE y de la SEP con las diferentes secciones movilizadas, y para discutir y decidir las acciones colectivamente. (Véase cronología anexa.)

No obstante, el magisterio de la sección 9, especialmente las maestras y educadoras, no se consideraban parte de la CNTE. A pesar de los esfuerzos de la coordinadora para que la sección 9 se integrara no se dio una respuesta en forma de participación tal vez porque la veían como un producto de la lucha del magisterio de provincia. Dado que, como afirma Lukács (1969), "la organización es más consecuencia que presupuesto" de la lucha, la CNTE no fue percibida como organización suya por las maestras y educadoras. Sólo tras largas discusiones en las que los militantes de las corrientes izquierdistas insistieron en su importancia, fue que aceptaron coordinar sus acciones con ella.

El magisterio capitalino construyó su propia organización al calor de las movilizaciones iniciadas en el lapso inmediatamente anterior al XV Congreso Nacional del SNTE, cuando la antidemocracia e ineficiencia de la dirección vanguardista fueron ya intolerables (véase cronología).

Después de observar los fraudes para imponer a delegados incondicionales en el congreso seccional donde se elegiría a los que a su vez irían al XV Congreso de Chetumal, las maestras y educadoras estaban atentas al desarrollo de los acontecimientos. De este modo, cuando 96 delegados democráticos al congreso seccional se constituyeron en Congreso Permanente debido a las irregularidades en las elecciones, la base magisterial manifestó su apoyo eligiendo representantes de escuela en asambleas que ya no convocaba ninguna instancia formal del sindicato (véase cronología). Entre esos delegados había un numeroso sector de mujeres y de militantes de las corrientes de izquierda que, ellos sí, habían participado antes en la CNTE.[6]

A partir de entonces, el movimiento contó con una fuerza mayor que incorporaba a educadoras y maestros provenientes de la base en un grupo llamado Maestros y Delegados Democráticos de la sección 9. Esta fuerza realizó las primeras acciones masivas de la sección buscando organizar al cada vez más numeroso grupo de maestros que se les unía. Con este fin convocó y llevó a cabo un Congreso Democrático en el Auditorio Nacional el 23 de febrero, en el que se eligió la dirección colectiva del Movimiento Democrático de Trabajadores de la Educación de la sección 9 (MDTE), desde ese momento la fuerza principal del movimiento (véase cronología).

Las mujeres de la sección tomaron parte activa en todas las tareas que el MDTE realizó en febrero. En ese mismo mes se conformó una instancia compuesta por dirigentes de base llamada Asamblea o Pleno de Representantes de la sección 9, que se puso en contacto con la CNTE para vincular las movilizaciones con otras secciones en lucha.[7] En el Pleno de Representantes y en la dirección colectiva la presencia de las mujeres fue mayoritaria, como ocurría en los centros de trabajo, pero ya no lo fue cuando antes del paro indefinido se eligió la comisión negociadora ante el Comité Ejecutivo Nacional del SNTE y de la SEP, en la que había cinco profesores y solamente una mujer.

Estos datos remiten al problema de la inserción formal de las mujeres en los centros de poder, en este caso sindical. Las maestras y educadoras de la sección 9 formaban el sector más numeroso del movimiento y, sin embargo, no ocuparon los principales puestos de representación –a estas alturas encargados de negociar con el

[6] Entrevista con la maestra Ana Rosa González, secretaria de Previsión Social del Comité Ejecutivo de la sección 9 y entonces parte, como las demás entrevistadas, de ese grupo de delegados.

[7] *Unomásuno*, 6-III-89. Véase la cronología anexa.

gobierno y los líderes oficiales– por motivos que no son suficientemente claros, dado que aunque se asumen como "poco comprometidas", así lo declaran, lo que las asusta parece ser el enfrentamiento político, la entrada a un mundo que no conocen.

Es cierto que la lucha por el poder es violenta y que seguramente eso influye en la actitud de las maestras y educadoras, muchas veces autoexcluyente en la política, pero también lo es que sus campos de acción (Tarrés, 1989) pueden ser más interesantes para ellas.[8] En las escuelas, el poder femenino se ejerce en cada una de las tareas de su quehacer cotidiano (docentes, administrativas, sociales, cívicas, comunitarias, etc.), y por el momento eso les basta.

Es más, el hecho de que Elba Esther Gordillo fuera la primera mujer en ocupar el puesto de mayor jerarquía en el sindicato, después de la caída de Jonguitud en abril de 1989, no conmovió en lo más mínimo a las maestras y educadoras de la sección 9.[9] A causa de la viciada práctica antidemocrática del sindicalismo oficialista en el SNTE, las mujeres que antes del movimiento accedían a puestos de representación eran mal vistas por la base prejuiciada de las y los maestros. No estaban legitimadas por votaciones democráticas que las acreditaran como dirigentes reales y, fuera cierto o falso, se les atribuían méritos no políticos (sexuales, de favoritismo personal, servilismo y otros) a sus ascensos. Esta visión es parte de la cultura política más generalizada de la que no escapa ninguna mujer con vocación de poder en México, sobre todo en el medio sindical y dentro de cualquier corriente.

Con estos rasgos de la participación de las mujeres, el movimiento continuó su marcha. Al terminar el paro indefinido en mayo, había logrado el desconocimiento del comité vanguardista en la sección y el acuerdo con la dirección nacional del sindicato

[8] El concepto de campos de acción femeninos es utilizado por Tarrés en el caso de las mujeres de clase media en Ciudad Satélite. Aquí se retoma por considerarlo sugerente para explicar la especificidad de la concepción del poder en muchas mujeres, entre ellas las maestras y educadoras de la sección 9, y lo único que habría que señalar es que esos campos tal vez no nada más son exclusiva creación de las mujeres, sino que también muchos hombres establecen los suyos en otros ámbitos fuera de la política.

[9] Todas las maestras entrevistadas coinciden en señalar que el cargo de secretaria general del SNTE ocupado por Elba Esther Gordillo no beneficia en nada a las mujeres del sindicato, lo que no deja de ser una paradoja ya que para las mujeres en general es importante la presencia femenina en cargos políticos importantes, aunque no se compartan sus orientaciones.

para formar una comisión ejecutiva paritaria, mientras se preparaba el congreso que habría de elegir a los nuevos dirigentes formales.[10]

En la comisión ejecutiva el movimiento obtuvo la presidencia consiguiendo así un voto más que los antiguos vanguardistas, autonombrados "institucionales" después de la salida de Carlos Jonguitud y la desaparición de ese grupo en el SNTE. De los 33 miembros que componían la comisión ejecutiva, 17 eran líderes de movimiento y 16 "institucionales". En ambos bandos la participación de las mujeres fue minoritaria (cuatro y cinco en cada uno), lo que indica claramente la misma situación de la mujer en ellos.

Por fin, el MDTE triunfó en forma aplastante sobre las fuerzas oficialistas. En el XIX Congreso Extraordinario realizado el 18 de julio se eligió por aclamación a la planilla "17 de Abril" del movimiento, ya que los "institucionales" no tuvieron capacidad para formar una (Peláez, s.f.). En el nuevo comité fue visible la inclusión de muchos de los miembros que habían estado en la comisión ejecutiva, sólo que creció el número de mujeres: 13 maestras y educadoras se hicieron cargo de puestos de dirección, que en total son 33. A la secretaría general llegó un profesor.

De esta manera, la experiencia de la participación de las mujeres en el movimiento magisterial de la sección 9 puede resumirse en dos posiciones opuestas. Una, pesimista, apuntaría a la debilidad, sometimiento y opresión femeninas como causantes de que ellas no estén proporcionalmente representadas en los órganos de gobierno sindical. Así es fácil explicar por qué siendo mayoría las mujeres no accedieron a los puestos de dirección en esa proporción y por qué fue elegido un secretario y no una secretaria general. La otra posición, que aquí se asume, vería la anterior explicación como parte de una más amplia que debería considerar las particularidades del ser femenino y las motivaciones que involucran su probable rechazo a participar en la violencia de la lucha por el poder.

Además, esta posición indudablemente optimista enfatizaría el hecho de que el movimiento, en el que las maestras y educadoras pudieron expresarse democráticamente, fue capaz de impulsar la acción político-sindical de las mujeres en tres formas: masivamente en las movilizaciones, mayoritariamente en los cargos de representación directa en escuelas y zonas escolares y, por último, en el aumento considerable del número de mujeres en puestos de dirección hasta llegar a representar casi 40% en el comité seccional. Y todo ello bajo las condiciones de la democracia y en una sección y

[10] *La Jornada*, 13-V-89, p. 24. Véase cronología anexa.

un sindicato donde había sido tradicional la falta de respeto al sexo femenino, al punto de que cualquier ascenso de mujeres era atribuido al sometimiento político y no pocas veces al favor sexual. En este sentido, el movimiento coadyuvó a legitimar la acción política de las mujeres.

Siguiendo la lógica de la segunda posición, ahora el papel de dirigentes reales corresponde también a las maestras y educadoras y será su forma de hacer política -y, desde luego el desarrollo del proceso de democratización en la sección 9- la que delimite mayores espacios para sus compañeras de género.[11]

Enemigos y aliados

Por el desgaste del corporativismo sindical, que en el SNTE tenía a uno de sus más claros exponentes, el enemigo del movimiento magisterial en la sección 9, ya sólo conservaba fuerte a uno de sus frentes; éste era el gobierno, a través de sus altas representaciones en la SEP. El otro, el charrismo magisterial encabezado por Carlos Jonguitud estaba muy debilitado por la política salinista de modernización en los sindicatos y por su pérdida de prestigio frente a la base. No podía ser enemigo peligroso del movimiento el tipo de líderes que, como Serafín Ramírez, secretario general de la sección 9 depuesto en mayo, había perdido en las últimas elecciones políticas la curul que se le asignaba al cacicazgo vanguardista en el DF y ya no tenía ninguna capacidad para resolver sus demandas económicas.

Eso no quiere decir que el vanguardismo estuviera aniquilado. En la mayor parte de las secciones sobrevive a pesar de su formal desaparición una vez que llegó Elba Esther Gordillo a la dirección del SNTE. Los dirigentes de los ahora "institucionales" fueron y son los enemigos del movimiento magisterial porque ellos personifican la perversión de la alianza entre un Estado que ya dejó de ser benefactor y los líderes que representan sus intereses, cualesquiera que éstos sean, y no los de la base trabajadora.

Esta doble cara del enemigo impulsó durante muchos años el enfrentamiento entre los propios maestros de la base y creó, en parte, las condiciones para su desmovilización en la sección 9. No obstante, siempre fueron secundarias las contradicciones entre los maestros vanguardistas de base y sus compañeros, y aun las habidas entre las autoridades menores, como las y los directores e inspectores con las educadoras y maestros; contradicciones secun-

[11] Las lideresas entrevistadas son absolutamente conscientes de las dificultades y el compromiso que tienen.

darias ya que todos son sindicalizados y en el fondo comparten como tales los objetivos de aspirar a mejorar sus condiciones materiales de existencia y de trabajo. Por eso en esta coyuntura alejaron el enfrentamiento y constituyeron una alianza. Porque este movimiento debe entenderse en cierta medida como la reconstitución de la alianza entre los propios trabajadores de la educación en el DF, que obligó a vanguardistas y no vanguardistas a luchar contra su enemigo común: la política neoliberal del gobierno que hizo que sus salarios se vinieran abajo.

Otros enemigos fueron algunos medios masivos de comunicación que como la radio y señaladamente el monopolio privado de la televisión, trataron de manipular la información alrededor del movimiento.

Al fin, debe decirse que sin representar mucho peligro, los miembros del Partido Popular Socialista con posiciones en la burocracia del SNTE actuaron en contra del movimiento, y su corriente sindical, el Frente Revolucionario de Unidad Magisterial, públicamente exhibió su desacuerdo con los maestros y educadoras movilizados así como su incomprensión ante la crisis del corporativismo mexicano.

De esta manera, las movilizaciones de educadoras y maestras en la etapa de enero a julio de 1989 encontraron obstáculos salvables y miles de aliados en la lucha por la consecución de sus demandas. De estos aliados, hay que resaltar la cobertura tan amplia que dieron al magisterio de la Sección 9 los trabajadores de la educación de las secciones 10 y 11 –movilizadas también en ese momento–, los sindicatos independientes y la casi totalidad de los partidos políticos.

La sociedad capitalina se volcó casi por entero a brindar su solidaridad al magisterio. Algunos sectores, como los sindicatos universitarios y el Consejo Estudiantil Universitario, presionaron incluso con paros de labores para la solución de sus demandas, pero puede afirmarse que muchos trabajadores y ciudadanos se movilizaron por su cuenta en las marchas y mítines magisteriales y dieron aportaciones económicas para sostener el movimiento.

No obstante, para las educadoras de jardines de niños y los maestros y maestras de primaria y de escuelas especiales, los aliados principales y más importantes fueron los padres de familia. Separados por largos años a causa del autoritarismo de la gestión educativa, que impone severas restricciones a la participación de los padres en cualquier decisión escolar y los trata de confinar al aislamiento respecto de la escuela o a una función meramente de trámite en las llamadas sociedades de padres de familia, lograron ahora estrechar su relación e identificarse con la meta de una mejor educación para los niños. Ellas –porque es fundamentalmente una relación entre mujeres madres y maestras– fueron aliadas irreductibles en esta etapa y emprendieron muchas acciones en forma conjunta.

Esta solidaridad entre mujeres fue todavía más evidente en las familias de las maestras y educadoras. Las tareas domésticas que de todas maneras cumplen las trabajadoras del magisterio tuvieron que pasar a las manos de las madres, las hermanas y, en muchos casos, de las abuelas de las actrices de este movimiento.[12] Como la mayoría de las maestras son madres,[13] la responsabilidad de los hijos fue cedida y adoptada por las mujeres de la familia y, así, las maestras pudieron resolver un problema que por mucho tiempo fue pretexto válido para no participar sindicalmente y que la fortaleza de este movimiento hizo que se solucionara con las mejores aliadas de las mujeres en tiempos de crisis: las mismas mujeres.

Mas no sería justo dejar de reconocer la valiosa ayuda aportada por los esposos y novios de las actrices de este movimiento, en especial de aquellos que también eran maestros y participantes en las movilizaciones. Si bien es cierto que, como pasa en el auge de los movimientos sociales, hubo conflictos entre las parejas que concluyeron en el divorcio o la separación, un rasgo digno de destacarse fue su opuesto: muchas relaciones de tipo amoroso, sobre todo entre maestros, fueron afianzadas al calor de las acciones reivindicativas.[14]

Formas de lucha

Lenin (1975: 235-236) decía que no hay una forma determinada de lucha, sino que el movimiento "da origen a métodos de defensa y ataque más nuevos y diversos cada día", y que las formas de lucha corresponden a la situación histórica concreta en que se dan, esto es, que en ellas influyen tanto los diversos momentos de evolución económica como las diferentes condiciones políticas, las costumbres, la cultura nacional, etc. Ahora bien, las formas de lucha son la aplicación de una táctica concreta y, por tanto, es el método de utilización de los recursos de un movimiento cuya combinación depende de su estrategia,

[12] Entrevista con la maestra Leticia Ramírez, secretaria de Organización de la Dirección 3 en el Comité Ejecutivo de la sección 9 y única mujer en la comisión negociadora del conflicto (27-IV-90).

[13] De acuerdo con los resultados de la Encuesta a Maestros de Primaria del Distrito Federal realizada en 1986 (Valdés, 1986), son casadas el 57.3% de las maestras de primaria (dato muy sesgado, como se verá más adelante) y 58.3% son madres.

[14] Entrevista con la maestra Gloria Hernández, maestra de base y antigua simpatizante vanguardista (18-V-90).

es decir, de sus objetivos. Como en el movimiento de la sección 9 los objetivos eran estrictamente reivindicativos, sindicales, la táctica seguida a lo largo de la lucha usó de esta suerte de recursos propiamente sindicales en una combinación que permitió logros significativos al planteamiento de sus demandas.

De acuerdo con su estrategia, que consistía en la reivindicación salarial y por la democracia en el sindicato, la táctica tuvo dos variantes. De un lado la realización de acciones donde se movilizaron las y los maestros de base, y de otro la negociación entre los líderes del movimiento con la dirección oficialista y con la parte patronal, representada por los funcionarios del Estado en la SEP.

La táctica de los líderes oficialistas consiste fundamentalmente en la negociación con el Estado sin el consentimiento de las y los maestros de base y se fundamenta en una estrategia que tiene como objetivo más importante controlar las demandas de los trabajadores, y a la vez lograr posiciones en el sistema político. Frente a ella, la táctica de la movilización de las bases utilizada por el movimiento fue la más adecuada. Sin embargo, la propia dinámica del movimiento hizo necesaria también la negociación (un tipo de negociación diferente a la del CEN del SNTE porque se apoyaba en la movilización de los trabajadores) como una alternativa táctica complementaria para la solución del conflicto.

Puede afirmarse que como sucedió antes en la CNTE, durante el auge de la insurgencia magisterial en la que los trabajadores rescataron las secciones de Chiapas y Oaxaca, el movimiento en la sección 9 obtuvo victorias debido a la aplicación de estas variantes tácticas en el momento oportuno, es decir, privilegiando la adecuada para la consecución de los objetivos de la lucha (Valdés, 1986: 174).

Así pues, las educadoras y maestras de la sección 9 utilizaron diferentes formas de lucha para encontrar solución a sus demandas, lo que se tradujo en acciones concretas. Muchas formas de lucha fueron las tradicionales del movimiento magisterial en México como el paro de labores, la reunión informativa con los padres de familia, las marchas o manifestaciones, la colocación de mantas en las escuelas y en los mítines. Otras, no empleadas por el movimiento magisterial sino hasta la insurgencia de 1979-1983, pero que son patrimonio del movimiento sindical en México, fueron usadas en 1989 por las educadoras y maestras de la sección 9. De esa manera, también formaron brigadas de información, "botearon" en las calles, universidades y centros de trabajo y estallaron una huelga.

A pesar de que los estatutos del SNTE casi anulan en la práctica el ejercicio constitucional de huelga debido a que las secciones necesitan la autorización del Comité Ejecutivo Nacional para declararla y porque además se le brinda a éste un plazo de treinta días para resolver si se declara o no,[15] las y los maestros del DF se lanzaron a lo que llamaron "paro indefinido de labores", que en los hechos fue una huelga. Del 24 de abril al 12 de mayo de 1989, el magisterio capitalino de educación básica recuperó una forma de lucha que él mismo fundó en el SNTE a fines de los cincuenta, y que desde entonces no empleaba.

Aunque la huelga fue muy efectiva y pudo implantarse por muchas causas, entre ellas la debilidad de los enemigos del movimiento y su propia fortaleza, a las maestras y educadoras les parecían mejores las marchas porque pensaban que mediante ellas difundían más ampliamente los objetivos de su movimiento entre la población.[16] Ciertamente las marchas magisteriales de la sección 9 fueron muchas y abarcaron decenas de kilómetros de la ciudad para confluir la mayor parte de las veces en el Zócalo. Por el contrario, a las maestras y educadoras de esta sección no les gustan los "plantones", forma de lucha inaugurada por los maestros oaxaqueños en 1980 que consiste en instalar una especie de campamento frente a las oficinas de las autoridades sindicales o del gobierno. Tal vez, porque ellas tienen su residencia en la capital consideran incómodo el plantón, pero otro motivo es que consideran indigno el hacinamiento y la basura, o de plano no conciben dormir en el suelo y en la calle. Como quiera que sea, el plantón es una forma de lucha que en la sección 9 y en esta coyuntura no funcionó.[17]

Así, en las marchas fue donde se constató un elemento central de este movimiento que es el que se refiere a la presencia femenina y a sus peculiaridades, relacionadas asimismo con la labor que desempeñan las maestras y educadoras. Había mucha alegría, que se expresaba en coros infantiles y en consignas festivas que de ningún modo manejaban el insulto o la grosería porque las educadoras y maestras vigilaron especialmente que no se dieran.[18] Hubo música y bailes, caras bonitas y rondas escolares. Ahí estaban las maestras.

Haciendo empanadas y otros alimentos para venderlos y obtener fondos destinados al movimiento, organizando las reuniones con los padres de familia, participando en las asambleas, las marchas y mítines callejeros, durante la huelga las maestras combinaron

[15] SNTE (1979: 174).

[16] Entrevista con la maestra Gloria Hernández (18-V-90).

[17] Entrevista con la maestra Hortensia Telésforo, secretaria de Actas y Acuerdos del Comité Ejecutivo de la sección 9 (5-IV-90).

[18] Según la maestra Gloria Hernández, "hubo ocasiones en que los compañeros elaboraban sus consignas y nosotras éramos algo así como la censura" (18-V-90).

formas de lucha que las llevaron a solucionar sus demandas, así fuera parcial e insuficientemente.

Demandas

Las demandas son la expresión de los objetivos de un movimiento. No es fácil que las demandas se formulen claramente si existen dudas sobre lo que se quiere lograr, por ello es que este componente de los movimientos sociales es fundamental para definir sus rasgos.

Evidentemente, los maestros de educación básica han sido siempre un sector de trabajadores muy mal remunerado y así se explica que las demandas salariales hayan brotado en muchas secciones del país cuando los efectos de la crisis se hicieron patentes. Pero de igual forma es indudable que el movimiento no se ha extendido a todas las secciones, ni ha tenido la misma fuerza en las diferentes secciones donde se ha desencadenado. Esto sucede porque no existe una causalidad lineal entre el deterioro económico y los estallidos sociales.

Entre las educadoras y maestras de la sección 9 era manifiesto el descontento por la devaluación de sus salarios; no obstante, requirieron de algo más que el descontento para expresar sus demandas: necesitaron dirigentes que las plantearan con coherencia, organización y acciones para lograr respuestas positivas y disposición de lucha para conseguirlo. La disposición de lucha es el resultado de una combinación de elementos en los que las necesidades materiales desempeñan un papel importante, pero donde otros de índole distinta (la confianza en el triunfo, la legitimidad de los dirigentes y la seguridad de no encontrarse solos ante los problemas) desempeñan un papel complementario de igual -y a veces mayor- importancia.

Como cualquier otro tipo de lucha, la sindical que se inicia con el planteamiento de demandas no puede inventarse ni decidirse en el vacío (Luxemburgo, 1970: 20). No basta la inconformidad de los trabajadores, en este caso las y los maestros, para darle cuerpo a las demandas en un pliego petitorio; en este sentido, la participación del magisterio de la Sección 9 fue espontánea según la concepción de Lenin de la espontaneidad como la "*forma embrionaria* de lo consciente" (1975b: 27) y a través de ella se concretó un proceso de insurgencia magisterial iniciado en 1979, en el que cristalizaron inconformidades y solidaridades de la sociedad mexicana en su conjunto.

De este modo, si bien el detonante final para el estallido del movimiento en la sección 9 fue el descenso de los salarios reales, también se presentaron circunstancias especiales y favorables para que irrumpiera la participación masiva de la base en el DF. Algunas de estas circunstancias, mencionadas por las maestras entrevistadas, fueron la organización y solidaridad de la sociedad civil desde los sismos de 1985 y durante las elecciones presidenciales de 1988, la visible separación entre dirigentes y dirigidos en la sección y la nueva actitud de las educadoras y maestras ante sus bajos salarios y su condición laboral.

Las demandas planteadas por las maestras y educadoras de la sección 9 pueden caracterizarse como típicamente sindicales, ya que tienen ese contenido las demandas de aumento salarial en un ciento por ciento y el cambio de dirigentes en la sección. Los argumentos para sostenerlas impactaron a la opinión pública. De 1973 a 1988, años en que se enseñoreó el vanguardismo del SNTE, los salarios de las maestras y educadoras del DF cayeron en casi un 50% (Arriaga, 1989) y sus prestaciones fueron restringidas; por otra parte, el descrédito de Carlos Jonguitud y su grupo era tan generalizado que ya nadie dudaba de su ilegitimidad cuando las trabajadoras denunciaron sus maniobras para controlar los congresos y las irregularidades infinitas en la vida sindical. Al propio discurso modernizador del gobierno llegó a estorbarle este liderazgo.

A los de por sí bajos salarios magisteriales, se sumaba el hecho de que, en contra de una idea muy extendida, los ingresos de las mujeres en esta sección son fundamentales en sus hogares. En la coyuntura crítica que se analiza afloró la realidad por mucho tiempo encubierta de que un buen número de ellas son madres solteras, divorciadas o separadas de sus cónyuges y por tanto son responsables directas de sus familias.[19]

Al principio del movimiento había muchas demandas, pero el magisterio de la sección 9 entendió que tenía que concretarse a las más urgentes, que de alguna manera resolverían algunas de las demás. Incluso la demanda de democracia sindical fue levantada en ese sentido: buscar nuevos dirigentes que lucharan por intereses económicos de sus representados y lograr que el gobierno y los líderes nacionales del sindicato respetaran su decisión.

Entre algunas de las demandas secundarias sobresalían las planteadas por las mujeres maestras y educadoras que se vinculaban invariablemente con los procesos derivados de la maternidad (guarderías infantiles, periodos de lactancia, asistencia médica adecuada en el parto, etc.), pero las maestras y educadoras no formularon demandas de género. Aunque muchas dijeron que el

[19] Las entrevistadas coincidieron en que muchas maestras no dicen la verdad acerca de su situación personal, pero durante el movimiento se descubrió que solas afrontaban los gastos de sus familias.

movimiento "las hizo ser, encontrarse a sí mismas y tener una razón de vivir",[20] lo cierto es que después de casi tres décadas de inmovilización lograron identificarse como asalariadas, mas no como mujeres.

Según las lideresas entrevistadas, la gran mayoría de las maestras y educadoras son muy conservadoras y ello hace que al tiempo que están conscientes de la subordinación femenina, no asuman posiciones feministas para resolver ese problema. A pesar de que el hostigamiento y la discriminación sexuales, por ejemplo, sean frecuentes en las relaciones laborales y sindicales, simplemente no han llegado a planteárselos como problemas generales de su género que puedan formularse en demandas específicas.

La verdad es que la asunción de sus derechos como trabajadoras y el inicio de su participación político-sindical son pasos importantes para el avance en la solución de los problemas de género entre las maestras y educadoras. Además, uno de los logros del movimiento de la Sección 9 es que por lo menos en el nivel de la dirigencia femenina elegida después de su triunfo ya se está reflexionando sobre los problemas de las mujeres, más allá de los ligados a la maternidad. Resultado de esta nueva situación son las acciones que han impulsado, tales como el encuentro sindical que con las electricistas y otras trabajadoras se realizó el 8 de marzo de 1990, en el que participaron alrededor de 500 mujeres de la sección.[21] Así pues, el proceso de democratización en su sección sindical ha servido a las maestras y educadoras para empezar la lucha por sus otros y vitales intereses.

Conclusiones

La participación política de las mujeres en México se complica aún más en el ámbito sindical debido a que no sólo se enfrentan a las restricciones impuestas a su género. Aquí tienen que saltar los límites que el corporativismo ha señalado a las organizaciones de trabajadores como el SNTE.

En el éxito del movimiento de las maestras y educadoras del Distrito Federal ciertamente influyó el notorio debilitamiento del corporativismo en el sindicato. Carlos Jonguitud y su Vanguardia Revolucionaria se habían convertido en un obstáculo para el plan modernizador del régimen salinista después de haber

[20] Entrevista con la maestra Ana Rosa González (5-IV-90).
[21] Entrevista con la maestra Leticia Ramírez (27-IV-90).

sido, en el pasado, un pilar político gubernamental. Sin embargo, además de eso se dieron una serie de circunstancias en la vida política nacional y en la capital que impulsaron la acción de las y los trabajadores.

Desde los sismos de 1985 hasta 1988, año de la sucesión presidencial, se fue configurando un proceso en el que se conjugaron fenómenos económicos y políticos para producir la rebelión de las mujeres de la sección 9. La combinación de los efectos de la crisis en los salarios magisteriales con los cambios políticos que se reflejaron en los fracasos electorales del partido oficial, la crisis de legitimación del gobierno y una nueva organización de la sociedad civil, alentaron la concientización de las maestras y educadoras.

Apenas iniciado el sexenio presidencial de 1988-1994, en la sección 9 empezó a mostrarse un fuerte descontento que venía directamente desde la base y que abarcó a la casi totalidad de sus miembros. Ya no sólo protestaban las y los maestros y educadoras, sino que se unieron a ellos cuadros bajos de la burocracia educativa como los directores e inspectores, borrando de esta manera antagonismos secundarios gracias a los cuales funcionaban los mecanismos de control en el sindicato.

La inconformidad de las educadoras y maestras fue canalizada hacia la consecución de objetivos claramente sindicales, esto es, ellas querían incrementar sus devaluados salarios y remover la dirigencia tradicional de los vanguardistas.

Por otra parte, era lógico que las trabajadoras de esta sección no quisieran saber más del grupo vanguardista. Ese liderazgo estaba sumamente desprestigiado por su poco poder de gestión económica y también a causa de que su principal dirigente seccional perdió la diputación priista frente a la oposición. La separación entre los líderes y la base llegó a ser casi completa y fue inevitable que la demanda de aumento salarial empujara asimismo la exigencia de democracia sindical.

Estas dos demandas fueron enarboladas por el magisterio de diversos lugares de la República a partir de la constitución de la CNTE, diez años atrás. Pero en todo ese lapso había sido escasa la participación de la sección 9 en ese organismo porque se le veía como una organización de los maestros de provincia, aunque básicamente porque no surgió de un movimiento propio. Las maestras y educadoras del Distrito Federal constituyeron el Movimiento Democrático de Trabajadores de la Educación, que se fue conformando durante las movilizaciones realizadas entre enero y julio de 1989 y que se diluiría en el momento en que ganaron la dirección de las instancias formales del sindicato. Solamente después de largas discusiones en que los antiguos militantes de las corrientes de izquierda resaltaron la importancia de vincular las acciones con la CNTE, fue que se obtuvo el consentimiento mayoritario para participar con ella.

El papel de las mujeres en este movimiento fue relevante en muchos sentidos. No nada más eran franca mayoría en los contingentes magisteriales de la huelga, las marchas y los mítines. Más allá de simplemente estar presentes, envolvieron con un estilo femenino la manera en que se llevaron a cabo las acciones. Las consignas, las formas de lucha y hasta el tipo de alianzas tuvieron como sello la figura de las mujeres.

No obstante su gran participación, las mujeres de la sección 9 no quedaron representadas en los órganos del gobierno sindical con la misma proporción que tienen en la base. Aunque en los niveles inferiores de la jerarquía del sindicato (como delegadas o representantes de escuela) ahora sí es considerable la tarea de muchas maestras y educadoras, en los puestos de decisión y poder son todavía muy pocas. La explicación inmediata es que ellas son más pasivas que los varones y que por eso no se comprometen en puestos que requieren de mayor entrega y compromiso por miedo u otros motivos. La vieja opresión que sufren las mujeres sería el argumento último de esta tesis.

Otra vía de reflexión intentaría plantear que el ser mujer, con todas las particularidades que esto atañe, significa también otra forma de concebir la influencia en el entorno social. Las maestras y educadoras tienen un mundo propio que las ubica como asalariadas en la escuela y en la comunidad en la que trabajan, pero que adicionalmente las lleva a desempeñar actividades que les producen satisfacción y a la vez les dan un poder que quizá no necesita de puestos sindicales. Estos espacios o campos de acción de las maestras tienen que ver con su propio trabajo en las aulas, en la relación frecuentemente estrecha con los padres de familia por encima de las trabas interpuestas por la burocracia educativa y en el revalorado prestigio de su profesión alcanzado después del movimiento.

Por lo demás, el movimiento en la sección 9 redituó a las mujeres algo más que la revaloración personal y profesional. Una vez obtenido el triunfo sobre los restos del vanguardismo, se ha formado un grupo de lideresas que ocupan una gran parte de los puestos sindicales y muchas más ya se dedican profesionalmente al trabajo político sindical. Puesto que en la fase del movimiento en que se eligieron, la consulta a la base era permanente, todas estas mujeres asumieron sus cargos como resultado de la lucha y de las prácticas democráticas conseguidas. Ya no pesa sobre ellas la sospecha de que son promovidas por otros méritos fuera de los políticos, de la que no escapó siquiera la actual secretaria general del SNTE.

Así, a pesar de que en sus objetivos el movimiento nunca se planteó la reivindicación de los derechos del género femenino, las consecuencias del mismo deben verse como un avance en la conciencia de estas mujeres por conquistarlos y además como un paso adelante en su formación como dirigentes reales.

APÉNDICE

CRONOLOGÍA DEL MOVIMIENTO: 1989

Enero 10: marcha-mitin de la Normal Superior a los edificios de la SEP y el SNTE. Convoca una Comisión Coordinadora Central de los Trabajadores de la Educación del DF, secciones 9, 10, 11 y 36 (Valle de México) (volante s/f).
Enero 30: paro de labores convocado por la CNTE en doce estados de la República. Sus demandas son 100% de aumento salarial, democracia en el SNTE y esclarecimiento de 80 asesinatos de profesores desde 1980 (volante s/f).
Febrero 7: delegados democráticos de 46 zonas escolares al XVIII Congreso Extraordinario de la sección 9 rechazan a Vanguardia Revolucionaria y denuncian que en 1981 ganaban un sueldo 3.3 veces superior al salario mínimo y ahora apenas perciben 1.3 veces. Presentan un pliego de demandas (*La Jornada*, 7-II-89, p. 20).
Febrero 8: se inicia el XVIII Congreso Extraordinario de la sección 9 y paran miles de maestros para apoyar a sus representantes a fin de resolver sus demandas (volante s/f).
Febrero 10: en el XVIII Congreso –que elige delegados al XV Congreso Nacional del SNTE a realizarse en Chetumal– 96 delegados deciden constituirse en Congreso Permanente debido a las irregularidades y antidemocracia existentes. Llaman a que el día 11 se reúnan en el Sindicato de Costureras los representantes elegidos en asambleas por escuela. Convocan a un paro y marcha para el día 15, debiendo concentrarse en el Zócalo a la una de la tarde (*La Jornada*, 10-II-89, p. 8).
Febrero 16: desplegado firmado por "Maestros y Delegados Democráticos de la sección 9". Anuncian como un éxito el paro del día anterior. Citan a una reunión en el Sindicato de Costureras para el día 18. Su consigna final es: "¡Escuela por escuela, zona por zona, el maestro exige a diario democracia y más salario!", la que ya no abandonarán después (*La Jornada*, 16-II-89, p. 32).
Febrero 18: los maestros y delegados democráticos de la sección 9 acuerdan realizar un paro de 48 horas los días 22 y 23 de febrero, hacer una marcha plantón de la Escuela Nacional de Maestros al

Zócalo el día 22 y convocar a un Congreso de Representantes Democráticos de Escuelas y Zonas en el Auditorio Nacional el 23, manteniendo el plantón mientras dure el Congreso (*La Jornada*, 21-II-89, p. 16).
Febrero 21: desplegado de la CNTE. Llama a la marcha del día 22 y pide la salida del SNTE de Carlos Jonguitud y de Vanguardia Revolucionaria (La Jornada, 21-II-89, p. 28).
Febrero 22: gran marcha por la democracia sindical y 100% de aumento salarial que llega al Zócalo.
Febrero 23: se lleva a cabo en el Auditorio Nacional el Congreso Democrático de la sección 9 en el que participan delegados elegidos en las escuelas. Piden 100% de aumento salarial y democracia sindical (La Jornada, 24-II-89, p. 8).

La SEP condena el paro y anuncia que informará a los maestros de la entrega de un pliego petitorio por parte de la representación sindical y de la integración de la Comisión Bipartita de Análisis y Resolución, en sesión permanente (*Excelsior*, 23-II-89, p. 27-A).
Marzo 5: Asamblea Nacional de la CNTE. Convoca a un paro nacional para el día 7 de marzo. Por primera vez, firma la Asamblea de Representantes de la Sección 9 (*La Jornada*, 6-II-89, p. 14).
Marzo 6: desplegado de la CNTE. Anuncia el paro nacional de 24 horas por 100% de aumento salarial, democracia sindical, solución a las demandas laborales, mejores prestaciones y en defensa de la educación pública. Afirma que Vanguardia no abarca el 20% de los trabajadores de la zona metropolitana. Firman la Asamblea de Representantes de la Sección 9 y representantes de 21 estados de la República (*Unomásuno*, 6-III-89, p. 14).
Marzo 7: más de 200 mil maestros llenan el Zócalo. Gran participación de las educadoras de preescolar; también participan directores e inspectores. Se quedan en plantón hasta las ocho de la noche (*La Unidad*, 12-III-89).
Abril 6: la Comisión Permanente de la CNTE convoca a una Asamblea Nacional Extraordinaria para el día 9 en el DF; en ella preparará el paro indefinido de labores y la Jornada Nacional de Lucha, a partir del 17 de abril, para la solución de sus demandas. Pide sacar a Jonguitud y repudiar a Vanguardia (*La Jornada*, 6-III-89, p. 6).
Abril 14: en editorial, *Unomásuno* pide romper con el cacicazgo de Jonguitud para poder resolver el conflicto magisterial (*Unomásuno*, 14-IV-89, p. 3).
Abril 15: la sección 9 repudia el 10% de aumento al salario base para el magisterio anunciado por la SEP. Se prepara para el paro indefinido y convoca al Pleno de Representantes de Zona. Firma la Dirección Colectiva del Movimiento Democrático de Trabajadores de la Educación de la Sección 9 del SNTE (*La Jornada*, 15-IV-89, p. 33).

Abril 17: la Asamblea Nacional representativa de la CNTE anuncia el paro indefinido de labores y llama al pueblo a apoyarlo. Suscriben representantes de 25 secciones del SNTE y maestros de 16 estados de la República (*La Jornada*, 17-IV-89, p. 8).

La Dirección Colectiva del MDTE de la sección 9 hace un desglose del aumento concedido por la SEP y concluye que es ridículo. Señala: "Nuestro movimiento aspira a transformar radicalmente la vida sindical. Buscamos acabar con los compadrazgos, amiguismos y corrupción en el otorgamiento de préstamos, viviendas, créditos y demás prestaciones. Reivindicamos la participación constante de los maestros en la toma de decisiones, requerimos de asambleas de escuela y zona donde no solamente se elijan representantes sino se discuta y participe en forma cotidiana sobre los problemas que afectan a la educación y al magisterio". Rechazan la propuesta de VR de integrar una Comisión Ejecutiva. Su propuesta es: "exigimos fechas precisas para la celebración de un congreso Seccional Extraordinario y de asambleas donde se renueven los comités ejecutivos delegacionales". Fijan las tareas a realizar en el paro (*La Jornada*, 17-IV-89, p. 40).

Abril 19: marcha magisterial del Monumento a la Revolución al Zócalo. Apoya el CEU y el STUNAM, así como muchas otras organizaciones y el pueblo en general (volante s/f).

Abril 20: en su editorial, *Excelsior* pide la salida de Carlos Jonguitud.

Abril 21: *Unomásuno* afirma en un editorial que la Sección 9 agrupa al 60% de los afiliados del SNTE en el DF.

El Frente Revolucionario de Unidad Magisterial (FRUM) publica un desplegado en *Excelsior* contra el movimiento.

Desplegado de apoyo del Movimiento Revolucionario del Magisterio a la lucha magisterial.

Abril 22: la CNTE convoca para hoy al Segundo Foro de Solidaridad con su lucha en el auditorio del SUTIN.

Abril 23: Asamblea Nacional representativa de la CNTE en el auditorio de Filosofía y Letras de la UNAM.

Renuncia Carlos Jonguitud como líder único del SNTE. En su editorial, *La Jornada* señala que bajo su liderazgo el SNTE llegó a ser sinónimo de atraso, autoritarismo, corrupción y sus secuelas bárbaras en la educación de la niñez. Dice que sin embargo "permanece intacta la estructura vertical y caciquil" (*La Jornada*, 24-IV-89, p. 2).

Elba Esther Gordillo asume la secretaría general del CEN del SNTE apoyada por el XVI Consejo Nacional Extraordinario que se reunió a toda prisa después de la renuncia de Refugio Araujo del Ángel (Peláez, *Diez años de luchas magisteriales*, inédito).

Abril 24: marcha nacional de la CNTE. Más de 300 mil manifestantes se concentran en el Zócalo. La sección 9 llega en columnas que vienen del metro Tasqueña, el Auditorio Nacional, Indios Verdes y el Caballito de Zaragoza (Peláez: 242).

Desplegado de la CNTE. Afirma ser mayoría en las secciones 9, 10, 11, 22 y 36 y que no permitirá soluciones parciales sino globales al movimiento, aludiendo a las intenciones de solucionar solamente el conflicto en la sección 9. Proclama su alegría por la renuncia de Jonguitud a seguir siendo líder vitalicio, pero dice que eso no es todo ni lo principal. Pide juicio y acción penal. Anuncia el Primer Congreso Nacional Democrático del SNTE. Firman las secciones 9, 10 y 11 del DF y 29 estados de la República (*La Jornada*, 24-IV-89, p. 14).

Abril 26: paro solidario del CEU y el STUNAM por 24 horas.

Abril 27: concentraciones en las cuatro direcciones generales de educación primaria en el DF.

Abril 28: Pleno de Representantes de Escuela.

La dirección colectiva del MDTE de la sección 9, en un desplegado con el título "¡Jonguitud cayó, la lucha continúa!", manifiesta que no reconocerá a Elba Esther Gordillo en la secretaría general del SNTE y califica de ilegítima su gestión hasta que se realice un Congreso Nacional Extraordinario para elegir a los dirigentes. Señala que el 25% ofrecido por la SEP no aclara si es al sueldo base y que respecto de la realización de asambleas de los comités delegacionales y del cambio del comité ejecutivo no ha dicho nada. Ratifica su apoyo a las demás secciones en lucha y su acuerdo con la negociación global. Continúa el paro después de once días (*La Jornada*, 28-IV-89, p. 32).

Abril 30: el MDTE de la sección 9 llama a celebrar el primero de mayo. Rechaza la solución propuesta por la SEP (*La Jornada*, 30-IV-89, p. 16).

Mayo 1: el CEN del SNTE no convoca al desfile oficial del primero de mayo. La sección 9 y las secciones en lucha llevan a cabo una gran marcha con los sindicatos independientes. Colman el Zócalo cuando ya ha concluido el acto oficial (*La Jornada*, 2-V-89, p. 46).

Mayo 2: la dirección colectiva del MDTE de la sección 9, anuncia que el paro continúa y que a partir de hoy se instalará un plantón permanente frente a la SEP. Llama a realizar asambleas con los padres de familia para explicarles el rechazo al 25% debido a su insuficiencia. Rechaza la propuesta del CEN de integrar la Comisión Ejecutiva que sustituirá al comité de la sección con 17 miembros de cada corriente, con la presidencia para la oficial. El Pleno de Representantes de Escuela propone Comisión Ejecutiva con mayoría y presidencia para el MDTE (*La Jornada*, 2-V-89, p. 46).

Mayo 3: mitin de protesta de la sección 9 frente a Televisa por su campaña de manipulación informativa (*ibid.*)

Mayo 4: marcha nacional del movimiento magisterial del Zócalo a Los Pinos (iIbid.)
Mayo 5: Pleno de Representantes de Escuelas para analizar el consenso por escrito levantado en cada escuela. (*Ibid*).
Mayo 9: el CEN del SNTE y el MDTE de la sección 9 firman un convenio para realizar asambleas por zona que elegirán los comités ejecutivos delegacionales (*La Jornada*, 18-VI-89, p. 16).
Mayo 10: Pleno de Representantes de Escuela en el Teatro del Pueblo para discutir los criterios y mecanismos para elegir a los 17 miembros democráticos de la Comisión Ejecutiva. También se informará sobre los acuerdos en la CNTE respecto de las condiciones para el levantamiento del paro nacional (*La Jornada*, 10-V-89, p. 16).
Mayo 12: termina el paro indefinido (*La Jornada*, 13-V-89, p. 26).
Mayo 13: la dirección colectiva del MDTE de la sección 9 anuncia que el Pleno de Representantes de Escuela elegirá este día a los 17 miembros de la Comisión Ejecutiva que sustituirá al actual Comité Seccional en el Teatro de la Juventud (*La Jornada*, 13-V-89, p. 24).
Junio 2: maestros del MDTE de la sección 9 informan que se logró el desconocimiento del comité seccional vanguardista de Serafín Ramírez, la instalación de una comisión ejecutiva con mayoría democrática y la convocatoria para el XIX Congreso Extraordinario en la sección (*La Jornada*, 2-VI-89, p. 30).
Junio 14: la Comisión Ejecutiva de la sección 9 señala que en uso de sus facultades estatutarias, será ella quien suscriba, signe y expida los términos de la convocatoria para la realización de asambleas delegacionales este día. Acuerda la integración inmediata de la Comisión Paritaria de Vigilancia, conforme a la minuta de negociaciones. Firman 16 miembros de cada corriente, "institucionales" y "democráticos", con la presidencia de estos últimos. Son mujeres, cuatro y cinco miembros, respectivamente (*Excelsior*, 15-VI-89, p. 29-A).

La Comisión Ejecutiva de la sección 9 convoca a los trabajadores de las delegaciones a las asambleas extraordinarias para el día 19 de junio a fin de elegir, renovar o restructurar en su caso los comités ejecutivos delegacionales (*La Jornada*, 15-VI-89, p. 32).

Paro de labores en la sección 9 para hacer respetar la soberanía de las asambleas delegacionales al decidir sobre mecanismos de votación y elección (*La Jornada*, 16-VI-89, p. 40).
Junio 16: el presidente de la Comisión Ejecutiva y tres miembros democráticos, incluida la secretaria de Educación Preescolar, denuncian maniobras de algunos "institucionales" de la misma comisión para entorpecer la realización de las asambleas delegacionales. Anuncian preparativos para las asambleas (*La Jornada*, 16-VI-89, p. 40).

Junio 18: la Comisión Ejecutiva denuncia que algunas autoridades educativas, principalmente de la dirección 3, tratan de boicotear las asambleas delegacionales (*La Jornada*, 18-VI-89, p. 16).

Miembros "institucionales" de la Comisión Ejecutiva acusan a los "democráticos" de circular la consigna de alterar el orden en las asambleas delegacionales, lanzar injurias contra la dirigencia nacional del SNTE y pretender votaciones por aclamación y no por voto secreto (*Excelsior*, 18-VI-89, p. 38-A).

Asamblea Nacional de la CNTE en la ciudad de México. Acuerda apoyar a la sección 9 en la jornada electoral de mañana y afirma esperar un rotundo triunfo del magisterio democrático. Plantea tareas de tipo nacional (*La Jornada*, 19-VI-89, p. 30).

Junio 19: el MDTE de la sección 9 llama al magisterio capitalino de primarias, preprimarias y escuelas especiales a ganar los comités delegacionales, impulsando el voto directo y secreto como un acuerdo de cada asamblea y no como una imposición del CEN del SNTE. También llama a realizarlas en un ambiente de discusión y respeto que "dará una nueva lección a la sociedad de que los maestros estamos construyendo la democracia que nuestra nación requiere" (*La Jornada*, 19-VI-89, p. 14).

Se llevan a cabo las asambleas delegacionales en la Sección 9. El MDTE obtiene el 98% de los votos (Peláez: 260).

Junio 24: en el auditorio del SUTIN se realiza la I Asamblea de Comités Delegacionales de Prescolar (*ibid.* : 262).

Julio 1: Pleno de Representantes de Escuela de la sección 9 para discutir los criterios y mecanismos de elección de los cuadros que formarán parte del Comité Ejecutivo Seccional (*ibid.* : 263).

Julio 17: se inicia hoy un paro de 48 horas en las secciones 9, 10 y 11 del DF, 22 de Oaxaca y 7 y 40 de Chiapas para vigilar la realización del XIX Congreso Extraordinario de la sección 9 (*ibid.*).

Julio 18: a las 0:50 horas se instala legalmente el XIX Congreso Extraordinario y a las tres de la mañana elige por aclamación a la nueva dirección sindical integrada por los miembros democráticos de la planilla "17 de Abril", única que se presentó. Luego de una marcha, la reunión termina en el Zócalo en la madrugada (*ibid.*: 264).

Julio 22: el Movimiento Democrático de los Trabajadores de la Educación de la sección 9 anuncia su triunfo al arrancar de las manos del charrismo sindical a esta sección. Dicen: "Ahora nos corresponde terminar con las viejas prácticas charriles. Asumimos el compromiso de defender intransigentemente los intereses del magisterio, de consolidar la democracia en nuestra sección y desarrollar el movimiento democrático a nivel nacional" (*La Jornada*, 22-VII-89, p. 8).

BIBLIOGRAFÍA

Arriaga, María de la luz (1989), "La letra con hambre ni se aprende ni se enseña", en *La Jornada*, 4 de marzo de 1989.
Cano, Gabriela (1989), "1919: Las maestras rojas del Distrito Federal", en *Fem*, núm. 78.
Colleti, Lucio (1977), *El marxismo y Hegel*, Grijalbo, México.
Cortina, Regina (1989), "Poder y cultura sindical: la mujer en el Sindicato de Trabajadores de la Educación en el Distrito Federal", en *Trabajo, poder y sexualidad*, PIEM-El Colegio de México.
Fernández, Rubelio (1982), *El auge magisterial de marzo de 1982*, ed. del autor, México.
Habermas, Jugern (1976), "La legitimidad hoy", en *Revista de Occidente*, núm. 9.
Hernández, Luis (1981), *Las luchas magisteriales 1979-1981/(documentos)*, Macehual, México.
Lenin, V.I. (1975a), "La guerra de guerrillas", *Obras Escogidas*, t. 3, Progreso, Moscú.
———,(1975b), "¿Qué hacer?" en *Obras Escogidas*, t. 2, Progreso, Moscú.
Loyo, Aurora (1979), *El movimiento magisterial de 1958 en México*, Era, México.
Lukács, Georg (1969), *Historia y consciencia de clase*, Grijalbo, México.
Luxemburgo, Rosa (1970), *Huelga de masas, partido y sindicatos*, Grijalbo, México.
Martínez, Alicia (1989), Introducción a sección "Mujer y participación política", en *Trabajo, poder y sexualidad*, PIEM-El Colegio de México.
Marx, Carlos (1983), *Manuscritos de 1844*, Cartago, México.
Ontiveros, Manuel (1989), *La lucha del MRM contra los guías inmorales del SNTE (1957-1958)*, Pueblo Nuevo, México.
Peláez, Gerardo (1980), *Insurgencia magisterial*, Edisa, México
——— (1982), "Crisis de Vanguardia Revolucionaria", en suplemento *Página Uno*, núm. 27, *Unomásuno*, 28 de febrero de 1982.
——— (1984), *Las luchas magisteriales de 1956-1960*, ECP, México.
———, *Diez años de luchas magisteriales (1979-1989)*, manuscrito, sin fecha.
Rubin, Gayle (1986), "El tráfico de mujeres: notas sobre la economía política del sexo", *Nueva Antropología*, núm. 30.
Salinas, Samuel y Carlos Ímaz (1984), *Maestros y Estado*, Ed. Línea-UAG-UAZ, México.
Tarrés, Ma. Luisa (1989), "Más allá de lo público y lo privado. Reflexiones sobre la participación social y la política de las mujeres de clase media en Ciudad Satélite", en *Trabajo, poder y sexualidad*, PIEM-El Colegio de México.
Treviño, Ana Helena (1984), *El movimiento magisterial en México: el caso de Morelos 1980-1981*, tesis de maestría, Flacso, México.
Valdés, María Eugenia (1986), *Participación de los maestros de primaria del Distrito Federal en la insurgencia magisterial de 1979-1983*, tesis de maestría, Flacso, México.

MUJER, MAESTRA Y SINDICALISTA

ETELVINA SANDOVAL FLORES
Universidad Pedagógica Nacional

En México, quienes tienen en sus manos la educación primaria son en su mayoría mujeres, mujeres y maestras. Estas mujeres son al mismo tiempo profesionales, trabajadoras asalariadas al servicio del Estado y miembros de un sindicato. Esta triple condición del maestro le da características específicas a su labor: la política institucional de la Secretaría de Educación Pública (SEP) define la orientación particular del trabajo docente y las condiciones en que se realiza. Por su parte, la dirigencia sindical ha procurado mantener un férreo control político de los maestros para sus propios fines de negociación con la SEP.

Como consecuencia de esta situación, el trabajo del maestro es actualmente objeto de una desvalorización social expresada en la falta de reconocimiento al contenido profesional de su trabajo.

Al respecto, la SEP maneja un doble discurso, por una parte reconoce la importancia que el maestro tiene en el proceso educativo, pero al mismo tiempo lo responsabiliza del deterioro de la educación y de la baja calidad de la misma. Ante esto se planean políticas de actualización y capacitación de docentes, el aumento de años de estudio en la carrera de maestro, la modificación a planes y programas de estudio en la escuela primaria, etc., pero no se modifican las condiciones en que el trabajo del maestro se realiza.

El maestro ha pasado a convertirse para la institución de "un apóstol a un burócrata de la federación" (Monsiváis, 1990) y como tal es tratado: bajos sueldos, condiciones precarias de trabajo, ausencia de estímulos institucionales, exclusión de la planeación educativa; condiciones todas que actúan contra la pregonada profesionalización del magisterio.

El sindicato de maestros (SNTE) por su parte, ha privilegiado políticas y prácticas que también han contribuido al vaciamiento del contenido profesional del trabajo docente. El establecimiento de la doble plaza como un mecanismo a través del cual el maestro puede obtener más sueldo, con el consiguiente desgaste que implica para el trabajador y las repercusiones en su eficacia y en el tiempo de superarse en su campo profesional, es tal vez una de las muestras más contundentes de tal política, aunque no la única.

Otro elemento que al parecer también influye en la desvalorización social del trabajo docente en primaria es el de su mayoritaria composición femenina. Este aspecto ha sido poco considerado, pues si bien aún a mediados de los años treinta había condiciones laborales diferenciales para maestros y maestras, en la actualidad ambos tienen el mismo salario, iguales condiciones de trabajo y las mismas prestaciones, con lo que se tiende a presentar una imagen de igualdad. En la realidad ésta se rompe a través de sutiles diferencias existentes en el trabajo escolar cotidiano y en las posibilidades institucionales de ascenso laboral.

Además de esto, la predominancia femenina en el magisterio ha contribuido a que en torno a él se construyan imágenes con un fuerte contenido ideológico que abonan dicha desvalorización. Al respecto Apple (1989) afirma que: "... la simple percepción de una actividad está a menudo saturada de prejuicio sexual. El trabajo femenino se considera inferior o de menor estatus simplemente porque quienes lo realizan son mujeres" (p. 64). En relación al magisterio, este autor afirma: "En lo esencial, tras la transformación de la enseñanza elemental en trabajo de mujeres, el carácter de la ocupación cambió radicalmente". Estos cambios se han expresado fundamentalmente en un mayor control del trabajo docente y en condiciones económicas desventajosas.

Podemos entonces considerar que las políticas institucionales administrativas y sindicales, aunadas a la condición femenina de las docentes son factores que inciden en la imagen del maestro en la sociedad.

En el presente trabajo se pondrá énfasis en el análisis de la participación sindical de las maestras de primaria en el Distrito Federal, las concepciones que sobre esta actividad tienen las docentes y las prácticas en que se involucran, tanto desde los niveles de dirección como desde la base. Esto nos remite a profundizar en el conocimiento del sujeto concreto que lleva a cabo la educación. La intencionalidad de este análisis es destacar la influencia que el ámbito de lo sindical tiene en el trabajo docente. Parto de la idea de que lo sindical y lo educativo no son espacios separados, ambos confluyen en la vida escolar y son parte de la actividad de un mismo sujeto. En ese sentido, en la participación sindical de las maestras, podemos encontrar gérmenes potenciales de cambio en el ámbito educativo que pueden repercutir en la revaloración de su trabajo.[1]

Ya que son las maestras del DF y su participación sindical el objeto de este análisis, es referencia obligada el reciente movimiento (1989) en que participó este sector y que trastocó muchas de las estructuras sindicales existentes. El intenso aprendizaje político en el que las maestras se involucraron en esta etapa, seguramente las ha llevado a replantearse tanto sus concepciones políticas como su imagen de trabajadoras y docentes. No es posible en tan corto plazo hablar de cambios radicales, sin embargo, las luchas sindicales dejan enseñanzas que se capitalizan en cambios graduales.

Del momento reivindicativo inicial puede pasarse a propuestas que incluyan la reflexión sobre el trabajo docente. Estas propuestas y acciones estarán -dada la composición del magisterio- en manos de mujeres, de ahí la importancia de estudiar los sentidos y significados que éstas dan a su actividad sindical.

EL SINDICATO, PRESENCIA CONSTANTE EN EL TRABAJO DOCENTE

Los maestros son trabajadores al servicio del Estado y desde su incorporación al sistema educativo pasan automáticamente a formar parte del Sindicato Nacional de Trabajadores de la Educación (SNTE), sin que en ello medie su voluntad. En el caso del Distrito Federal, se agrupan en la sección 9 los maestros que trabajan en educación preescolar, primaria y niveles especiales.

Por su número de agremiados, la sección 9 es una de las más grandes del SNTE. Ocupa el tercer lugar entre las 55 secciones en que se divide esta organización y agrupa a 5.49% del total de miembros del sindicato.[2]

[1] Este trabajo tiene como punto de partida una investigación realizada en 1986-1987 en el marco del programa de financiamiento a la investigación del PIEM-El Colegio de México (C. Aguilar y E. Sandoval: "Ser mujer-ser maestra"). Para este trabajo se realizaron observaciones diversas. En la realización del presente artículo, se utilizó parte de ese material, completándolo con entrevistas a maestras con diferentes niveles de participación en el movimiento: dirigentes y maestras de base, viejas luchadoras y maestras de reciente ingreso al servicio. También se realizaron observaciones de asambleas de representantes y de la CNTE, así como de otros eventos de tipo sindical como foros y encuentros.

[2] En 1987, el SNTE reportaba un total de 1 059 761 miembros. A la sección 9 la anteceden en número de agremiados la sección 11 de administrativos, técnicos y manuales (7.74%) y la 10 de maestros de secundaria, educación media superior y superior (6.33). Las tres secciones son del Distrito Federal. (Datos tomados de Chavoya, 1989.)

El sindicato tiene un fuerte peso en la vida laboral del magisterio, tanto a través de su incidencia en la definición de las políticas educativas y salariales que se aplican en el sector, como por el fuerte control político que ejerce sobre sus afiliados.

La política del SNTE, casi desde su surgimiento en 1943 ha sido la de una estrecha colaboración con el gobierno a cambio de prebendas y posiciones de poder para los líderes sindicales. Aun cuando haya épocas de tensión y divergencia entre la dirigencia sindical y la autoridad educativa, el interés por el control del magisterio vincula en los hechos a la SEP y al SNTE. Esta vinculación se expresa en todos los niveles del sistema educativo permeando de manera especial a la escuela.

Es en la escuela, espacio de trabajo cotidiano, en donde se concretan eficaces mecanismos de control que entrelazan un doble poder: el de la administración escolar y el de la dirigencia sindical ejercidos a través de las autoridades escolares más cercanas. Esto es posible, en tanto estos cargos de autoridad administrativa se obtienen, la mayoría de las veces, a través del apoyo de la dirigencia sindical, con lo cual se establece implícitamente un compromiso político entre el beneficiario y el sindicato que lo impulsó.

De esta manera, los jefes de sector, supervisores, e incluso algunos directores, se convierten en un fuerte grupo de apoyo para la política sindical oficial. La posición de autoridad que tienen, abre la posibilidad de ejercer un control sobre los maestros que va más allá de lo estrictamente académico y que en muchas ocasiones se vincula con aspectos político-sindicales.[3]

Reportes, llamadas de atención, notas de extrañamiento e incluso disponibilidades, son algunos de los recursos con que cuentan para ejercer presión sobre los maestros que discrepen de la política sindical oficial. Junto a esto, también existen otros mecanismos más sutiles de control como la distribución de grupos, reparto de comisiones, el otorgar permisos o días económicos, etc., que pueden usarse indistintamente como premios o castigos, dependiendo de cada caso.

Al mismo tiempo, el maestro, en tanto trabajador, también requiere de una serie de trámites sobre prestaciones, que dadas las prácticas consagradas en el sindicato, se consiguen en razón de las relaciones que como individuo mantenga con algún dirigente sindical, con lo que sus derechos adquieren la connotación de favores.

Por todo esto, tendríamos que ubicar al maestro más allá de la imagen con la que se le presenta desde la institución y que nos remite a un sujeto cuya tarea principal es la enseñanza al margen

[3] Para más referencias al proceso de control sindical en la vida escolar cotidiana, véase Sandoval, 1986.

de las condiciones materiales y laborales que lo rodean. Por el contrario, pretendemos considerar al maestro en su triple condición: profesional, asalariado y sindicalizado.[4] Estos espacios no están de ninguna manera desvinculados. La condición del maestro como un asalariado ubicado en las escalas más bajas de sueldos profesionales y la presencia constante de una política sindical que influye en aspectos importantes de su situación como trabajador y en su vida laboral cotidiana, tiene repercusiones en el desempeño del maestro como profesionista de la educación.

Considero importante remarcar esto, porque desde las concepciones pedagógicas hasta el sentido común, se tiende a hacer una separación tajante entre lo sindical laboral y lo educativo, generándose la idea de que son espacios separados, cuando en la realidad se encuentran profundamente imbricados y se definen mutuamente.

La mujer en la docencia de niveles básicos. Mitos y realidades

El magisterio de niveles básicos (preescolar, primaria y niveles especiales) está conformado mayoritariamente por mujeres. En el Distrito Federal, éstas constituyen 78.18% del total de docentes de estos niveles (véase cuadro 1). En primaria, caso que nos ocupa, las mujeres representan 74.36% y existe una tendencia a su aumento, expresada en la elevación de matrícula femenina en las normales a partir de que en 1984 la carrera de maestro adquiere rango de licenciatura.

CUADRO 1
Miembros de la sección 9

	Hombres		*Mujeres*		
Nivel	*Cantidad*	*%*	*Cantidad*	*%*	*Totales*
Primaria	11 474	25.64	33 272	74.36	44 746
Preescolar	5	0.07	6 839	99.93	6 844
Niveles especiales	1 022	17.90	4 687	82.10	5 709
	12 501	21.82	44 798	78.18	57 299

Fuente: Secretaría de Organización VIII. Comité Ejecutivo Nacional. SNTE.

La mayor demanda de mujeres hacia la carrera magisterial ha sido una constante en México desde los años del porfiriato. Galván

[4] J. Ezpeleta habla de una doble calidad del maestro: la de profesional y la de asalariado. Retomamos esta idea agregándole, para el caso de México, la de sindicalizado en función del peso de este organismo en la definición del trabajo del maestro.

(1986) señala que la Escuela Normal de Maestros establecida en el DF en 1887 abrió sus puertas inicialmente sólo a varones, pero ante la fuerte demanda femenina se creó tres años más tarde la Normal de Profesoras que siempre tuvo un mayor número de alumnas y de graduadas que su símil de varones. Según esta autora, la oferta de trabajo femenina fue un factor que contribuyó a la disminución de sueldos en el magisterio.

Para 1920, las estadísticas registran que 70% del profesorado de escuelas primarias en todo el país estaba constituido por mujeres (Cano, 1989) y esta tendencia mayoritaria se ha mantenido con algunas variaciones regionales. En ese sentido, podemos afirmar que en México, el magisterio de niveles básicos tiene una fuerte tradición como ocupación preponderantemente femenina. Por otro lado, la presencia masiva de mujeres en el magisterio aparece como una tendencia internacional,[5] que sin embargo ha sido poco analizada. Abraham (1987), dice al respecto: "El silencio que rodea la afeminación de la enseñanza es significativo... Con la poca atención que se le presta, el enseñante aparece como un ser humano desprovisto de sexo y la afeminación de la profesión es ignorada por completo" (p. 52).

Dentro de los estudios que han empezado a incorporar la presencia femenina en el trabajo docente, encontramos el de Guiomar Namo de Mello (1982) quien encuentra que en torno al trabajo del maestro existen una serie de representaciones ideológicas derivadas del hecho de ser desarrollado mayoritariamente por mujeres, que han contribuido al vaciamiento del contenido profesional del trabajo docente, con repercusiones para las relaciones de trabajo, la remuneración económica y el sentido social de la ocupación. Así, la condición femenina es un elemento que "garantiza la perpetuación del sentido común acerca del magisterio en el cual predominan el amor, la vocación y la ausencia de un reconocimiento como profesión" (p. 56).

Podríamos decir que algunas características del trabajo docente son la materia prima para que éste se relacione con los atributos antes señalados asignados a la mujer. En efecto, el trabajo del maestro implica atender la enseñanza de niños, para lo que se requiere, además de conocimientos pedagógicos, una fuerte dosis de afectividad, en tanto "el vínculo afectivo en la enseñanza básica constituye el puente que posibilita la transmisión de contenidos

[5] Salinas (1990) consigna que en Francia, hacia 1974, las maestras de educación primaria eran el 73%. Ezpeleta (1989), en un trabajo realizado en la provincia de Córdoba, Argentina, dice que las maestras constituyen 96.3%. Abraham (1987) señala que en Israel el porcentaje de mujeres enseñantes pasó de 54% en 1961 a 83% en 1968; situaciones similares se presentan en Estados Unidos e Inglaterra.

(cognoscitivos, disciplinarios, morales, etc.), con base en la cual se define la función docente" (Aguilar y Sandoval, 1991).

Poner énfasis en el contenido social y afectivo que implica el trabajo docente, ha hecho que en torno a él se construyan imágenes que han signado al maestro como "apóstol", o en el caso de la mujer, como "la segunda madre". En el México postrevolucionario ambas sirvieron para consolidar al naciente Estado. Así, estatalmente se difundió la imagen del maestro basada en el sacrificio, la abnegación y la entrega patriótica, agregándosele, en el caso de las maestras la "maternidad espiritual".

Al paso del tiempo, estas imágenes han sido refuncionalizadas en la forma, aunque su contenido sigue intocable. Permanecen por tanto como el sustrato sobre el cual se valora la labor docente.

Estas ideas, amalgamadas con otras características de la carrera de maestro, han servido para construir mitos en torno al trabajo docente, que actúan a favor de conservar este espacio como preponderantemente femenino. Podríamos decir que socialmente se construyen estereotipos que las mujeres asumen individualmente.

Uno de estos mitos es que el magisterio es una carrera corta. Por esta razón un buen número de mujeres fueron encaminadas a adoptarlo. Esta tendencia la encontramos de manera más acentuada en las mujeres de entre dos y cuatro décadas atrás en cuyas familias era común la idea de que "el estudio es para los varones" y permitían a las mujeres de la familia como única opción una carrera corta y rentable, con empleo seguro, que además estuviera en consonancia con sus atributos femeninos (la atención a los niños era uno de ellos). En estos casos se encontraban mezcladas tanto condiciones ideológicas como razones económicas. Sin embargo, a partir de 1984, la carrera magisterial adquiere el rango de licenciatura y exige como antecedente el bachillerato, con lo que su calidad de carrera corta se ve afectada. Esto generó que, por una parte la matrícula disminuyera sensiblemente, sobre todo en los primeros años en que se implantó tal medida, y por otra, que el porcentaje de mujeres aumentara. El mito de la carrera corta se rompe, pero permanece el del contenido del trabajo como la razón para que las mujeres sigan aspirando a ella.

Algunas condiciones del trabajo, aparecen como otra de las causas que justifican desde el discurso social la demanda femenina que tiene. Éstas se refieren a que el trabajo de maestro tiene una jornada laboral corta y con grandes periodos vacacionales que permiten a la mujer combinar su papel de profesionista con el de ama de casa, madre y esposa. En la realidad esto es sólo un mito más, pues los sueldos precarios han orillado al magisterio al multichambismo, y una buena proporción de maestras en el Distrito Federal trabajan doble plaza o realizan otras actividades que les permitan obtener ingresos. A esto hay que agregar el tiempo que invierten en la preparación de clases, calificaciones, documentación, etcétera.

Este juego de imágenes, se revierte en la valorización social que se hace del trabajo del maestro. Si bien el magisterio nunca fue una profesión bien pagada, sí llegó a gozar en algunas épocas de cierto prestigio social que en la actualidad ha perdido, no sólo en los sectores externos, sino incluso entre los mismos maestros.[6] Loyo (1979) señala que en los años cincuenta hubo una pérdida de estatus en el magisterio, el cual se convirtió en una subprofesión: "Las plazas de maestro de primaria cada vez más fueron ocupadas por mujeres y este trabajo pasó a ser contemplado, ya como complementario de otras ocupaciones, ya como puente para las carreras técnicas o universitarias" (p. 18).

En la actualidad los maestros aceptan que su trabajo es poco reconocido social e institucionalmente y en esta situación la política sindical ha jugado un papel importante. Fue a través del sindicato que se crearon las dobles plazas como un mecanismo a través del cual algunos maestros podían duplicar su salario, sin considerar los efectos que esto tendría en el rendimiento docente. Es también a través del sindicato que se otorgan los ascensos, al margen de las capacidades académicas de los beneficiados. Es decir, la institución sindical tiene buena parte de la responsabilidad de la calidad de subprofesionales en que se ha colocado a los docentes.

LAS MAESTRAS Y LAS LUCHAS POR LAS REIVINDICACIONES DEL MAGISTERIO EN EL DF

A lo largo de la historia las maestras han estado presentes en las luchas sociales. Participantes en la defensa de los derechos políticos de la mujer desde la primera mitad del siglo y también en las distintas luchas por reivindicaciones gremiales en el magisterio.

Dado que el trabajo docente de niveles básicos, como ya se dijo, ha sido siempre una labor mal pagada que además se desarrolla en condiciones precarias, el eje fundamental de las demandas magisteriales ha sido el aumento de sueldo y el mejoramiento de

[6] Calvo (1989), en una investigación realizada en la Escuela Nacional de Maestros, encontró que entre los estudiantes del grupo que tomó como muestra, ninguno deseaba permanecer como maestro de primaria más allá del tiempo necesario para estudiar algo que les permitiera emigrar del trabajo docente en este nivel. En las entrevistas a los alumnos, futuros maestros, se deja traslucir una fuerte desvalorización hacia el trabajo del maestro.

las condiciones de trabajo. En este contexto se ubica uno de los primeros movimientos que los maestros organizados en torno a la Liga de Maestros en el Distrito Federal protagonizaron en mayo de 1919. Cano (1989) señala que en este caso, los maestros de escuelas primarias exigían un elemental derecho: el pago de sus salarios, para lo que realizaron un paro de labores que duró un mes pese a las represiones de que fueron objeto. "Para 1919 eran mujeres casi el 75% del personal educativo... entonces la huelga de mayo fue protagonizada mayoritariamente por ellas" (p. 33). Aun cuando los documentos de la época no den cuenta cabal de esto y las maestras no hayan incorporado demandas propias relativas a la discriminación de que eran objeto en el trabajo por el hecho de ser mujeres, "este paro fue una ocasión en que un sector de mujeres actuó políticamente aun sin contar con el derecho al sufragio" (p. 33).

De 1956 a 1960, ya agrupados en el Sindicato Nacional de Trabajadores de la Educación, los maestros y maestras de la ciudad de México protagonizaron una lucha que, teniendo como demanda inicial un aumento de sueldo, pronto se extendió al enfrentamiento con los líderes del sindicato y con la política estatal. Maestras participantes de ese movimiento recuerdan: "Íbamos muchas mujeres, muchas... probablemente por eso desaparecía el temor de que algo nos pasara" (maestra con más de 30 años de servicio).

La prolongada etapa de lucha, que incluyó tanto triunfos como derrotas, dejó enseñanzas a los maestros capitalinos. Entre éstas, las maestras destacan la seguridad que su participación política les dio para defender sus derechos en las escuelas: "El movimiento nos abrió los ojos... [Antes] era una intimidación del director... era como nuestro padre. Todo el proceso de lucha hizo que evolucionara nuestra conducta hacia los directores" (maestra M., con 32 años de servicio).

Otros movimientos que se han gestado en la sección, tal vez con menos fuerza, pero de gran importancia política, son el de 1968 donde se creó el Comité de Lucha Magisterial que realizó paros en apoyo al movimiento estudiantil y por demanda de aumento salarial, y el iniciado en 1980 con el impulso de la lucha de Chiapas y Oaxaca, los maestros del DF se organizaron en torno a la Coordinadora Nacional de Trabajadores de la Educación (CNTE). Todo esto nos habla de un prolongado trabajo político sindical en la sección, promovido por la disidencia, que sentó las bases para el movimiento de 1989.

La sección 9 tiene para la dirigencia sindical una notable importancia política, tanto por su tamaño, como por su ubicación geográfica. Por esta razón, cuando en 1972 el grupo Vanguardia Revolucionaria llegó al poder, articuló una política especial para ganar consenso entre la base magisterial del Distrito Federal, y sobre todo para garantizar su control. Es en la sección 9 donde se crean las dobles plazas, se inaugura una tienda sindical y se ponen a funcionar escuelas de cuadros sindicales vanguardistas a las cuales se integra a dirigentes naturales, que por su origen podrían tener mayor influencia entre la base. También se amplía el número de comisionados para realizar proselitismo a favor de esta corriente sindical.

La instrumentación de esta política permite a la dirigencia sindical conservar de manera relativa el control en el Distrito Federal, y aun cuando la CNTE tiene una fuerte presencia en otras secciones y estados de la República, entre los maestros de la capital ésta sólo se expresa en algunas escuelas y delegaciones sindicales.

Sin embargo, el deterioro drástico del salario,[7] las difíciles condiciones de trabajo y la imposibilidad de la organización sindical de dar respuesta a las demandas económicas y laborales de sus agremiados en virtud de la política de austeridad del gobierno y de su subordinación al mismo, hicieron que la dirigencia sindical perdiera fuerza y el magisterio iniciara un fuerte movimiento en la primavera de 1989, exigiendo aumento de sueldo y una depuración sindical.

Para principios de ese año, el sueldo del maestro rebasaba apenas en mil pesos el salario mínimo y en esas circunstancias ni el recurso de la doble plaza –que había sido implantada en el Distrito Federal por Vanguardia Revolucionaria como una salida a los bajos salarios– era suficiente para paliar los apremios económicos de los docentes, lo que provocó un resquebrajamiento del control tan eficazmente ejercido hasta entonces.

Éste tuvo su primera expresión en el Congreso Seccional de febrero de 1989, en el que ante la actitud prepotente de la dirigencia sindical, los delegados se indignaron e hicieron suya la reunión, que finalmente fue disuelta por el Comité Ejecutivo. Una maestra recuerda al respecto: "Nos indignó que no nos dejaran hablar, que no se trataran nuestros problemas económicos, que pusieran una barrera de golpeadores para impedirnos llegar al micrófono... entonces las mujeres, que éramos mayoría, formamos una valla y nos enfrentamos a los golpeadores, así protegíamos a nuestros compañeros" (maestra C., directora de un jardín de niños).

[7] Los recursos destinados a la educación han ido disminuyendo progresivamente: de 3.7% del PIB destinado a educación en 1982, se pasó a sólo 2% en 1988, situación que necesariamente ha repercutido en los salarios magisteriales. Así, entre 1976 y mayo de 1989 existe un deterioro acumulado de 74%, lo que quiere decir que si en 1976 el profesor ganaba $5 445.00, en 1989, con la misma relación, el salario es el equivalente a $1 445.00 de 1976. Si esta misma relación se establece con 1982, se tiene un deterioro de 63% (datos tomados de Eduardo Guzmán y Joaquín Vela, 1989).

Y en efecto, en su calidad de mayoría, las mujeres maestras estuvieron impulsando el movimiento con su participación en los paros y en las marchas, en los plantones y en las asambleas y en todas aquellas actividades que permitieron romper el tope salarial impuesto por el gobierno al alcanzar un 25% de aumento y, uno de los triunfos más significativos, derrocar a la dirigencia vanguardista y ganar la dirección de su sección sindical, la novena, considerada una de las más importantes del SNTE.

¿SÓLO LA REPRESENTACIÓN ES PARTICIPACIÓN? LA MUJER Y LA POLÍTICA

Al llegar al poder, con cierto afán renovador, Vanguardia Revolucionaria utilizó la imagen femenina para limpiar su propia imagen. Esto se dio en dos planos: por un lado, los vanguardistas trataron de borrar la idea de que en el SNTE no había respeto por la mujer; por otro, incorporaron mujeres a la dirección del sindicato, aunque con límites muy precisos (Cortina, 1989). Un breve recuento de los puestos de dirección sindical en la sección 9 ocupados por maestras en los últimos diez años, nos permitirá ver la poca representación femenina en ese terreno: "En 1980, el Comité Seccional contaba con 27 hombres y cinco mujeres. Para 1985 eran 29 hombres y 6 mujeres y en 1987, el Comité Ejecutivo Seccional contaba con 34 hombres y 9 mujeres". (Salinas, 1990: 152). La mayoría de estas maestras ocupaban carteras consideradas de menor importancia como acción social, actas y acuerdos, etcétera.

En el actual Comité Seccional, obtenido tras la lucha de 1989, la situación es la siguiente: 20 hombres y 13 mujeres. Podríamos decir, sobre todo a partir de este último dato, que las mujeres que irrumpieron en el movimiento como la fuerza mayoritaria no se vieron representadas de igual manera en la dirección política de éste.

Por otro lado, si bien la participación femenina ha sido una constante en las luchas sindicales del magisterio y, por ende, en la política que ahí se da, pareciera que ésta sólo se produce en los momentos de auge, tras los cuales existe un repliegue y las mujeres desaparecen de la escena política. A mi juicio, esta visión está relacionada con los parámetros con que se mide la participación política sindical, que básicamente nos remiten al liderazgo, la representatividad y la aparición pública. Con este criterio es lógico concluir que la participación femenina es escasa, pues la mayoría de los dirigentes han sido, y son varones, y aun cuando el número de representantes mujeres haya aumentado significativamente –sobre todo después del último movimiento– no existe en ello una relación proporcional al número de mujeres que componen el gremio.

La mayor representación y participación masculina en lo que ortodoxamente se reconoce como política, es decir, "el lugar donde se deciden los asuntos públicos... [actividad] identificada con el mundo público y con el poder" (Bonder, 1986), es fenómeno generalizado en la mayoría de los movimientos sociales y esto ha llevado a diversas interpretaciones conceptuales en los estudios sobre la mujer y la política.

Uno de estos enfoques es el de la subordinación de la mujer, donde se analizan los mecanismos –tanto ideológicos como materiales– que dificultan la participación femenina. Estos análisis tienen importancia en tanto señalan los límites que la sociedad impone a la mujer, pero parecen conducirnos a un callejón sin salida donde lo único que queda es la denuncia de la opresión.

Otro enfoque también importante, en tanto ha sido el marco conceptual de diversos estudios sobre la participación política femenina, es el de las esferas de mundo público-mundo privado. Dados los roles que socialmente se asignan a los sexos, se ubica al hombre en el continente de lo público (lugar donde sucede la política) y a la mujer en el ámbito de lo privado (en función de las prácticas que le son asignadas tradicionalmente: reproducción, trabajo doméstico, socialización de los niños, etcétera).

A estas dos caracterizaciones mencionadas, subyace una norma, un modelo consagrado de hacer política que podríamos definir como masculino y que sirve de parámetro para medir la participación de la mujer en ese terreno, pues como dice Gloria Bonder:

> si la política es concebida en términos de prácticas institucionalizadas de las cuales las mujeres han estado mayoritariamente ausentes; si la política ha sido identificada como la lucha por el poder público, ámbito del dominio masculino; si la política queda reducida al Estado como su ámbito natural, descartando los ámbitos más específicos de participación femenina, es posible deducir algunas conclusiones;
>
> 1. Las mujeres son "animales no políticos, salvo excepciones".
>
> 2. Las mujeres sufren una suerte de atraso político que deberían recuperar a través de su participación en los medios y modos de práctica política vigentes (1986: 6).

Hay también una tercera tendencia conceptual en los estudios sobre la mujer y la política, que ha tomado impulso en parte por la necesidad de buscar explicaciones a la participación aparentemente "espontánea" de las mujeres en el escenario político en momentos de auge. En ella se privilegia la acción y definición de la mujer como sujeto social, sujeto que se mueve entre múltiples contradicciones, que tiene concepciones, usos y costumbres apropiados del mundo social inmediato en que se desenvuelve y que actúa de acuerdo con estas condiciones específicas, pero *actúa*, no es un ser pasivo ni únicamente subordinado.

Algunos investigadores lo han definido de la siguiente manera: "Las mujeres conciben y practican la política en condiciones y con particularidades específicas que no coinciden con la concepción y práctica de la política basada en el modelo masculino" (Bonder, 1986).

Tarrés (1988), por su parte, propone la noción de "campos de acción de la mujer" como una posibilidad para analizar su comportamiento político y social; éstos se refieren "al control que desarrollan las mujeres sobre diferentes áreas de su espacio cotidiano". En estos campos de acción se generan relaciones, normas y valores propios que hay que considerar en los análisis y explicaciones de la participación política femenina.

Coincidiendo con esta posición, plantearía la importancia de incorporar los conceptos de sujeto y vida cotidiana para analizar la actividad y prácticas femeninas a fin de encontrar las concepciones y particularidades de sentido que las mujeres asignan a su acción (Aguilar y Sandoval, 1987, 1991).

El concepto de vida cotidiana nos remite al espacio histórico y social donde los sujetos se desenvuelven y objetivan y donde además, se apropian de los usos, costumbres, expectativas, saberes, tradiciones y concepciones con los cuales construyen su mundo y a sí mismos (Heller, 1977).

De esta manera, interesa ver a la maestra como sujeto social cuyo papel político hace falta analizar con esquemas diferentes a los tradicionales; esto conduciría a profundizar en el sentido de la política para las mujeres, los contenidos que incluyen en ella, los significados que le asignan, las prácticas particulares que impulsan y las relaciones entre esta perspectiva femenina y el proceso político general.

La maestra en la política sindical

Como ya se señaló, buscar la participación femenina en los puestos de representación sindical nos lleva a constatar su escasa presencia. Sin embargo, esto no puede llevarnos a concluir que las maestras no participan o que lo hacen sólo en momentos coyunturales que por su misma naturaleza son limitados en tiempo y espacio. Con la intención de buscar los espacios en que la maestra se mueve políticamente, los significados que le asigna a su acción social, así como sus limitaciones y potencialidades, analizaremos tres elementos de la participación sindical de las maestras: las concepciones que tienen sobre ella, las prácticas político-sindicales que desarrollan y las condiciones particulares en que se realizan dichas prácticas.

En otras palabras, interesa acercarnos a las prácticas político-sindicales de las maestras, prácticas que están influidas por sus condiciones concretas como mujeres trabajadoras y por concepciones sobre lo que implica hacer política sindical.

Algunas concepciones

> La política no es para nosotras, dado nuestro condicionamiento a que somos sometidas... Aparte nuestra preparación es más deficiente... yo siento que tienen más oportunidad los varones de prepararse, entonces yo... siempre se tiene ese pensamiento, que políticamente no tenemos nada que hacer... Yo he participado mínimamente, no creo tener una gran preparación, he tratado de proporcionármela leyendo o discutiendo con algunos compañeros, escuchando a personas como... [dice el nombre de una maestra], porque ella sí es una mujer mucho más preparada, como es más liberada ha tenido más oportunidades de esa preparación... (Maestra L., más de 30 años de servicio, participante del movimiento del 58 y secretaria general de su Delegación.)

Otra maestra, actualmente en la sección sindical señala al respecto: "el trabajo que realizamos las mujeres nos excluye de leer y prepararnos para agilizar nuestro pensamiento y hacer propuestas que puedan ayudar a impulsar nuestro movimiento... Yo estoy tratando de prepararme para adquirir la experiencia... He aprendido, trato de superarme más" (maestra E., 10 años de servicio).

En las expresiones de estas maestras, podemos encontrar varias concepciones en torno a la mujer y a la política que es importante destacar, dado el arraigo que tienen entre las docentes:

- La certeza de tener una socialización diferente a los varones que las relega en el aspecto cultural y político.

- Que estas diferencias están relacionadas con oportunidades también diferentes para hombres y mujeres. Sólo algunas mujeres pueden alcanzar las mismas condiciones que los varones y, por ende, tener la capacidad de hacer política.

- Existe una desvalorización implícita de su participación y una idealización de la actividad política. Esto se vislumbra cuando otorgan un papel preponderante a la preparación como condición para hacer política. Ellas por sus condiciones no han tenido acceso a esta preparación, por lo tanto lo que hacen es sólo apoyar. No obstante su discurso desvalorizante, la maestra L. es secretaria general de su zona escolar, y E. está comisionada en la sección sindical; ello implica que tienen responsabilidades políticas a las que deben responder y lo hacen de manera eficiente.

Otra de las concepciones que encontramos entre las maestras en torno a la actividad política sindical es que ésta la realizan sólo unos cuantos, gente a la que le gusta. Generalmente, quienes tienen gusto por la política son los varones o algunas mujeres que reúnen ciertos requisitos: tienen tiempo (lo cual quiere decir ausencia de hijos o hijos mayores) y apoyo del esposo. Esta idea responde a la tradición largamente cultivada en el SNTE de delegar la resolución de los problemas políticos en unos cuantos. Con esto se favorece la despolitización y gana el clientelismo que garantiza el control político. A partir del movimiento magisterial de 1989, parecen expresarse algunos cambios. Los maestros han empezado a ver la importancia de una participación más colectiva para alcanzar logros, a darse cuenta de la importancia de sus opiniones para decidir el rumbo del movimiento y de su sindicato; las escuelas se abren a la discusión sindical y a las reuniones con los padres de familia. Es decir, los maestros empiezan a reconocerse como sujetos políticos; sin embargo, están como trasfondo muchos años de prácticas sindicales individualizantes que pueden hacer contrapeso a estas nuevas actitudes. Podríamos decir que si bien la delegación de funciones sigue operando con el criterio "del que tenga más tiempo" (que por regla general no son las mujeres) ha surgido paralelamente un sentido de responsabilidad compartida: "No podemos dejar solo a nuestro representante... Yo, por ejemplo, no puedo ir a todas las actividades sindicales por los niños... pero ayudo en lo que puedo, participo en las juntas, reúno a los padres... el caso es cooperar" (maestra P., 15 años de servicio y madre de tres niños).

Si bien las concepciones anteriormente señaladas ponen énfasis en las limitaciones de la mujer para participar políticamente, también se encuentra de manera recurrente la idea de que actuar políticamente implica elevarse en el terreno personal y poder incidir para cambiar circunstancias negativas de la profesión: "Participamos porque uno tiene visión de que esta situación nadie nos la va a resolver... hay necesidades que uno ve realmente... uno quiere su trabajo, lo necesita, aquí nos vamos a jubilar..." (maestra J., 28 años de servicio).

En esta expresión encontramos un interés vital por revalorar el trabajo del maestro. En otras ocasiones, a esta situación se aúna un deseo de realización personal. Una maestra explica las razones de su participación política, que por otro lado le ha acarreado fuertes problemas familiares, de la siguiente manera: "Yo creo que uno necesita participar.,. ser activa en todos los sentidos, no nada más como ama de casa... yo quería hacer algo por mí" (maestra L.).

Las maestras conciben su participación sindical como una vía para contribuir a los cambios que necesita la profesión. Sus planteamientos giran en torno a resolver conjuntamente los problemas, sobre todo en el aspecto económico, cambiar prácticas autoritarias que se dan en la institución (sindical y escolar), aportar en el terreno educativo y buscar espacios desde donde impulsar propuestas. Podríamos decir que conjugan tanto intereses colectivos (rescatar el contenido profesional de su trabajo), como intereses de desarrollo personal.

En otras ocasiones son intereses particulares los que impulsan a las maestras a participar. "Yo quería casa, crédito... era interina y empiezo a ver la forma de obtener mi base", dice una maestra que se involucró con la corriente vanguardista en 1987.

Desde los maestros, también existen concepciones sobre la inclusión de las mujeres a la política. En el discurso todos coinciden en señalar la importancia que tienen sus acciones, sin embargo, cuando entran en disputa por el espacio, las cosas cambian. Una maestra, que trabajaba con la corriente vanguardista en 1987, decía:

> Los hombres del sindicato piensan que las mujeres no somos capaces para la política, que somos muy emotivas y poco inteligentes... [dicen que] la mujer es peligrosa para que ascienda a puestos de dirección porque se enamora y puede echar todo por la borda por alguno... Su punto vulnerable es ése, la emotividad... en el aula está bien... A las mujeres se les bloquea mucho (maestra P., 10 años de servicio).

Con el movimiento magisterial y el ascenso de nuevos líderes a la dirección de la sección se ha tratado de romper con esta idea e impulsar a las mujeres. No obstante, los parámetros de igualdad con que se opera actúan en contra de esa intencionalidad. Se espera que las maestras asistan a reuniones interminables (muchas de ellas nocturnas), que participen en brigadas, comisiones, asambleas, etc., sin considerar que sus condiciones son distintas. No involucrarse en esta dinámica es leído por los varones como desinterés.

Las prácticas sindicales de las maestras y las condiciones en que las realizan

Podemos afirmar que las maestras, dado su número y los espacios en que participan (en la escuela y la zona escolar) sostienen en buena parte el trabajo sindical cotidiano. Es decir, ellas realizan el trabajo político diario que se finca, en gran medida, en redes de relaciones personales tanto con los maestros como con los padres de familia -fundamental en los momentos de auge. En este sentido las maestras, que aparentemente se retiran a sus escuelas en los momentos de calma, sostienen un trabajo político desde la rutina del trabajo escolar, trabajo que constituye el sustento y la posibilidad de acciones y decisiones políticas de más largo alcance.

En efecto, hay que considerar que las maestras construyen la vida sindical desde las escuelas. Para ello se da una organización particular que en muchas ocasiones no tiene relación aparente con la política: reuniones de trabajo, convivios, amistades, generalmente por escuela, son las formas de relaciones que permiten establecer lazos de apoyo mutuo y que se capitalizan en los momentos claramente definidos como sindicales. Sus reuniones políticas, del pequeño grupo en la zona, adquieren un tono más informal cuando sus integrantes son mujeres: "En nuestras reuniones de comité delegacional platicábamos puras cosas de mujeres... las maestras casadas le decían a una compañera soltera que no se casara, nos daban consejos. Para planear las actividades teníamos que ver quién iba a cuidar a los niños de la otra para que tuviera tiempo" (maestra R., actualmente dirigente sindical en la sección 9).

Organizarse para tener tiempo de hacer política es una necesidad que las maestras enfrentan. Para ello hacen uso de sus redes de relaciones tanto familiares como de amistad.

Los hijos, el esposo, los novios, son aspectos que la maestra considera para definir su nivel de participación y el grado de compromiso que puede adquirir. En particular, el esposo puede apoyar o dificultar la acción política de su compañera. En las maestras entrevistadas, aparecía frecuentemente como un obstáculo:

> Mi esposo nunca aceptó que yo participara en el movimiento, decía que descuidaba mis obligaciones, a mis hijos, le molestaba que llegara tarde de las reuniones. En una ocasión me golpeó... Terminamos separándonos (maestra E.).

> Mi esposo, aunque también es maestro, no está de acuerdo con el movimiento, eso me limita mucho porque a él no le gusta que yo vaya a las marchas y a las juntas... y luego con los niños menos puedo. Por eso, apoyo al representante de la escuela con actividades... a pintar las mantas, en las juntas con los padres de familia, en fin, con lo que pueda colaborar desde la escuela con el movimiento (maestra I.).

Durante el reciente movimiento sindical, en el caso de parejas de maestros, apareció muy frecuentemente la competencia por destacar. Si era la mujer la que lo lograba, generalmente la pareja se separaba. No sucede así en caso contrario. Otras maestras, en cambio, hablan del gran apoyo que les ofrecieron sus compañeros y cómo asumieron la responsabilidad familiar para que ellas pudieran participar.

En relación con los hijos, si bien las maestras expresan un cierto nivel de angustia por "descuidarlos", piensan que su actividad se capitalizará a favor de ellos, en tanto es un ejemplo que repercutirá en su formación.

Aquellas maestras cuya acción se da fundamentalmente en la sección sindical enfrentan, además de las ya señaladas, problemáticas específicas que mencionaremos brevemente. Hasta antes del movimiento de 1989, "el sindicato" era visto como un espacio riesgoso para las mujeres, dada la corrupción que ahí existía. Las maestras que aspiraban a obtener algún cargo de representación o a ser comisionadas en el sindicato, sabían que tenían que pasar por un largo camino donde había reglas del juego a las que tenían que sujetarse. Éstas eran básicamente pertenecer a algún grupo político de los ahí existentes, respetar la jerarquía del líder, mostrar lealtad, realizar trabajo y no cuestionar. Si bien estas reglas eran para hombres y mujeres, en el caso de estas últimas se agregaba la de "cuidar su prestigio". Además, estas maestras debían mostrar mayor calidad en su trabajo para ser tomadas en cuenta. Una maestra, que participaba en la sección al lado de la dirigencia vanguardista, describe esto como un proceso de aprendizaje en donde "debes saber cuidarte de los golpes bajos, de las intrigas y de los celos que genera el que tú vayas destacando", y agregaba: "a los hombres los queman políticamente, a las mujeres en su prestigio" (maestra P.).

Con la caída de la dirigencia vanguardista y la conquista de la sección por los maestros democráticos, muchas mujeres que antes se mantenían al margen entraron a participar en el trabajo de la sección. Si bien en las carteras (los puestos de más jerarquía) quedaron ubicados más varones, entre los suplentes y auxiliares ellas son mayoría.[8] La nueva dirigencia trata de acabar con el verticalismo, y en ese sentido se impulsan relaciones de mayor igualdad. No es posible en tan corto plazo hablar de cambios radicales. Modificar prácticas y concepciones que persistieron por años es también un proceso, y aún subsisten muchas formas de hacer política que en los hechos marginan a la mujer aunque se encubran en un discurso igualitario. Como un aporte que se está

[8] En la sección 9 existe un total de 192 comisionados. De ellos, 97 son hombres y 95 mujeres. Mientras que en las carteras quedaron como titulares una mayoría de varones (20), en las suplencias y cargos auxiliares las mujeres se constituyen en mayoría: 82 mujeres y 77 hombres.

dando en esta nueva etapa, y que no había sido considerado en ninguno de los movimientos magisteriales anteriores, está la preocupación de algunas dirigentes por atender de manera específica los problemas de la mujer trabajadora. Impulsar grupos donde se plantee su problemática; armar una política hacia las mujeres es un tema que apenas empieza a discutirse. Desde luego que hay oposición, ésta la expresan algunos y algunas dirigentes que señalan que: "eso nos desvía de la lucha... nuestra lucha es de clases, no de sexos". Sin embargo, como dijera una maestra, dirigente política: "Nos costó trabajo empezar, pero ahora nadie nos va a detener" (maestra S.).

De la participación sindical al trabajo educativo

Una idea básica que cruza este trabajo es que la vida sindical permea el trabajo docente. Lo sindical y lo educativo son ámbitos interrelacionados en tanto que en ambos participa un mismo sujeto: el maestro.

En los momentos actuales en que los maestros intentan darle un nuevo contenido a la vida sindical, podemos encontrar algunos elementos que apuntan a incidir en su práctica docente. Entre ellos está el entablar una relación distinta con los padres de familia a los cuales consideran un fuerte apoyo. También encontramos respuestas organizadas a las normas institucionales que nos remiten a cambios en las antiguas concepciones. Esto ha sido más notorio en el sector de preescolar, cuyas integrantes cuestionan muchas disposiciones que antes acataban. En las escuelas primarias, se está generando una redefinición de relaciones con las autoridades cercanas, en ese sentido la escuela es un espacio de resistencia y de construcción de alternativas que seguramente repercutirán a otros niveles de la vida política y educativa.

Estas transformaciones, sin embargo, no son automáticas; en los hechos persiste la vieja idea de la separación del espacio sindical y del educativo, expresada en la frase recurrente en el magisterio de que "a la escuela venimos a trabajar, no a hacer política". El acercamiento a la vida cotidiana de las escuelas, o un breve repaso a los movimientos magisteriales echan por la borda esta afirmación. Es precisamente en la escuela donde se crean día a día las condiciones para los posibles cambios, es en la escuela donde el maestro participante de un movimiento sindical capitaliza sus aprendizajes y finalmente diríamos que es en la escuela donde las mujeres, maestras y sindicalistas están presentes y trabajando.

A MANERA DE CONCLUSIÓN

A partir de lo planteado, es pertinente hacer algunas consideraciones que sirvan como un breve recuento:

- Actualmente el trabajo de maestro es objeto de una desvalorización social, a un grado tal, que los mismos docentes hablan de su calidad de subprofesionales. Esta situación tiene que ubicarse en un contexto social e histórico, en medio del cual juegan un importante papel la feminización que ha caracterizado la enseñanza de niveles básicos desde principios de siglo, las prácticas del sindicato de maestros que en su intencionalidad de control han contribuido a la burocratización del docente, y la política institucional que persiste en concebir al docente sólo como un ejecutor. En estas condiciones la revaloración del trabajo magisterial, sólo es posible a través de la acción de sus protagonistas, que por otra parte, en los niveles básicos, son en su mayoría mujeres.

- En tanto que la dimensión sindical está presente en la vida laboral cotidiana –ámbito donde se generan los cambios– hay que considerar su potencialidad para incidir no sólo en lo laboral, sino también en lo educativo.

- Si bien la mujer ha estado presente como fuerza mayoritaria en los movimientos magisteriales, no existe una correlación similar en los cargos de dirigencia. Determinan esta situación tanto las condiciones específicas que enfrentan, sus concepciones derivadas de una socialización sexista, como las formas consagradas de entender y practicar la política que se adaptan más a modelos y condiciones masculinas.

- Con base en las consideraciones anteriores, el espacio donde la maestra mayoritariamente desarrolla su actividad política es la escuela o la zona escolar. Espacios que, por otro lado, son fundamentales porque en ellos se construye la vida sindical y educativa. En ese sentido, podemos afirmar que el "trabajo de base" está primordialmente en manos de mujeres.

- Pese a la importancia de su acción política, las maestras no han valorado totalmente la importancia de incluir sus problemas de género en la discusión político sindical. Las acciones en este sentido recién se dan a partir de movimiento de 1989 y aún son incipientes.

- Entre los sentidos que las maestras asignan a su participación político-sindical, está el de rescatar el contenido profesional de su trabajo. Esto es así, porque piensan permanecer en él y además sienten gusto por su actividad. Éste es quizá uno de los aspectos más prometedores de su acción política.

CUADRO 2
Maestros por primaria por direcciones

	Hombres		*Mujeres*		
Nivel	*Cantidad*	*%*	*Cantidad*	*%*	*Totales*
Dirección 1	1 756	19.67	7 171	80.33	8 927
Dirección 2	2 943	25.13	8 772	74.87	11 715
Dirección 3	1 919	24.21	6 06	75.79	7 925
Dirección 4	4 856	30.01	11 323	70.00	16 179

Fuente: Secretaría de Organización VIII. Comité Ejecutivo Nacional. SNTE.

BIBLIOGRAFÍA

Abraham, Ada (1986), "Testimonio sobre las vivencias de las mujeres docentes", en Ada Abraham *et al.*, *El enseñante es también una persona*, Gedisa, Barcelona.

——— (1987), *El mundo interior de los enseñantes*, Gedisa, Barcelona.

Aguilar, C. y Etelvina Sandoval (1991), "Ser mujer, ser maestra. Autovaloración profesional y participación sindical", en Vania Salles (coord.), *Textos y pre-textos. Once estudios sobre la mujer*, PIEM-El Colegio de México.

Apple, Michael (1989), *Maestros y textos. Una economía política de las relaciones de clase y sexo en educación*, Paidós, Barcelona.

Bonder, Gloria (1986), "Mujer y política: ¿cuál política?, ¿qué mujer?", en *Fem*, núm. 46.

Calvo, Beatriz (1989), *Educación normal y control político*, Ediciones de La Casa Chata, México.

Cano, Arturo *et al.* (1990), *De las aulas a las calles*, Información Obrera-Equipo Pueblo, México.

Cano, Gabriela (1989), "1919: las maestras rojas del Distrito Federal", en *Fem*, núm. 78.

——— (1989), "Vasconcelos y las maestras", en *Doble Jornada*, 6 de junio de 1989.

Cortina, Regina (1989), "Trabajo, familia y participación sindical de las maestras mexicanas", documento de trabajo, México (mimeo.).

——— (1989), "Poder y cultura sindical: la mujer en el SNTE en el Distrito Federal", en *Trabajo, poder y sexualidad*, PIEM-El Colegio de México.

Chavoya, María Luisa (1989), *Poder sindical en Jalisco: el caso de la sección 47 del SNTE*, tesis de maestría, Instituto de Investigación Dr. José María Luis Mora, México.

Ezpeleta, Justa (1989), *Escuelas y maestros. Condiciones de trabajo docente en Argentina*, UNESCO-ORELAC, Santiago de Chile.

Feijoo, María del Carmen (1985), "Mujer y política en América Latina: el estado del arte", Clacso, México.

Guzmán, E. y J. Vela (1989), "Maestros 1989: crisis, democracia y más salario", en *El cotidiano,* núm. 30, UAM, México.

Galván, Luz Elena (1986), *Los maestros y la educación pública en México,* Ediciones de La Casa Chata, México.

Heller, Agnes (1977), *Sociología de la vida cotidiana,* Península, Barcelona.

Hola, Eugenia (1988), *Mundo de mujer. Continuidad y cambio,* Centro de Estudios de la Mujer, Santiago de Chile.

Kirkwood, Julieta (1986), *Ser política en Chile,* Flacso, Santiago de Chile.

Loyo, Aurora (1979), *El movimiento magisterial de 1958 en México,* Era, México.

Martín del Campo, Jesús (1989), "Los trabajadores de la educación y la democracia", en *Democracia y sindicatos,* CIESAS-El Caballito, México.

Massolo, Alejandra (1983), "Las mujeres en los movimientos sociales urbanos de la ciudad de México", en *Iztapalapa,* núm. 9 UAM, México.

Monsiváis, Carlos (1990), "Puerta abierta", en *De las aulas a las calles,* Infor-mación Obrera-Equipo Pueblo, México.

Namo de Mello, Guiomar (1982), *Magistério de lo Grau. Da competencia técnica au compromisso político,* Autores Associados-Cortez Editora, São Paulo.

Rockwell, Elsie (comp.) (1985), *Ser maestro. Estudios sobre el trabajo docente,* SEP-El Caballito, México.

——— y R. Mercado (1986), *La escuela, lugar del trabajo docente. Descripciones y debates,* Cuadernos de Educación, DIE, México.

Salinas, Gisela (1990), *Mujer y maestra: una aproximación antropológica a las maestras de educación primaria,* tesis de licenciatura, ENAH, México.

Sandoval, Etelvina (1986), *Los maestros y su sindicato: relaciones y procesos cotidianos, Cuadernos de Investigación Educativa,* DIE, núm. 18, México.

——— (1989), "La mujer trabajadora en el SNTE", en *Universidad Obrera,* vol. 7, núm. 10.

Street, Susan (1990), "La propuesta ética del movimiento magisterial chiapaneco", ponencia presentada en el Primer Simposio de Investigación Educativa, CIESAS, México, junio de 1990.

——— (1989), "Proyecto educativo desde la base", Jornada de reflexión, Magisterio, Universidad y Cambio, UPN, México, octubre de 1989.

Tarrés, María Luisa (1988), "Campos de acción social y política de la mujer de clase media", en *Documentos de Investigación,* núm. 1, PIEM-El Colegio de México.

——— (1989), "Más allá de lo público y lo privado. Reflexiones sobre la participación social de las mujeres de clase media en Ciudad Satélite", en *Trabajo, poder y sexualidad,* PIEM-El Colegio de México.

POLÍTICAS URBANAS Y MUJER: UNA APROXIMACIÓN

ALEJANDRA MASSOLO
Universidad Autónoma Metropolitana-Iztapalapa

INTRODUCCIÓN

Las políticas urbanas del Estado constituyen uno de los temas centrales y privilegiados del análisis y debates dentro del campo de estudio del proceso de urbanización capitalista. Especialmente bajo el impulso e influencia de la llamada "escuela marxista francesa de sociología urbana", desde fines de los años sesenta se elaboraron formulaciones teóricas y abundantes investigaciones, las que en el transcurso de los años fueron criticadas, reformuladas y reorientadas (Lebas, 1982; Topalov, 1989).

Por su parte, la reflexión e investigación feminista -notablemente la corriente anglosajona- contribuyó significativamente al análisis crítico de la vinculación entre las mujeres y el Estado de bienestar, expandido después de la segunda guerra mundial, y sus crisis y retracción desde mediados de los años setenta. La crítica feminista a las políticas sociales y a la intervención estatal osciló de una radical "antipatía" por el Estado y la concepción del Estado "patriarca" o "patriarcado público", hasta la defensa del papel redistribuidor y benefactor que debe cumplir el Estado, en relación con la situación, demandas y nuevos poderes de las mujeres (Fox Piven, 1985; Threlfall, 1990).

En México disponemos de abundantes -aunque todavía insuficientes- estudios y publicaciones sobre el proceso de urbanización y las políticas estatales, algunas de ellas más trabajadas que otras. Así, las políticas de ordenación del crecimiento urbano y de desarrollo regional, de vivienda, de regularización de la tenencia de la tierra en asentamientos humanos "ilegales", de renovación urbana, de transporte e infraestructura vial, de protección ecológica han generado buena parte de la producción existente. La perspectiva feminista, o los estudios de la mujer, por su parte, sólo desde hace pocos años y aún incipientemente, se han interesado por este ámbito de las políticas públicas e intervención estatal. Se ha comenzado por conocer y analizar la presencia y participación de las mujeres en los movimientos y organizaciones urbano-populares y asociaciones vecinales de clases medias.

Es decir, que no contamos en México con antecedentes de reflexiones críticas y aportes de investigación en los que apoyarnos, para plantear las vinculaciones entre los contenidos y prácticas de las políticas dirigidas al espacio habitacional, la estructuración y expansión de las ciudades, y el género femenino. Las políticas de planificación familiar, de salud, de empleo, de educación, son las que han suscitado mayor interés hasta el momento.

Sin embargo, un importante resultado está llegando de la "década perdida" de los ochenta, en la forma de inquietudes y preocupaciones ocasionadas por la crisis económica, el pago de la deuda externa y las políticas de ajuste estructural en Latinoamérica. Cuando se reconoce, y denuncia, la creciente *pauperización urbana* que sufren más de la mitad de las familias habitantes de las ciudades, se está apuntando (entre otros factores) a una responsabilidad del Estado que progresivamente se ha ido minimizando a la vez que definiéndose en nuevos términos y políticas. En este contexto, los estudios centrados en la problemática de la situación de las mujeres y la supervivencia cotidiana de las unidades domésticas están logrando el "aterrizaje forzoso" del análisis y discusión de algunas políticas urbanas, *en* la dimensión del género femenino, descubriendo así una mayor riqueza de evidencias empíricas y fenómenos antes inexplorados.

Junto al "adelgazamiento" y reubicación de las funciones estatales, estamos observando en México un desplazamiento de las políticas urbanas hacia la esfera de las políticas sociales, pero en su vertiente asistencial de los pobres, y no del reforzamiento de la naturaleza de *derechos* sociales y ciudadanos que consagra la Constitución. No es novedad la inexistencia del concepto de derechos en el interior de la lógica de gestoría y reglas del juego entre el sistema político y las demandas de los sectores populares. Pero ciertas políticas sectoriales urbanas, como las de vivienda, dotación de servicios básicos y equipamiento y regularización de la propiedad de los terrenos se han insertado claramente en la política social del Estado "contra la pobreza extrema", alrededor de la cual giran ahora, la ejecución y distribución de las acciones gubernamentales y recursos.

Se podría decir que, como "política urbana", se ha diluido en la política de "solidaridad", ropaje ideológico con el que se presenta la política de atención a la población pobre más vulnerable y la de eficiencia del reducido gasto público con criterio de equidad, recomendadas insistentemente por el Banco Mundial a los gobiernos latinoamericanos desde mediados de la década de los ochenta, debido a la aplicación del ajuste estructural de las economías y sus dramáticos efectos sociales (CEPAL, 1990). Obviamente, en cada país esta nueva versión de política social adquiere modalidades de discurso presidencial, operación institucional, asignación de recursos y razón de legitimidad y control distintas. Así también son distintas las respuestas de la sociedad civil, los conflictos y cambios políticos que se manifiestan.

LAS POLÍTICAS: EL ESTADO INTERVENTOR

A partir de la década de los setenta, el Estado mexicano extiende, multiplica y ramifica su intervención sobre los considerados "problemas urbanos", que ya estaban mostrando graves dimensiones territoriales, socioeconómicas y políticas. El país -como se repite en todos los documentos e investigaciones- se había urbanizado *aceleradamente*: de tener, en 1930, 17% de población urbana (localidades de 15 000 y más habitantes), aumentó a 45% en 1970; para 1980 ascendió a 52% y actualmente se estima que un 65% de población urbana ocupa el territorio nacional. Aunque lo más relevante y grave no son las magnitudes, sino las tendencias, los efectos y resultados de un proceso de urbanización cuya lógica produjo amplias y profundas desigualdades y exclusiones socioespaciales. El Estado no fue en absoluto ajeno a esa lógica; por el contrario, asumió un papel central y dirigente en la orientación, estímulo y promoción del modelo de crecimiento económico, industrialización y urbanización que entró en crisis por los años setenta.

La problemática urbana se tradujo entonces en discurso estatal y "políticas urbanas", que debían diseñar y fundar una nueva actuación gubernamental más específica y especializada en torno a los asentamientos urbanos en proceso de expansión -de manera concentrada, internamente segregada e "ilegal"-, y a la distribución y administración de bienes y servicios de consumo colectivo. Aparecieron destacados "problemas" de la urbanización, tales como la asimetría del sistema de ciudades, con la extraordinaria primacía urbana de la zona metropolitana de la ciudad de México sobre las otras metrópolis (Guadalajara y Monterrey) y las ciudades a medias; la distribución desigual de la población en el territorio (concentración-dispersión); el número acumulado de los déficit de vivienda y servicios públicos ligados a las condiciones habitacionales; y la extendida irregularidad de la tenencia de la tierra en asentamientos populares, urbanizados *de facto* a fuerza del trabajo familiar y comunal, sobreviviendo con niveles muy precarios de consumo y bajos costos de reproducción que le significaron un ahorro al Estado.

Las políticas urbanas son procesos de interacción -de forma y contenidos diversos, según periodos históricos y coyunturas- que articulan a la sociedad, el Estado y las ciudades, tanto en la dinámica de construcción y conformación del espacio como en la emergencia y desenvolvimiento de las tendencias, conflictos, problemas y actores. Se refieren, entonces, a un conjunto complejo de dimensiones y agentes de la actuación pública: institucional, administrativa, jurídica, financiera, técnica constructiva y político-ideológica. No por ello estas políticas definen, vinculan y ponen en práctica -coherente y coordinadamente- esas dimensiones entre sí; por el contrario, las más de las veces se ha observado en México una perfecta "esquizofrenia" entre el discurso de la política y los objetivos de los planes, con las operaciones concretas -y también las ausencias y omisiones- de los distintos aparatos de gestión urbana y agentes del poder público. Se han establecido múltiples planes, dependencias y organismos de la administración pública (algunos de cobertura nacional, otros locales), instrumentos jurídicos y sistema de planeación del desarrollo urbano regional. Algunos desaparecieron o se reorganizaron, otros se crearon nuevos, algunos vigentes en activo, otros -como los planes y leyes de ordenamiento territorial- duermen pacíficamente el "sueño de los muertos". Brevemente mencionaremos algunos de los principales organismos sectoriales, leyes y planes, según sus esferas de competencia:

Vivienda

El Instituto del Fondo Nacional de la Vivienda para los Trabajadores (Infonavit) fue creado en 1972, previa modificación de la Ley Federal del Trabajo y del artículo 123 de la Constitución, dirigido por un organismo colegiado tripartita en el que participan el Estado, los patrones y los obreros a través de sus representaciones sindicales. El Fideicomiso Fondo Nacional de Habitaciones Populares (Fonhapo), restructurado en 1983 como Fondo de Financiamiento de Vivienda Popular, coordinado por la Secretaría de Desarrollo Urbano y Ecología (Sedue), es el principal organismo habitacional de cobertura nacional destinado a población con ingresos inferiores a 2.5 veces el salario mínimo, por medio de programas de autoconstrucción, lote con servicios, vivienda progresiva y mejoramiento de la vivienda ocupada. El programa oficial de autoconstrucción de vivienda del gobierno de la ciudad de México es el Fideicomiso para la Vivienda y el Desarrollo Social y Urbano (Fividesu), órgano desconcentrado del DDF, constituido en 1983. En el Estado de México es el Instituto de Acción Urbana e Integración Social (Auris).[1]

Asentamientos irregulares

Desde 1973 la Comisión para la Regularización de la Tenencia de la Tierra (Corett), órgano descentralizado de la Secretaría de la Reforma Agraria con personalidad jurídica y recursos propios, se encarga de resolver la regularización de la tenencia de la tierra de los asentamientos urbanos sobre terrenos ejidales en toda la República. En el Distrito Federal es la Dirección General de Regularización Territorial, dependencia del DDF que en 1988 estimaba en más de 300 000 los predios irregulares habitados por alrededor de 1.6 millones de personas; en el Estado de México el organismo regularizador es el Cresem, que calculaba una población de 2.6 millones de habitantes en más de 400 000 lotes irregulares (Iracheta, 1988).

Leyes y planeación

Los antecedentes son la Ley General de Asentamientos Humanos, decretada en 1976, primer marco jurídico global para la intervención pública, social y privada sobre el uso y organización del territorio y la planeación de la fundación, conservación, mejoramiento y crecimiento de los centros de población urbanos y rurales. Más adelante se creó un aparato estatal central de planeación del desarrollo urbano regional a nivel nacional, en la Secretaría de Asentamientos Humanos y Obras Públicas (SAHOP, posteriormente Sedue) y se elaboró y decretó el Primer Plan Nacional de Desarrollo Urbano (1978), que se desagregaba en planes estatales, municipales, de centros de población, parciales, sectoriales, y el Programa Nacional de Vivienda (Garza y Puente, 1989). Durante el sexenio 1983-1988 se institucionalizó el papel rector del Estado en la planeación del desarrollo, a través de reformas a los artículos 25 y 26 de la Constitución y a la Ley de Planeación, publicada en enero de 1983. El derecho social a la vivienda, "que toda familia puede disfrutar de vivienda digna y decorosa", fue consagrado en la Ley

[1] Sobre los fondos y programas de vivienda nacional y locales, véase la bibliografía.

Federal de Vivienda del 29 de diciembre de 1983. Derivado del llamado "Sistema Nacional de Planeación Democrática", se formuló el Programa Nacional de Desarrollo Urbano y Vivienda y el Programa de Desarrollo de la Zona Metropolitana de la Ciudad de México y de la Región Centro, entre otros programas regionales (Azuela, 1989).

El ejercicio "detectivesco" para descubrir algo referido a la mujer dentro de este tipo de políticas y programas, da como resultado algo que sucede también en otros ejercicios y análisis realizados por investigadoras de distintos países, esto es: *no se encuentra porque no existe*. Cuando mucho es identificada y referida en tanto madre de familia y ama de casa en programas *ad hoc* de tipo asistencial, por ejemplo, el derecho social consagrado en la Ley General de Salud de febrero de 1984 y el Sistema Nacional para el Desarrollo Integral de la Familia (DIF), que se dedica a ayudas de alimentación, asistencia jurídica en materia familiar y desarrollo de la comunidad (*Política Social*, 1988). Respecto de otras políticas sociales, como la de abasto, ni siquiera aparece citada según tales roles, no obstante que entre sus programas prioritarios se señalaban: "orientación y educación nutricional para mejorar el balance de la dieta" y "reforzar el aprendizaje de hábitos alimentarios correctos a través de los sistemas de alimentación colectiva" (*ibid.*). Hay que advertir, de todos modos, que estas políticas y programas asistenciales se concretizan en el territorio en forma de equipamientos colectivos que son el medio construido a través de los cuales se realiza cada servicio: bien o mal, suficientes o insuficientes, articulados o desarticulados espacialmente.

Así, vamos a encontrar estos equipamientos integrados a las políticas y planes urbanos como "problemas", junto con los del suelo y vivienda; infraestructura de servicios públicos (agua potable, drenaje, alcantarillado, electricidad); vialidad y transporte; equipamientos para la educación y recreación, etc. Es decir, el universo del consumo social, a través de servicios y equipamientos que, en buena medida, estructuran e incrementan el espacio urbanizado y afectan las condiciones habitacionales, la organización de la vida cotidiana familiar y la reproducción de los individuos y la fuerza de trabajo. Es por esto por lo que planteamos la hipótesis de que las políticas urbanas son, quizás, de las más paradójicas entre las políticas sectoriales del Estado, en relación con la existencia de la mujer: la ignoran, no obstante que implican una sensible vinculación con su papel, requerimientos y quehaceres en la estructura urbana y, a su vez, en mucho dependen de la adhesión y esfuerzos de las mujeres para que se puedan llevar a la práctica en los barrios y colonias.

Todos los planes urbanos manifiestan el objetivo de atender las necesidades de la población mayoritaria de menores ingresos, los grupos sociales "más desprotegidos", y mejorar la calidad de vida de los asentamientos humanos. Según el diagnóstico del Programa Nacional de Desarrollo Urbano y Vivienda 1984-1988, 10% de las familias mexicanas conviven hacinadas cuando menos con otra familia en la misma vivienda, y del total de viviendas alrededor de 40% tiene un solo cuarto; 62% están construidas en condiciones estructurales deficientes y 33% se encuentran en situación jurídica irregular. Respecto de los servicios, 50% carece de suministro de agua potable y drenaje en el interior de la vivienda, 29% carece de agua potable y 25% de electricidad. Se reconocen, entonces, las carencias, deficiencias y desequilibrios territoriales del desarrollo urbano:

> En los centros de población los problemas urbanos se expresan en carencias de satisfactores esenciales para la población de menores recursos, desajustes entre las actividades, comunicaciones y redes urbanas, así como el deterioro del medio físico. Las carencias cubren toda la gama de elementos que componen la estructura física de los centros de población: suelo, infraestructura, equipamiento, vivienda y servicios públicos. Estas carencias se manifiestan con mayor gravedad en los asentamientos rurales y en los urbanos de menor tamaño debido, entre otras razones, a la concentración de la inversión pública en bienestar social en las grandes ciudades, en particular, en la ciudad de México (*Programa Nacional*, 1984: 25).

Es una constante en México (y otros países de América Latina) que la óptica planificadora aborde la problemática de la urbanización desde un enfoque cuantitativo y técnico espacial, haciendo abstracción de las fuerzas económicas (internas y externas) y las redes de intereses y poderes (internos y externos), que actúan e inciden en la dinámica regional y en la situación intraurbana de las ciudades. No es de extrañar, tampoco, que se haga abstracción del papel y problemática de las mujeres en general. Normalmente, los planes o programas diagnostican y diferencian los déficit y desigualdades según categorías socioeconómicas de la población, características de la vivienda y asentamientos, por lo que la identificación que concierne a la mujer pobladora y sus necesidades de género quedan diluidas y ocultas tras esas categorías socioeconómicas y físico-ambientales. Se hace necesario, por lo tanto, examinar las políticas y programas formulados para identificar los desconocimientos y discriminaciones (implícitos o explícitos), así como las acciones que afectan negativamente o benefician a la mujer en el hábitat urbano y, como segundo paso, plantear la discusión en torno a la vinculación entre la dimensión del género femenino y los enfoques, la elaboración y ejecución de las políticas y programas, destacando una vez más que constituyen la mitad (o más, en algunos grupos de edad) de la población nacional.

VIVIENDA Y SERVICIOS: EJERCICIO EXPLORATORIO

Ni en la Ley Federal de Vivienda ni en el Programa Nacional de Desarrollo Urbano y Vivienda (así como tampoco en otros anteriores y posteriores) aparecen enunciados explícitos de discriminación hacia la mujer, ya que sería anticonstitucional puesto que el artículo 4 de la Constitución establece que: "el varón y la mujer son iguales ante la ley. Ésta protegerá la organización y el desarrollo de la familia" (Mora Bravo, 1985). Es la omisión generalizada lo que prevalece, y la falta de consideración de su carácter de principal usuaria y conocedora de las condiciones de la vivienda y del entorno del hábitat. En consecuencia, la lectura tiene que escudriñar "entre líneas". Varias disposiciones de la Ley de Vivienda podrían resultar favorables a las mujeres de los estratos populares y más segregados, si se visualizara su existencia y situación. Así, en el artículo 2º se establecen:

> –La ampliación de la cobertura social de los mecanismos de financiamiento para la vivienda, a fin de que se canalice un mayor volumen de recursos a los trabajadores no asalariados, los marginados de las zonas urbanas, los campesinos y la población de ingresos medios.
> –La promoción de actitudes solidarias de la población para el desarrollo habitacional y el impulso a la autoconstrucción organizada y al movimiento social cooperativista de vivienda.
> –La información y difusión de los programas públicos habitacionales, con objeto de que la población beneficiaria tenga un mejor conocimiento y participación en los mismos.

Otras evidencias, demostradas en múltiples estudios y reflexiones de investigadoras sobre la temática de la mujer en los países del Tercer Mundo, no se reconocen ni incorporan. Éstas son, por una parte, las precarias y discriminatorias oportunidades de empleo, ingresos monetarios y acceso al crédito de las mujeres pobres de las ciudades y, por la otra, el papel y tareas que asumen como principales gestoras de las demandas y trámites relacionados con las necesidades de suelo y vivienda, servicios y equipamientos, que se agregan a los tiempos y energías que deben dedicar al trabajo doméstico y a la obtención de ingresos.[2] La problemática aparece señalada de manera global en el Programa Nacional de Desarrollo Urbano y Vivienda:

> La distribución del ingreso nacional, lo cual provoca que una parte de la población trabajadora perciba bajos niveles de ingreso que limitan la posibilidad de atender su requerimiento de vivienda...
> Los trámites y permisos para la construcción de la vivienda, que son complicados y elevados en costos y la irregularidad de la tenencia de la tierra, dificultan la dotación de la infraestructura y el equipamiento y la prestación de los servicios públicos, particularmente en las grandes zonas habitacionales del país (1984: 30)

Otra falta de referencia explícita sobre la mujer -que es una forma de desvalorización implícita- es el no reconocimiento de su cualidad de *sujeto* del uso, diseño y construcción de la vivienda y dotación de los servicios, siendo que se deberían incorporar en las decisiones sus experiencias, peticiones y creatividad de ideas e iniciativas autogestionarias, cuando en el programa dice que se propone: "Mejorar la coordinación administrativa y modificar los conceptos convencionales de la promoción y edificación, tomando en consideración los alcances y potencialidades de las organizaciones sociales..., orientando y apoyando a las organizaciones de la comunidad a la autogestión social constructora de la vivienda del campo y de las ciudades".

Por otro lado, algunos lineamientos de planeación urbana serían efectivamente benéficos para la mujer, si se lograran concretar a través de la ejecución de los planes y las prácticas de las autoridades responsables. En el Programa de Desarrollo de la Zona Metropolitana de la Ciudad de México y de la Región Centro hay dos buenas propuestas:

> Modificar los criterios de zonificación para que las políticas de usos del suelo determinados como compatibles o incompatibles respondan al interés general de la población, orientándolas a incrementar las oportunidades de empléo y de obtención de servicios cerca de los lugares de vivienda y reducir el costo social de los desplazamientos del lugar de residencia al trabajo.
> Evitar los proyectos de regeneración urbana que provoquen sustitución de población, favoreciendo en cambio aquellas mejoras cualitativas de barrios existentes con la participación de sus actuales pobladores (cap. 3).

[2] Véase la bibliografía.

En lo que no acertaron -por el clásico oscurecimiento de la vida, tiempos y exigencias cotidianas de la mujer- respecto del servicio de recolección de basura, es cuando sostienen que se debe "reorganizar las rutas y horarios de recolección en función de los requerimientos de las delegaciones y municipios conurbados". Por el contrario, el servicio de limpia jamás podrá -ni deberá- ser mejorado en función de la disponibilidad de horarios y presencia de un ejército de mujeres que todos los días tienen que estar a la expectativa de los camiones de recolección. Otro aspecto de las deficiencias de los servicios públicos -que afecta particularmente a la mujer- es el suministro de agua potable por medio de la concesión o, de hecho, privatización de su distribución en camiones cisternas ("pipas") en las zonas carentes de infraestructura domiciliaria. Este programa destaca que en la Zona Metropolitana de la Ciudad de México (ZMCM):

> El esquema de abastecimiento de agua a la ZMCM se ha asociado a una inequitativa distribución del líquido dentro del área urbana. Los estratos de mayores ingresos consumen aproximadamente 40 veces más que el volumen que utilizan los estratos de menor capacidad económica. Sólo el 9% de los usuarios, que son los grandes consumidores, utilizan el 75% del agua total abastecida. Este esquema ha favorecido la especulación con el líquido y ha dado como resultado que cerca de 2 millones de habitantes del área carezcan parcialmente del recurso (cap. 3).

Pues bien, esa "especulación" con el líquido en los asentamientos populares significa arbitrariedad en los cobros, suministro irregular y despotismo de parte de los distribuidores ("piperos"), por lo que las mujeres -con la ayuda de los niños- se ven forzadas a largas esperas, continuos desgastes físicos y psíquicos, pleitos para defender los escasos recursos económicos, así como también sometimiento a los mecanismos clientelares del partido oficial, como múltiples evidencias y denuncias lo han demostrado.

Por otra parte, no es posible discutir estas políticas públicas disociadas de otras cuestiones fundamentales: el impacto de la crisis económica, las políticas de ajuste y el pago de los intereses de la deuda externa sobre la reducción del presupuesto destinado al bienestar social de la población, como se mencionó en la introducción de este artículo. En 1970, el gasto social del Estado mexicano representaba el 23.8% del financiamiento público; en 1980 descendió a 17.4%, y para 1985 había caído al 12.3% (Bolívar, 1986). La transferencia de recursos a los países acreedores significó el 6% del PIB entre 1983-1988; durante este periodo de ajuste el salario real de los trabajadores disminuyó en un 50%, y se ocasionó un déficit de 5 millones de empleos (*Excelsior*, 10/III/1989, p. 10A). Efectivamente, no sólo la reducción del gasto social afecta los niveles y formas de acceso al consumo de bienes y servicios, sino también el desempleo, subempleo, el estricto control de los aumentos al salario mínimo, la espiral inflacionaria y, como es bien conocido, la enorme desigualdad de la distribución del ingreso en México.

Como sostiene Hernández Laos, el problema es la forma en que se distribuye el consumo nacional entre los hogares:

> En efecto el consumo del 10% de los hogares con menores ingresos sólo representó el 33% del consumo básico requerido para satisfacer sus necesidades esenciales. En el otro extremo, el 10% de los hogares con mayores ingresos efectuó un consumo 408% mayor que el considerado básico. Estimamos que alrededor del 50% de los hogares del país no alcanzó a cubrir con sus ingresos el costo de los satisfactores esenciales, en tanto que los hogares más ricos gastaron un consumo cuatro veces más de lo que se considera esencial: buena parte de su consumo es suntuario (Hernández Laos, 1988: 174).

Entonces, no es de extrañar en absoluto que la esfera del consumo social, vía el debilitado salario indirecto, se convierta en objeto y objetivo de batalla en las estrategias reproductivas de las mujeres segregadas en el espacio urbano. Sus papeles y quehaceres las exponen permanentemente al ejercicio de "la administración" de la pauperización urbana sobre varios frentes de acción: *a)* dentro de la unidad doméstica, haciendo distinto tipo de arreglos y autoproducción de bienes; *b)* en el entorno vecinal de los barrios y colonias, aportando su mano de obra en la construcción de servicios, equipamiento y vivienda, y promoviendo alternativas colectivas de supervivencia para la defensa de las condiciones de vida; *c)* en las instancias gubernamentales frente a los interlocutores estatales de distinto nivel jerárquico que tengan competencia respecto a la solución de las demandas, y que acepten escucharlas, y *d)* hacia los rumbos de la ciudad por donde puedan conseguir algún ingreso monetario, o trabajando dentro de la misma vivienda y/o el barrio.

Pero si la complejidad y diversidad de papeles, tareas, tiempos y desplazamientos de las mujeres pobres habitantes de la ciudad son desconocidos en la formulación de las políticas urbanas y en las prácticas institucionales que se derivan, sí están bien presentes las mujeres "del pueblo" (y también algunos sectores de las clases medias) en las estrategias clientelares de apoyo al sistema de partido de Estado y en las redes de poderes que gravitan -vertical y horizontalmente- sobre sus necesidades y expectativas. Por lo tanto, el análisis de la relación entre mujer y políticas -programas urbanos y de vivienda– no puede desligarse de la *dimensión política institucional* del Estado mexicano y de las *formas de ejercicio del poder partidario* (PRI), a través de sus múltiples y variadas mediaciones, agentes, recursos, espacios y niveles de intervención (gobiernos estatales, municipales, etcétera).

En las ciudades de México, el conocimiento, conciencia y ejercicio de los derechos ciudadanos han sido inhibidos y negados por la "rutina" del clientelismo y mediatización política de las masas en gran parte migrantes del campo a los centros urbanos, y peor por la *presión coercitiva* de las autoridades públicas y líderes intermediarios sobre los imperativos de la necesidad y la pobreza. También la inhibición se ha reforzado por las mismas experiencias sociales de mujeres y hombres pobladores de recurrir al autoabastecimiento, la autoayuda y la autoconstrucción frente a la desatención estatal. En consecuencia, la *dimensión de la problemática de los derechos sociales, civiles y políticos* debe, asimismo, estar incorporada en los análisis y debates. Conviene entonces recuperar aquí los puntos de vista y diagnóstico de la mujeres pobladoras a propósito del *Año Internacional de los Sin Techo*, establecido por las Naciones Unidas y celebrado en 1987.

DECLARACIÓN MUJERES Y HÁBITAT

Las mujeres reunidas en el taller "Mujeres y Hábitat" del 1 al 7 de junio de 1987 en Berlín, no vemos el sentido ni la necesidad de continuar elaborando listas ni recomendaciones en eventos internacionales "de alto nivel", pues resulta evidente que entre las recomendaciones y su realización hay aún un largo camino por recorrer. Las recomendaciones que se formulan son, hasta cierto punto, mecanismos sofisticados para "tranquilizar conciencias" de funcionarios, e incluso en muchos casos para aliviar a los propios gobiernos de la responsabilidad de enfrentar y solucionar los problemas de la pobreza en cada país. La manera como se formulan estas recomendaciones refleja la concepción doblemente paternalista de los países desarrollados y de los encargados de producir estas políticas a las mujeres beneficiarias. No es posible continuar pensando en "asistir" o "ayudar" para "aliviar". Estamos conscientes de que actualmente la problemática de la mujer se ha convertido en una "moda" que además resulta muy rentable. Esto es indudablemente positivo, pero debemos estar conscientes también, de que en muchos casos estos fondos no llegan a las verdaderas beneficiarias, sino que se dedican a alimentar burocracias ineficientes que poco tienen que ver con el problema en sí y su solución adecuada. Conociendo esta realidad, las participantes del taller "Mujeres y Hábitat" decidimos concentrarnos en el intercambio de experiencias que cada quien traía consigo y aprendiendo las unas de las otras llegamos a constatar lo siguiente:

1. La discriminación de la mujer en los países del Tercer Mundo está inseparablemente ligada al problema de la pobreza y a la carencia de canales de participación y representación en el plano político. El problema central de la mujer del Tercer Mundo es la conquista de su condición de ciudadana.

2. Las mujeres en todos los países del Tercer Mundo han desarrollado experiencias destinadas a modificar sus condiciones de vida, a transformar el espacio en el cual habitan. La mayoría de estas experiencias son de autoayuda. Transformar la realidad de discriminación de las mujeres no puede seguir recayendo sólo sobre las mujeres: requiere cambios estructurales en los cuales el Estado debe jugar un rol preponderante, y de igual forma requiere de cambios en las relaciones sociales en los cuales los hombres también deben estar involucrados.

3. Los programas implementados por las ONG's muchas veces deben ceder a las presiones de las agencias donantes y, por lo tanto, se convierten en instancias de presión externa a la realidad del país respectivo. Por ello es preciso que las agencias internacionales respeten el derecho de autodeterminación de las organizaciones de base y de las ONG's de cada país en la definición e implementación de los programas de desarrollo.

4. La propuesta en marcha de programas o proyectos relativos a los programas de la mujer y el hábitat deben tomar en consideración el contexto sociopolítico y el momento histórico del país respectivo. Ello hace necesario contar con investigaciones previas -hechas por el propio país y por la gente local- que permitan diagnosticar en todas sus dimensiones los problemas a enfrentar.

5. El problema del hábitat tiene relación no sólo con la carencia o precariedad de la vivienda; es principalmente el problema de la relación de las personas con el espacio que habitan. Por lo tanto, se refiere a problemas materiales pero también a problemas sociales, políticos y culturales.

6. Las dificultades que las mujeres enfrentan tienen que ver con: la *desvalorización* respecto de sus propias capacidades y derechos; la falta de *capacitación* y educación, que les permitan su calificación en áreas productivas extradomésticas; la coacción social al desempeño de su capacidad de *gestión* (entendida ésta como autogestión y como capacidad de negociación con las instituciones); la falta de *canales de participación* y presencia en el plano político (*Metrópoli, El Día* 3/VIII/1987).

GÉNERO FEMENINO Y POLÍTICAS DE DESARROLLO URBANO

Hace años que la investigación feminista, o los estudiosos preocupados por la condición de la mujer, están tratando de aclarar la "invisibilidad" del género femenino en las estructuras y procesos urbanos, y demostrar las *diferencias* de percepción, uso, restricción y acceso, respecto del género masculino, aun dentro de las mismas clases sociales, categorías ocupacionales y características residenciales. Se ha intentado identificar y revelar los varios nexos y vínculos de dependencia y subordinación de la mujer en la esfera de los consumos colectivos y reproducción de la fuerza de trabajo, el mantenimiento de sus papeles y posiciones tradicionales por la visión y contenidos programáticos de las políticas públicas, así como su exclusión de la planeación de los asentamientos urbanos y del financiamiento y diseño de la vivienda, especialmente en las ciudades del Tercer Mundo (Moser, 1985). También se han realizado evaluaciones críticas sobre los proyectos del Decenio de la Mujer de las Naciones Unidas; por ejemplo, Gita Sen y Karen Grown señalan que, aunque con resultados variables:

> ... muchos de ellos contribuyeron escasamente a cambiar la distribución del trabajo doméstico o a acrecentar el acceso de las mujeres a los recursos. Algunos de ellos hicieron aumentar el trabajo infantil (especialmente el de las niñas), que tomó por su cuenta una porción de la carga de trabajo adicional creado por la participación de la madre en el proyecto.

Y agregaron otra observación importante:

> La mayor parte de las evaluaciones anotaron que tanto el proyecto como la administración de alto nivel, muchas veces no se consagraban enteramente o eran insensibles a las necesarias transformaciones de la *situación femenina* (Gen y Grown 1988: 38).

En lo que sí no se ha manifestado mayor "insensibilidad" es en recurrir a la actividad y organización de las mujeres para implementar las políticas *antipobreza* o de "emergencia", por los efectos de las políticas de ajuste y austeridad. C. Moser y G. Levi hacen una interesante distinción de los enfoques que han predominado en la formulación de políticas orientadas más específicamente hacia las mujeres de bajos ingresos de los países tercermundistas, que han sido readecuadas según las etapas de la crisis económica y los procesos sociales y políticos nacionales y locales. Como apuntan correctamente, estas políticas hacia la mujer *subyacen* a las políticas, programas y proyectos relacionados con la vivienda, el empleo y los servicios básicos (Moser y Levi, 1988: 57-61). Los enfoques son:

a) El *asistencial*: como se sabe, el más antiguo y socorrido en la concepción de la política social para el Tercer Mundo; se trata de programas que se destinan a la mujer como principal beneficiaria, por su posición y rol de madres, considerando que el rol es fundamental, no sólo para la mujer, sino para todas las cuestiones referidas al desarrollo económico del país. Así, son políticas que en lo ideológico y en su ejecución, conciben a la mujer como ente pasivo y receptor de los beneficios gratuitos (o muy subsidiados, como ocurre con los productos y servicios que distribuye el DIF) del programa (público o privado). Estoy de acuerdo con Moser y Levi en que este tipo de programas "tienen amplia acogida porque son políticamente seguros y porque no cuestionan la visión tradicional del papel de la mujer". Estos programas siguen todavía vigentes y probablemente se extiendan en la nueva década de asistencialismo que recorre Latinoamérica.

b) El *antipobreza* : más cercano a las crisis de los años setenta y más ubicado dentro del contexto de los problemas de la redistribución y del empleo. Son enfoques nuevos que enfatizan el papel productivo de las mujeres y vinculan "el problema de la pobreza a la desigualdad económica entre hombres y mujeres". Se trata, entonces, de inventar proyectos que ofrezcan posibilidades de generar ingresos y acceso a recursos productivos; frecuentemente estos proyectos se proponen para atender las condiciones particularmente más difíciles y discriminadas de las mujeres jefas de hogar, las más pobres entre los pobres. Ahora bien, la crítica es que estos programas, aunque puedan aportar una mejoría económica ayudando a la mujer a aumentar un poco sus ingresos, "esto ocurre, con frecuencia, a expensas de un aumento en la triple carga, pues erróneamente se presume que la mujer dispone de tiempo libre". Estos programas los vemos también aparecer asociados a programas de autoconstrucción de vivienda e introducción de servicios, y construcción de obras públicas de mejoramiento urbano. Una modalidad de este tipo de programas, aunque no específicamente dirigido a las mujeres, fue en México el caso de los llamados "Programas Regionales de Empleo", contemplados en el Plan Nacional de Desarrollo 1983-1988, promovidos sobre todo en "zonas urbanas críticas", carentes de infraestructura y servicios. Los pobladores aportaron la mano de obra y organización del trabajo, y tuvieron temporalmente un empleo con salario mínimo (SPP, 1985). También en este tipo de programa, que *asocia* una política de *empleo* con una política de *urbanización popular* circula el implícito de que la mujer dispone de "más tiempo libre y se ignoran por completo sus cargas adicionales de tiempos y tareas domésticas y atención de los hijos.

c) El de *igualdad o autonomía*: producto, en buena medida, del Decenio de la Mujer; de esta vertiente surgen programas que se preocupan por la persistencia de las desigualdades entre el hombre y la mujer dentro de todos los niveles socioeconómicos, por la división sexual del trabajo. Destacan asimismo el papel y valor productivo de la mujer y su contribución al desarrollo. Pero se hace la salvedad atinada, de que esta lucha por la igualdad requiere de políticas de discriminación *positiva* para la mujer, como numerosas feministas han advertido sobre la *diferencia*. Es a lo que se refiere Marta Lamas en México, cuando marca que: "La igualdad de derechos no puede construirse sin el reconocimiento del diferente papel que varones y mujeres tienen en la reproducción biológica y de sus consecuencias en el ciclo de vida. El trato 'igual' a desiguales no genera igualdad" (Lamas, 1989: 10).

d) El de *eficiencia*: éste sí es el más "modernizado", por decirlo así. Corresponde a la situación de la década de los ochenta y es resultado de las *políticas económicas de ajuste* y la crisis de financiamiento público debido a las restricciones por el pago de la deuda externa. De acuerdo a Moser y Levi (1988), este enfoque reconoce la capacidad de la mujer para lograr objetivos, de su responsabilidad en el bienestar del hogar y su papel de principal usuaria de la vivienda y de los servicios. "Por ello -dicen- la mayor dedicación de las mujeres llevaría al éxito de este tipo de programas y proyectos, pues su participación garantizaría resultados más eficientes, con una reducción de costos y un mayor rendimiento. Los programas serán más efectivos porque la presencia de la mujer asegurará que los resultados respondan a sus necesidades y a las del hogar."

Este último enfoque de *eficiencia* -que reconoce incorporar las necesidades más sentidas de las mujeres, sus capacidades para el mejoramiento del hábitat popular y su carácter de principal usuaria de la vivienda y de los servicios públicos- de todos modos coexiste o se mezcla con el de antipobreza, como lo estamos observando actualmente en "solidaridad" (Pronasol). De hecho, Pronasol se sustenta implícitamente sobre las habilidades y experiencias históricas adquiridas por las mujeres en colonias y barrios populares, por medio de las estrategias solidarias de sobrevivencia, y las batallas reproductivas desde las bases comunitarias que han librado a lo largo del proceso de urbanización del territorio nacional.

La referencia explícita al papel de las mujeres se encuentra en el programa "Mujeres en Solidaridad", que es parte de las estrategias del Pronasol (Programa Nacional de Solidaridad del actual gobierno), para el "abatimiento de la pobreza extrema y la equidad". Se percibe efectivamente una nueva terminología y cierto cambio de enfoque, tal como lo advierten Moser y Levi. Así se plantea (Pronasol, 1990) *primero*, que el programa "Mujeres en Solidaridad" se centra en la organización de grupos de mujeres para generar un desarrollo comunitario integral, elevando los niveles de salud, educación, alimentación, vivienda e ingresos a grupos marginales; *segundo*, parte de la premisa de que la actividad cotidiana de las mujeres, como sujetos sociales, es pieza esencial en el proceso productivo de cada comunidad y de la nación en su conjunto; *tercero*, la perspectiva de la mujer en tanto sujeto social integral debe ser considerada al realizar toda acción gubernamental referente a las mujeres. De este modo -se sostiene-, la dotación de infraestructura y servicios sociales a petición de los grupos de mujeres, redundaría en la liberación de tiempos de trabajo doméstico y aligeraría sus responsabilidades cotidianas permitiendo que las mujeres puedan participar en otros aspectos de la vida política, social y cultural de sus comunidades; *cuarto*, la metodología del programa es el autodiagnóstico (identificación de necesidades específicas y causas y efectos de su pobreza), y la organización y capacitación (detectar causas y efectos de los problemas, evaluar el entorno familiar y comunitario, valorar el papel productivo de las mujeres); *quinto*, los proyectos del programa son de tipo productivo, sociales y de servicio (guarderías, centros sociales, introducción de agua, etc.). Las comunidades aportan recursos materiales y mano de obra.

Esta consideración de la mujer en tanto "sujeto social integral" es un avance, al menos en el plano del discurso gubernamental, aunque obviamente no dice nada sobre el patrón de relaciones entre géneros ni la problemática específica del género femenino en la sociedad mexicana. Es, por tanto, una perspectiva parcial del sujeto mujer, centrada en los papeles tradicionales dentro del hogar y la familia, pero serán las evaluaciones críticas y autónomas que se hagan de este Programa y la ejecución de los proyectos, las que demostrarán en qué consistió realmente la participación de las mujeres, sus costos y beneficios, los cambios de autopercepción y valorización alcanzados, y si se verifica la hipótesis de que la liberación de tiempos de trabajo doméstico -por disponer de algunos servicios e infraestructura- les facilitará la participación en la vida política, social y cultural.

Observaciones y propuestas

Hay que repetir primero que las mujeres de las clases populares urbanas -de una u otra manera y según las diversas condiciones territoriales, socioeconómicas, culturales y políticas- desempeñan y realizan *triples* papeles y jornadas de trabajo: reproductivas, productivas y de gestión y lucha. Estos triples papeles y jornadas de trabajo *no* son reconocidos ni incorporados dentro de los paradigmas de la planeación del desarrollo urbano, así como tampoco en la formulación de programas sectoriales (viviendas, equipamientos, introducción de infraestructura de servicios, etc.) que involucran, directa o indirectamente, a las mujeres, aunque se las convoque a la "participación". Asimismo, se trata de hacer visible la situación *diferencial* y heterogénea de las mujeres en las matrices pauperizadas de vida urbana que son las ciudades latinoamericanas. Y también su emergencia y constitución como sujetos sociales de la acción colectiva, protagonistas de movimientos y organizaciones independientes del tutelaje de los poderes políticos dominantes, mientras recorren los difíciles e inciertos caminos de hacerse ciudadanas, descubriendo algunas de ellas, a lo largo de estos procesos, su identidad de género y capacidad para modificar sus opresiones.

Reconocemos que es todavía mucho y muy complejo lo que nos resta por investigar, debatir, y aportar sobre la relación entre mujer y políticas urbanas y de vivienda, según distintos niveles territoriales, institucionales y escalas de operación. Pero en lo que sí estamos de acuerdo es que resulta imprescindible una *reconceptualización* del papel y cambios de la mujer en la sociedad urbana, no sólo de las clases populares, sino también de fracciones de la clase media empobrecida por la crisis. Se nos ocurren entonces las siguientes consideraciones propositivas, que pueden parecer elementales y hasta rezagadas –teniendo en cuenta que estamos en el fin del milenio–, pero las pretensiones modernizadoras del Estado, por su lado, suelen arrastrar serios rezagos y elementales descuidos.

En la *planeación*: readecuar metodologías e incorporar en el diagnóstico y estrategias de los planes, particularmente los de niveles territoriales más desagregados (planes parciales, de barrio, sectoriales, etc.), la reconceptualización de la mujer, y utilizar como insumos de elaboración los estudios y publicaciones (nacionales e internacionales) que aportan conocimientos, información y reflexión sobre el género femenino en los procesos de urbanización, las situaciones intraurbanas y la dinámica de sus cambios.

En *programas sectoriales y "antipobreza"*: distinguir aquellos cuya factibilidad de ejecución se sustenta y depende mayormente de la presencia y actividad de las mujeres, y repensar las formas de interpelación y convocatoria a su "participación", si no se les facilita los medios y condiciones *mientras* se realizan los programas, de modo de evitar la sobrecarga de trabajos y desgastes *adicionales* que sufren. A su vez, reconocer a las mujeres en tanto sujetos sociales plurales con potenciales capacidades de proposición, impugnación, toma de decisiones, vigilancia y representación.

En los *poderes públicos*: resocializar a las/los funcionarios y empleados estatales, autoridades locales, intermediarios políticos, dirigencias de organizaciones populares, técnicos y promotores, con la noción de *derechos sociales y ciudadanos*.

En la *reforma del Estado*: la lógica burocrática que rige la gestión pública y el funcionamiento de las dependencias y organismos (federales, estatales, municipales, delegaciones desconcentradas, etc.,) afecta particularmente a las mujeres (y a sus hijos que las acompañan o quedan solos en la casa), desprecia su calidad de ciudadana-usuaria, y legitima implícitamente la reproducción de actitudes y reacciones estereotipadas hacia la mujer (pacientes madres-amas de casa que tienen tiempo "libre"). Por lo tanto, es dañina y cuestionable cualquier convocatoria a la integración y "participación" de las mujeres en la solución de carencias y mejoramiento de las condiciones de vida urbana, que implique una opresión burocrática y desgastes físico-emocionales frente a la interlocución, gestión y negociación con los aparatos estatales y autoridades responsables. La reforma no se reduce entonces a una "simplificación administrativa" (si bien ésta es necesaria), puesto que debe alcanzar restructuraciones completas del funcionamiento estatal (que tampoco se reduce al simple "adelgazamiento" del Estado), y modificaciones -verticales y horizontales- del código cultural que orienta la relación entre las instituciones y las mujeres, en general, pero especialmente las de los grupos más pobres de las ciudades.

Una vertiente de la reforma del Estado, la política de descentralización y el fortalecimiento democrático de los gobiernos municipales -en teoría, o si se quiere, en la "utopía"- podría abrir perspectivas favorables para la inclusión de los requerimientos y papeles de las mujeres dentro de la formulación de políticas y planes, y para la vinculación más eficaz entre la vida cotidiana, la participación social y el gobierno local. Como es bien sabido, la descentralización no es sinónimo de democratización ni genera automáticamente la descentralización política del Estado centralizado autoritario -encontramos evidencias en México-, así como tampoco la reforma municipal de 1983 (artículo 115 de la Constitución) ha propiciado representaciones y gestiones municipales más democráticas, legítimas y autónomas. No obstante, si se convierten en una opción y objetivo de conquista por parte de las mujeres, se despejaría un horizonte alternativo para promover y ensayar iniciativas creativas que transformen la gestión urbana, la visión de la planeación local y la formulación y ejecución de las políticas, aun las "antipobreza".

Bibliografía

Azuela, Antonio (1989), "El significado jurídico de la planeación urbana en México", en Gustavo Garza (comp.), *Una década de planeación urbano-regional en México, 1978-1988*, El Colegio de México, México.

Barbieri, Teresita de (1984), "Incorporación de la mujer a la economía de América Latina", en *Memorias del Congreso Latinoamericano de Población y Desarrollo*, vol. I, UNAM-El Colegio de México-PIPSAL, México.

Barrig, Maruja y Amelia Fort (1987), *La ciudad de las mujeres: pobladoras y servicios. en El Caso del Agustino,* Sumbi, Lima.

Bolívar, Augusto (1986), "Crecimiento, salario y gasto social", en *El Cotidiano*, núm. 12, México.

Buvinic, Mayra *et al.* (eds.) (1983), *Women and Poverty in the Third World*, Johns Hopkins University Press, Baltimore.

Centro de las Naciones Unidas para los Asentamientos Humanos (Hábitat) (1985), *La mujer y los asentamientos humanos*, Nairobi.

——— (1986), *The role of women in the execution of low-income housing projects*, Nairobi.

Comisión Económica para América Latina (CEPAL) (1984), *La mujer en el sector popular urbano,* Santiago de Chile.

——— (1990), *Boletín CEPAL*, núms. 480/489.

Coulomb, René y Emilio Duhau (coords.) (1989), *Políticas urbanas y urbanización de la política*, UAM-Azcapotzalco, México.

Descentralización (1988), Cuadernos de Renovación Nacional, edición de la Secretaría de Gobernación, Dirección General de Comunicación Social de la Presidencia y FCE, México.

Encuentro para la vivienda. Memoria (1984), edición del Gobierno del Estado de México y la Sedue.

Fort, Amelia (1988), "La mujer en las políticas de servicios", en Maruja Barrig (ed.), *De vecinas a ciudadanas*, Sumbi, Lima.

Fox Piven, Frances (1985), "Women and the State: power and the Welfare State", en Alice Rossi (ed.), *Gender and the life course,* Aldine Publications., Nueva York.

Garza, Gustavo y Sergio Puente (1989), "Racionalidad e irracionalidad de la política urbana en México: el Plan Nacional de Desarrollo 1978", en Gustavo Garza (comp.), *Una década de planeación urbano-regional en México*, El Colegio de México, México.

Hernández Laos, Enrique (1988), "Distribución del ingreso y satisfacción de necesidades esenciales", en *Iztapalapa*, núm. 16, UAM-I.

Hiernaux, Daniel (1985), *Urbanización y autoconstrucción de vivienda en Tijuana*, Centro de Ecodesarrollo, México.

Investigación en autoconstrucción. Memoria (1981), Conacyt, México.

Iracheta, Alfonso (1988), "Algunas reflexiones en relación al problema del suelo para vivienda en la Zona Metropolitana de la Ciudad de México", en Marco A. Michel (coord.), *Procesos habitacionales en la ciudad de México*, UAM-Sedue, México.

Isis Internacional y MUDAR (1988), *Mujeres, crisis y movimiento. América Latina y el Caribe*, Santiago de Chile.

Lamas, Marta (1989), "Retrato de mujeres en familia", en *Nexos*, núm. 135.

Lameiras, Brigitte B. de (coord.) (1987), *El municipio en México*, El Colegio de Michoacán, México.

Lebas, Elizabeth (1982), "Urban and Regional Sociology in Advanced Industrial Societies: a Decade of Marxist and Critical Perspectives", en *Current Sociolgy*, núm. 1.

Legorreta, Jorge (1984), *La autoconstrucción de vivienda en México. El caso de las ciudades petroleras*, Centro de Ecodesarrollo, México.

Ley Federal de Vivienda (1984), edición de la Subsecretaría de Vivienda de la Sedue, México.

López Rangel, Rafael (1987), *Urbanización y vivienda en Guadalajara*, Centro de Ecodesarrollo, México.

Martínez Assad, Carlos y Alicia Ziccardi (1988), *Política y gestión municipal en México, Cuadernos de Investigación Social*, núm. 18, IISUNAM.

Massolo, Alejandra (1987a), "La corriente hacia abajo: descentralización y municipio", *Revista Mexicana de Ciencias Políticas y Sociales*, núm. 128 Facultad de Ciencias Políticas y Sociales, UNAM, México.

——— y Martha Schteingart (comps.) (1987b), *Participación social, reconstrucción y mujer. El sismo de 1985*, Documento de trabajo, núm. 1, PIEM-El Colegio de México.

——— (1988), "La mujer en el poder municipal", en *Fem*, núm. 72.

——— (1989a), "Descentralización de la gestión pública: la reforma municipal", en Gustavo Garza (comp.), *Una década de planeación urbano-regional en México*, El Colegio de México, México.

——— (1989b), "Participación e identidad de mujer en la tercera jornada", en J. Cooper, T. de Barbieri, T. Rendón, E. Suárez y E. Tuñón (comps.), *Fuerza de trabajo femenina urbana en México*, Miguel Ángel Porrúa-UNAM, vol. II, México.

Mora Bravo, Miguel (1985), *La igualdad jurídica del varón y la mujer*, Conapo, México.

Moser, Caroline (1985), *Housing policy and women: towards a gender aware approach*, DPU Gender and Planning Working Papers, núm. 4, University College, Londres.

——— (1985), *Residential level struggle and consciousness: the experiences of poor women in Guayaquil, Ecuador*, DPU Gender and Planning Working Papers, núm. 1, University College, Londres.

——— y C.A. Levi (1988), "Temas críticos en la teoría y metodología de la planificación para el género", en Maruja Barrig (ed.), *De vecinas a ciudadanas*, Submi, Lima.

Política Social (1988), Cuadernos de Renovación Nacional, edición de la Secretaría de Gobernación, la Dirección General de Comunicación Social de la Presidencia y FCE, México.

Programa de Desarrollo de la Zona Metropolitana de la Ciudad de México y de la Región Centro (1983), Poder Ejecutivo Nacional, DDF, Gobiernos Estatales, edición de la SPP, México.

Programa Nacional de Desarrollo Urbano y Vivienda 1984-1988 (1984), Poder Ejecutivo Federal, edición de la Sedue, México.

Pronasol (1990), *Mujeres en solidaridad*, folleto, México.

Raczynski, Dagmar y Claudia Serrano (1985), *Vivir la pobreza. Testimonio de mujeres*, PISPAL-CIEPLAN, Chile.

Sánchez Mejorada, María Cristina y María Teresa Torres (1988), "Cotidianeidad y modalidades de trabajo de las mujeres de una colonia popular", en Vania Salles y Elsie McPhail (comps.), *Documentos de investi-gación*, núm. 1, PIEM-El Colegio de México.

Schmink, Marianne (1982), "La mujer en la economía urbana en América Latina", en Magdalena de León (ed.), *Sociedad, subordinación y feminismo* ACEP, Colombia.

Schteingart, Marta (comp.) (1989), *Las ciudades latinoamericanas en la crisis*, Trillas, México.

Selva, Beatriz (1988), "Comportamientos reproductivos y sus valoraciones. Un estudio de caso con mujeres de la colonia Guerrero", en Vania Salles y Elsie McPhail (comps.), *Documentos de investigación*, núm. 1, PIEM-El Colegio de México, México.

Sen, Gita y Karen Grown (1988), *Desarrollo, crisis y enfoques alternativos. Perspectivas de la mujer en el Tercer Mundo*, PIEM-El Colegio de México, México.

SPP (1985), *31 Experiencias de Desarrollo Regional*, SEP-Foro 2000, México.

Tarrés, María Luisa (1988), "Campos de acción social y política de la mujer de clase media", en Vania Salles y Elsie McPhail (comps.), *Documentos de investigación*, núm. 1, PIEM-El Colegio de México, México.

Threlfall, Mónica (1990), "¿Patriarca, palanca, paraguas? Planteamientos feministas en torno al Estado Asistencial", en Judith Astelarra (comp.), *Participación política de las mujeres*, CIS-Siglo XXI, España.

Topalov, Christian (1989), "Hacer la historia de la investigación urbana: la experiencia francesa desde 1965", en F.L. Coraggio (ed.), *La investigación urbana en América Latina*, vol. 3, Centro de Investigaciones Ciudad, Quito.

Torres, Blanca (comp.) (1986), *Descentralización y democracia en México*, El Colegio de México, México.

UNICEF (1989), *El ajuste invisible. Los efectos de la crisis económica en las mujeres*, Oficina Regional para América Latina y el Caribe, Colombia.

Villarreal, D. y V. Castañeda (1986), *Urbanización y autoconstrucción de vivienda en Monterrey*, Centro de Ecodesarrollo, México.

La voluntad de ser. Mujeres de los noventa se terminó de imprimir en mayo de 1997 en Reproducciones y Materiales, S.A. de C.V., Presidentes 189-A, Col. Portales, 03300 México, D.F. Se tiraron 1 000 ejemplares, más sobrantes para reposición. Cuidó la edición el Departamento de Publicaciones de El Colegio de México.

Este facsimilar de
La voluntad de ser. Mujeres en los noventa
es propiedad de El Colegio de México y
se terminó de imprimir en Librántida
bajo el modelo de distribución bajo
demanda. www.librantida.com

Made in United States
North Haven, CT
04 November 2026

21766154R00185